Der Falsche Philosoph
Eine Typologie

Rainer Hofbauer

Der Falsche Philosoph

Eine Typologie

2. durchgesehene und korrigierte Auflage

Bibliografische Information der Deutschen Nationalbibliothek:
Die Deutsche Nationalbibliothek verzeichnet diese Publikation in der Deutschen Nationalbibliografie; detaillierte bibliografische Daten sind im Internet über http://dnb.dnb.de abrufbar.

2. durchgesehene und korrigierte Auflage 2023
© 2022 Rainer Hofbauer
Einbandgestaltung: Rainer Hofbauer
Einbandporträt: Jacques-Louis David (1748-1825): „Le Philosophe" (1779)
                Baron Gérard Museum, Bayeux
Kontakt: rainer2207@gmx.at

Herstellung und Verlag: BoD – Books on Demand, Norderstedt
ISBN: 9783756816125

Für Friedrich Nietzsche und Orlando Owen.
Mentoren, welche diesen Titel verdient haben –
denn sie haben mein Leben *entscheidend* geprägt.

Inhalt

„Alle Krisen wieder"
Eine Einführung

Die Philosophie und die Philosophen sind im Prinzip ständig dem Tadel und der Kritik ausgesetzt. Ob durch andere Wissenschaftler, die Medien, Staatsvertreter oder in der Bevölkerung, stets werden jene auf die eine oder andere Weise mit Vorwürfen konfrontiert. Doch gerade in oder nach Krisensituationen, wie etwa Kriegen oder Katastrophen, tritt der Umstand, dass sie am Pranger stehen, stärker hervor. Krisen scheinen besonders gut dafür geeignet zu sein, sichtbar zu machen, worin die Schwachstellen und Defizite der Philosophie oder die mangelhafte Umsetzung seitens ihrer Vertreter liegen. Und auch wenn die Probleme (in) der Philosophie nicht immer durch Ereignisse auftreten, welche direkt die Öffentlichkeit, eine Nation oder die gesamte Welt betreffen – zum Beispiel, wenn „nur" die Finanzierung der *akademischen* Philosophie durch die öffentliche Hand in der Kritik steht –, so führen „große" krisenhafte Ereignisse jedoch zu einer stärkeren Sichtbarkeit ihrer Mängel. Vielleicht, weil die Philosophen in Krisen einen Mangel an Tugenden offenbaren, keine Antworten auf die Fragen und Probleme der Krise haben, sich befangen zeigen oder aus Diskussionen gänzlich heraushalten. Mängel, welche auf die verschiedensten Weisen zum Vorschein kommen und unter Umständen sogar eine lebhafte Debatte über einen Wandel (in) der zumeist akademischen Philosophie und ihrer Vertreter auslösen können. Solche Kontroversen traten in der Geschichte der Philosophie auch nicht so selten auf. Besonders im 20. Jahrhundert gab es, primär im anglo-amerikanischen Raum, zahlreiche Ideen und Ansätze für eine Neuorientierung oder Reformation (in) der Philosophie. Eine Auseinandersetzung, welche bis heute nicht erloschen ist und speziell in den letzten Jahren, in Fachkreisen, aber auch im Internet, in Magazinen und Zeitungen, wieder verstärkt zutage trat. In den Bestrebungen ihrer Neuausrichtung stand und steht beispielsweise die Beziehung der Philosophie zur Öffentlichkeit, Politik oder zu den Medien, ihr zu abstrakter Denk- und Sprachstil, aber auch die Schwerpunkte ihrer philosophischen Tätigkeit im Vordergrund. Eine Standortbestimmung der Philosophie und der Philosophen, sowohl als rein akademische Disziplin als auch in ihrer Interaktion mit nicht-philosophischen Gesellschaftsbereichen, ist weder in der Vergangenheit noch gegenwärtig unüblich gewesen. Und sie zeigt, dass die Philosophie und die Philosophen entweder stets die gleichen oder stets neue Schwierigkeiten, Unzulänglichkeiten und Makel aufweisen, wenn sie mit Vorwürfen konfrontiert werden.

Ausschlaggebend dafür, dass ich im Jahre 2021 anfing, mich diesem Thema zu widmen, war die Corona-Krise, welche nicht das erste Mal in der Philosophiegeschichte eindrucksvoll das teils unphilosophische Vorgehen der (großteils akademischen) Philosophen, besonders in ihrer Interaktion mit der Bevölkerung, sichtbar werden ließ. In diesem Buch werde ich deshalb auch nicht von den Fallstricken und Mängeln der Philosophie, sondern von jenen der *Philosophen* sprechen. Etwas präziser ausgedrückt, wird es in diesem Buch um jene *Defizite* der Philosophen gehen, die Philosophen (sowohl zeitgenössische als auch jene der Philosophiegeschichte) anderen Philosophen in ihrer Beurteilung über sie zugeschrieben haben, und zwar auf solche Weise, dass sie ihnen schlussendlich sogar mehr oder weniger abgesprochen haben, überhaupt Philosophen zu sein. Demzufolge behandelt dieses Buch „Philosophen", welche nicht nur einfach philosophische Defizite haben, sondern solche Defizite, weshalb sie das mehr oder weniger fatale Urteil von anderen Philosophen erhielten, *keine* wahren bzw. falsche Philosophen zu sein. Die Philosophen und philosophischen Denker, nicht die Philosophie, sind der zentrale Gegenstand dieses Buches. Es liegt jedoch auf der Hand, dass sich auch hinter einer Kritik an den Philosophen Auffassungen darüber finden, was beispielsweise *echte* Philosophie ist, welche Ziele durch sie erreicht werden können und welche Aufgaben die Philosophen erfüllen *sollten*. Schauen wir uns dies deshalb kurz an.

Die Philosophie: Ein Bündel voller Eigenschaften

Die Frage, was Philosophie ist, wozu sie dient oder gebraucht wird, wurde in der Philosophiegeschichte bereits umfassend behandelt und durch die Festlegung zahlreicher Eigenschaften ausführlich beantwortet. Neben den auf die Antike zurückgehenden und klassischen Definitionen, dass Philosophie die „Liebe zur Weisheit", ein Streben nach Wahrheit, Erkenntnis, Wissen oder nach dem Guten, Schönen, Vernünftigen ausdrückt, finden sich jedoch auch mehr oder weniger „extravagante" Auffassungen darüber, was Philosophie ist oder wozu sie dient. Zum Beispiel, dass Philosophie das Denken selbst sei, auf dem Denken beruhe, das Denken lehrt, Täuschungen und Trugschlüsse aufdeckt oder „die Kunst der Bildung, Erfindung, Herstellung von Begriffen" ist, wie die französischen Philosophen Gilles Deleuze (1925-1995) und Félix Guattari (1930-1992) in ihrem Buch *Was ist Philosophie?* (1996, S. 6) meinen. Manche dieser Auffassungen betreffen streng genommen die *Werte* und *Ziele*, die mit Hilfe der Philosophie ausgedrückt bzw. realisiert werden können (und sollten). Entsprechend finden sich im Kanon philosophischer Bestrebungen beispielsweise die Wahrheit über einen Sachverhalt, die Irrtümer von Behauptungen oder die richtige Lebensweise herausfinden, aber auch Tugenden erwerben, Theorien, Modelle, Normen oder Prinzipien aufstellen, sich selbst verwirklichen, Aufklärung betreiben, geistige Freiheit erlangen oder die Welt verbessern, finden sich darin.

Andere Autoren definieren die Philosophie weniger durch ihre finalen Werte und Ziele, sondern mehr durch die Art und Weise, wie sich philosophische Denker auf die Gegenstände, mit denen sie sich beschäftigen, beziehen. So meint zum Beispiel der französische Philosoph Michel Foucault (1926-1984):

> „Was ist denn Philosophie anderes als Nachdenken, und zwar nicht so sehr über Wahres und Falsches, sondern über unser Verhältnis zur Wahrheit? [...] Die Bewegung, in der wir uns nicht ohne tastende Versuche, Träume und Illusionen von dem lösen, was als wahr gilt, und nach anderen Spielregeln suchen – diese Bewegung ist Philosophie." (2007, S. 56)

In dieselbe Richtung, wenn auch abstrakter und allgemeiner formuliert, tendiert ebenso der deutsche Philosoph Holm Tetens, wenn er meint, dass die Philosophie die „ständige *Bezugnahme auf die Bezug-nahme auf Sachverhalte*" (2014, S. 18, H.i.O.) ist. Für ihn zeigt sich ge-nuines Philosophieren erst dadurch, dass es einen „Übergang von Sachverhalten zur Bezugnahme auf sie" (S. 18) gibt.

Möchte man die Philosophie anhand der mentalen Zustände be-schreiben, wodurch Denker oder Menschen im Allgemeinen erst *an-fangen* zu philosophieren (und vielleicht sogar niemals wieder aufhö-ren), dann führt uns dies zum Beispiel zu dem bekannten *Staunen* des Aristoteles, oder der „Ahndung des Unendlichen und Übersinnlichen", wie der deutsche Theologe und Philosoph Georg M. Klein (1776-1820) jenen Zustand bezeichnet (vgl. 1805, S. 50), oder der „Erfah-rung der Beunruhigung", die aus einem „Mangel an Klarheit" entsteht, wie der deutsche Philosoph Hans Cornelius (1863-1947) jenen An-fang sah (vgl. 1911, S. 9f.); aber auch zu dem uns vielleicht sogar ur-plötzlich anheimfallenden Erkennen eines Widerspruchs oder zu je-nem kognitiven Zustand, dass wir beginnen, *Fragen* beispielsweise über uns selbst, das Milieu, in dem wir leben, über unsere Herkunft, den Sinn des Lebens, die Welt im Ganzen, über das Gute und Böse oder über den Kosmos zu stellen. Staunen, Ahnen, Unruhe, Wider-sprüche und Fragen – wie und wodurch die Tätigkeit des Philoso-phierens beginnt, ist genauso vielfältig wie die Merkmale ihrer Natur oder die Ziele, die durch sie erreicht werden können.

Methodisch kann man die Philosophie im Allgemeinen als die Tä-tigkeit des Nachdenkens bezeichnen. Meines Erachtens reicht dies je-doch noch nicht aus, um philosophische Werte und Ziele ausdrücken bzw. realisieren zu können, denn Nachdenken als *Selbstzweck* führt höchstens zufällig zum Erhalt beispielsweise des Wahren oder Guten. Richtig wäre es deshalb, davon zu sprechen, dass philosophisches Nachdenken zum Wahren oder Guten führen kann oder (zumindest) führen *sollte.* Philosophisches Nachdenken bzw. die Ausübung der Philosophie *soll* demnach (zumindest) philosophische Werte ausdrü-cken und Ziele verwirklichen. Dies ist ein nicht unwichtiger Unter-schied, der zum Beispiel einen „Freidenker" von einem Philosophen unterscheidet, denn ersterer muss innerhalb seines Denkens philoso-phischen Werten weder Beachtung schenken, noch einem philosophischen Ziel nachgehen (geschweige denn erreichen), letzterer *per definitionem* hingegen schon. Deshalb ist die Philosophie keine Tätigkeit des *bloßen* Nachdenkens.

Um philosophische Werte ausdrücken und philosophische Ziele erreichen zu *können*, haben die Philosophen im Laufe ihrer Historie zahlreiche Techniken, Verfahren und Werkzeuge entwickelt. Zu diesen gehören zum Beispiel: Das Aufsuchen und Implementieren von Gründen zur Stützung der eigenen Thesen und Positionen; die Durchführung einer Argumentation, die kohärent und widerspruchsfrei ist; das Aufstellen einer „Lehre", die systematisch ist; oder die Anwendung von richtigen sowie die Vermeidung von falschen Argumentations- und Schlussfolgerungs*regeln*. Selbstverständlich sind philosophische Kritik und der adäquate Gebrauch von Skepsis und Zweifel ebenso Werkzeuge der Philosophie, die philosophische Werte ausdrücken sowie Ziele erfüllen können bzw. sollten. In Bezug auf die Erfüllung ihrer eigenen Werte und Ziele ist die Philosophie meines Erachtens deshalb schon immer *normativ* ausgerichtet gewesen. Es überrascht somit auch nicht, dass sich die Philosophie im Laufe ihrer vor allem universitären Geschichte zu einer wissenschaftlichen Disziplin entwickelte, um sich zum Beispiel von der Religion, Esoterik, Mystik oder von Propaganda, Ideologien und von bloßem politischen Aktivismus abzugrenzen, aber auch, um eine eigenständige Disziplin im Wissenschaftsbetrieb zu sein. Auch hierzu gab es verschiedene Definitionen und Konzeptionen, welcher Typ von Wissenschaft die Philosophie sei. So finden sich in der Philosophiegeschichte Auffassungen, welche die Philosophie als eine Vernunft- bzw. Begriffswissenschaft sehen, wie dies zum Beispiel Immanuel Kant (1724-1804) tat, oder als Wissenschaft des Geistes, der Prinzipien oder als Wissenschaft der Wissenschaften, wie dies der deutsche Psychologe und Philosoph Gustav T. Fechner (1801-1887) sah. Hingegen fasste der britische Philosoph Bertrand Russel, welcher in diesem Buch ausführlich zu Worte kommen wird, die Philosophie als „Mittelding zwischen Theologie und Wissenschaft" (2012, S. 11) auf, da die Philosophie für ihn einerseits *spekulativ* agiert – dadurch steht sie der Theologie nahe –, sich anderseits jedoch keiner Autorität, sondern der *Vernunft* bedient – womit sie der Wissenschaft zugehörig ist –. Für Russel kann die Philosophie deshalb keine „reine" Wissenschaft sein; zumindest nicht auf dieselbe Weise wie die Naturwissenschaften es sind.

Die Philosophie zu beschreiben, kann somit auf vielen Ebenen und anhand vieler Merkmale stattfinden – auf der Ebene ihrer Natur, ihren Entstehungsbedingungen, Werten und Zielen, ihrer Bezugnahme, Methodik oder den Gütekriterien, Normen und Bedingungen, die sie zu einer Wissenschaft machen. Die Frage, was genuine Philosophie ist, lässt sich aufgrund der zahlreich angeführten Eigenschaften folglich nicht so beantworten, dass ohne Zweifel nur eine einzige übrigbleibt. Dennoch kann „auf dem Papier" eindeutig feststehen oder festgelegt werden, worin die Merkmale echter Philosophie liegen. Die *tatsächliche Umsetzung* dieser durch ihre Vertreter, die Philosophen und philosophischen Denker, ist damit allerdings noch in keinster Weise garantiert. Die Frage, *warum* Philosophen die Werte und Ziele der Philosophie nicht umsetzen (möchten, können, dürfen), *wie* und *worin* sich dies konkret zeigt, betrifft jedoch eine ganz andere Frage, als jene, welche den oben genannten Gesichtspunkten nachgeht. Denn bei jener Frage stehen nicht nur die (scheinbaren) Vertreter der Philosophie, die Philosophen (und philosophischen Denker), im Fokus der Analyse, sondern auch jene Merkmale, welche die *faktische* Nichtumsetzung der zahlreichen, oben angeführten Eigenschaften der Philosophie kennzeichnen. Als „Philosoph" philosophische Werte und Ziele nicht umsetzen (wollen, können, dürfen), kann beispielsweise durch die gesellschaftlichen, institutionellen oder politischen Umstände, in denen sich Philosophen befinden, oder aufgrund verschiedener psychologischer Faktoren gegeben bzw. verursacht sein. Denn die Philosophie ist, wie der deutsche Philosoph Karl Jaspers (1883-1969) in seinem Buch *Kleine Schule des philosophischen Denkens* meint, stets Gefahren ausgesetzt:

> „So ist die Philosophie von Feinden umgeben, zumeist von solchen, die es gar nicht recht wissen. Die bürgerliche Selbstzufriedenheit, das Leben in Konventionen, das Genügen am wirtschaftlichen Wohlergehen, die Schätzung der Wissenschaft allein nach ihrer technischen Brauchbarkeit, der bedingungslose Machtwille, die Kameraderie von Politikern, der Fanatismus von Ideologien, der literarische Geltungswille be-

gabter Schreiber, alle behaupten sich selbst in der Unphilosophie."
(2004, S. 173)

Für Jaspers können eine stattliche und nicht zu unterschätzende Anzahl von Einflussfaktoren in der faktischen (Nicht)Umsetzung philosophischer Werte und Ziele beteiligt sein, welche bei der bloßen *Festlegung* der Eigenschaften genuiner Philosophie überhaupt nicht gegeben oder relevant sind. Deshalb ist eine Analyse der Philosophie auf
der einen und der Philosophen, in der (Nicht)Umsetzung ihrer Werte
und Ziele, auf der anderen Seite nicht identisch. Ein Umstand, der uns
zu echten und falschen Philosophen führt, die wir uns im nächsten
Abschnitt etwas genauer ansehen.

Echte und falsche Philosophen: Eine erste Annäherung

Wie in allen Berufen und Berufsgruppen kann auch in der Philosophie
der Umstand auftreten, dass sich unter ihnen Betrüger, Hochstapler,
Trittbrettfahrer, Heuchler, Erfüllungsgehilfen, Poser, Dilettanten und
Stümper, kurz, schwarze Schafe befinden. Hierbei nimmt sich die Philosophie nicht aus, nur weil sie „auf dem Papier" hehre Ideale, Werte
und Ziele aufzuweisen hat. Dieses Buch widmet sich, wie erwähnt,
falschen Philosophen, also solchen, welche auf die verschiedensten
Arten und aus den verschiedensten Gründen philosophische Werte
und Ziele nicht umsetzen. Dies kann aus dem Grunde sein, weil sie es
nicht wollen, aber auch, weil sie es nicht können oder sogar nicht dürfen. Es handelt also von Eigenschaften, die schwarze Schafe der Philosophie, die ich falsche Philosophen nenne, charakterisieren. Deshalb
werde ich mich hier vorerst nicht allzu viel zu den Merkmalen *echter*
Philosophen äußern, da diese bei den hier verwendeten Autoren noch
zur Sprache kommen werden. Schauen wir uns dennoch kurz ein paar
Äußerungen von Philosophen in der Geschichte der Philosophie an,
die mehr oder weniger eindeutige Aussagen darüber gemacht haben,
was sie unter einem wahren Philosophen verstehen (auch wenn die
Termini *wahr* oder *echt* nicht immer explizit gebraucht wurden).

Ganz klassisch findet sich in Platons *Staat* jene Äußerung, dass
sich ein wahrer Philosoph durch „die Lust an dem Schauen der Wahrheit" zeigt (2004, S. 244). Ebenso meint der bereits erwähnte Ber-

trand Russel, dass „Menschen, die gelernt haben zu philosophieren, versuchen sollten die Welt zu verstehen", womit er ebenso wie Platon ein *epistemisches* Merkmal zur Beschreibung eines Philosophen heranzieht.[1] Der Bezug auf epistemische Werte und Ziele ist für einen echten Philosophen jedoch nicht zwingend. So meint zum Beispiel der englische Physiker und Philosoph Joseph Priestley (1733-1804): „Ein Philosoph sollte etwas Größeres und Besseres sein als andere Menschen" (1775, xxiii, e. Ü.). Für Priestley verkörpert ein (echter) Philosoph eine bestimmte Lebensführung, die sich, wie er im Weiteren anmerkt, in einem *moralisch* wertvollen Leben ausdrücken sowie die moralische Lebensführung der meisten Menschen überragen sollte, weil ein Philosoph danach strebt diese moralisch zu überragen. Wenn Priestley also wiedergibt, was er unter einem (echten) Philosophen versteht, dann bezieht er sich auf die *Ethik* und dem Streben nach dem Guten, Gerechten und Tugendhaften. Man könnte jedoch auch in Bezug auf die *Zielgruppe* bestimmen, was zumindest die Perspektive echter philosophischer Tätigkeit ist. So meint der bereits erwähnte Karl Jaspers: „Wer philosophiert, schaut nach den Menschen aus, den Einzelnen, hört, was diese sagen, und sieht, was sie tun [...]" (2004, S. 174). Diese Ausrichtung der Philosophen auf die konkreten Individuen mag trivial erscheinen – wie manche Autoren in diesem Buch jedoch aufzeigen werden, ist diese bei „Philosophen" alles andere als selbstverständlich.

Es liegt, ganz allgemein und fast schon trivial gesprochen, auf der Hand, dass sich (echte) Philosophen dadurch aus- und kennzeichnen, dass philosophische Werte und Ziele (zumindest) eine *handlungs*relevante, wenn nicht sogar eine normative Bedeutung für sie haben. Für echte Philosophen ist die Umsetzung philosophischer Werte und Ziele, wie der US-amerikanische Philosoph Jay F. Rosenberg (1942-2008) in Bezug auf die Philosophie meint: „[E]twas, was Menschen tun. Sie ist Praxis" (1986, S. 16), oder Ludwig Wittgenstein in seinem

---

[1] Wie in den jeweiligen Kapiteln noch gezeigt wird, offenbart sich ein echter Philosoph bei Platon und Russel allerdings nicht *allein* durch seinen Bezug auf epistemische Merkmale. Für beide ist das Streben nach der Realisierung epistemischer Ziele zwar notwendig, aber nicht hinreichend, um sich als wahrer Philosoph auszuzeichnen.

„Tractatus": „Die Philosophie ist keine Lehre, sondern eine Tätigkeit" (1969, S. 41). Echte Philosophen drücken philosophische Werte durch ihre *Handlungen* aus und *streben* nach der Realisierung philosophischer Ziele. Sie agieren als Vertreter jener Werte sowie in Richtung jener Ziele, und dies eventuell sogar *trotz* oder *wegen* der zum Beispiel von Karl Jaspers erwähnten Umstände bzw. Faktoren. Denker, die philosophischen Werten und Zielen folglich einen Handlungswert bzw. eine Handlungsnorm beimessen – indem zum Beispiel epistemische Werte und Ziele, wie Wahrheit, oder moralische, wie das Tugendhafte, kein bloßes Lippenbekenntnis, sondern der *faktische* Vollzug ihrer philosophischen Tätigkeit ist –, können *prima facie* als echte Philosophen deklariert werden, weil sie dadurch grundlegende Werte und Ziele der Philosophie ausdrücken bzw. verfolgen; und dies (wiederum *prima facie*) unabhängig davon, ob sie die Ziele schlussendlich erreichen, erreichen können oder wie die Umstände sind, die ihre Realisierung beeinflussen. Dadurch haben wir eine *internalistische*, d.h. auf die (richtige) Motivation, den (richtigen) Absichten, Einstellungen, Wertschätzungen und Zielrepräsentationen bezogene Auffassung dessen, wodurch sich wahre Philosophen zeigen. Wir könnten aber auch festlegen, dass wir Philosophen nach ihren faktisch eingesetzten Methoden und/oder ihren sich dadurch faktisch ergebenden Resultaten und demnach *externalistisch* beurteilen. Ein echter Philosoph wäre sodann nur ein solcher, der zumindest die Werkzeuge und Techniken des Philosophierens einsetzt oder die normativ festgelegten Ziele der Philosophie tatsächlich erreicht, zum Beispiel *die* Wahrheit oder *das* moralisch Richtige ohne den kleinsten Zweifel „in Händen" hält. Letzteres wäre meines Erachtens aber eine sehr starke Forderung, denn dann wären fast keine, auch nicht unter den bedeutendsten Denkern in der Philosophiegeschichte, jemals echte Philosophen gewesen. Ich möchte diese gewiss nicht unwichtige Analyse über die Merkmale echter Philosophen hier jedoch nicht weiter vertiefen, sondern mich jenen widmen, welche im Mittelpunkt dieses Buches stehen – den Merkmalen *falscher* Philosophen.

Im Allgemeinen finden sich über die Philosophen zwar zahlreiche negative Äußerungen, zumeist jedoch „nur" vereinzelte Kommentare

– etwa über ihren Charakter, ihren Bezug zur Wirklichkeit, ihren Lebensstil, ihren Nutzen für die Allgemeinheit oder über die Ursachen, weshalb sie Philosophen wurden bzw. sind. Auch sind solche Kommentare besonders bei Vertretern nicht-philosophischer Berufssparten, zum Beispiel bei Literaten, Journalisten, Poeten, Künstlern oder Naturwissenschaftlern anzutreffen. So meint beispielsweise der französische Schriftsteller André Gide (1869-1951) über die „seltsame" Art eines Philosophen auf eine Frage zu antworten: „Wenn dir ein Philosoph antwortet, dann macht er es dir unmöglich, auch nur im Mindesten zu verstehen, was du ihn überhaupt gefragt hast" (2021, S. 57, e. Ü.). Der deutsche Schriftsteller Kurt Tucholsky (1890-1935) erwähnt hingegen die seltsame „Wahrnehmung" eines Philosophen von weltlichen Gegenständen, wenn er meint: „Wer in einem blühenden Frauenkörper das Skelett zu sehen vermag, ist ein Philosoph" (1975, S. 311). Doch nicht nur Literaten, auch Vertreter nicht-philosophischer Wissenschaftsdisziplinen haben selten freundliche Worte über (manche) Philosophen übrig. So meint der deutsche Kognitionswissenschaftler Wolfgang Prinz in seinem Text „Philosophie nervt" (2008) eben genau dies. Diese zumeist mehr polemischen denn sachlichen Äußerungen lassen jedoch erkennen, auf welche Eigenschaften die Autoren referieren, wenn sie über die Philosophen „herziehen." Manchmal bezieht sich ihre Äußerung auf die Art und Weise der Gesprächsführung von Philosophen mit „Nicht-Philosophen", manchmal auf ihren mehr oder weniger bis zum Exzess sezierenden und reduzierenden Blick auf „Objekte" der Wirklichkeit, und manchmal auf ihre Art und Weise sich zu den Methoden und Resultaten anderer Wissenschaften zu äußern. Die Philosophen wurden in der Geschichte folglich nicht mit Wohlwollen überhäuft, sie wurden und werden belächelt, schief angesehen, kritisiert oder zum Beispiel als Quälgeister abgestempelt; wohlgemerkt sind Kommentare und Standpunkte von Philosophen über ihre eigenen Mitstreiter in jenen Beispielen noch gar nicht enthalten. Auch haben diese kein Urteil darüber gefällt, ob ein „Philosoph" überhaupt ein wahrer Philosoph oder nicht ist. Nähern wir uns diesem „Problemfeld" mit zwei Beispielen, die von *Philosophen* selbst stammen, deshalb an.

Explizite Aussagen darüber, was kein Ausdruck eines echten Philosophen ist, machte in der Geschichte der Philosophie zum Beispiel die deutsche Philosophin Hannah Arendt (1906-1976). So meint sie in ihrem Essay *Wahrheit und Politik* aus dem Jahre 1967:

> „Der Philosoph, der in die Öffentlichkeit eingreifen will, ist kein Philosoph mehr, sondern ein Politiker; er will nicht mehr nur Wahrheit, sondern Macht." (2017, S. 58)

Sie schreibt also den Philosophen ab, (echte) Philosophen zu sein, *sobald* sie vom akademischen oder häuslichen Lehnstuhl aufstehen und die Öffentlichkeit aktiv gestalten möchten, weil dies für sie Ausdruck eines Macht- und nicht mehr eines Wahrheitsstrebens ist. Arendts Beurteilung in dieser Aussage resultiert einerseits aufgrund einer bestimmten, für einen Philosophen (scheinbar) falschen Interaktion mit der Öffentlichkeit, nämlich ihrer Gestaltung. Andererseits aufgrund des Bezugs auf ein Ziel, welches für sie (verständlicherweise) genuin kein philosophisches ist – Macht. Auch der US-amerikanische Philosoph Willard V. Quine (1908-2000) drückt in seinem Kapitel „Has Philosophy lost contact with People?" aus seinem Buch *Theories and Things* klar aus, was für ihn kein Ausdruck (echter) Philosophen ist:

> „Inspirierendes und belehrendes Schreiben ist bewundernswert, aber der Platz hierfür ist der Roman, das Gedicht, die Predigt oder das literarische Essay. Berufsphilosophen sind weder hierfür, noch dafür entsprechend geeignet, der Gesellschaft zu helfen, eine Balance zu finden, obwohl wir alles dafür tun sollten, was wir können. Was diese ständig klagenden Bedürfnisse [*crying needs*] vielleicht stillen könnte, ist Weisheit: *Sophia*, ja, *philosophia*, nicht unbedingt." (1982, S. 193, H.i.O., e. Ü.)

Wir sehen, dass Quine einen Bezug der Philosophen zu den realen Problemen der Menschen und der Welt nicht als etwas ansieht, dass durch die *Fähigkeiten* und *Werkzeuge* der Philosophen abgedeckt wäre oder gelöst werden könnte. Er betrachtet zwar Weisheit als relevant für die Gesellschaft, aber nicht zwangsläufig die Philosophie. Damit sieht er, auch wenn er dies nicht explizit sagt, echte (in seinem Fall professionelle) Philosophen *nicht* darin, den Menschen Anleitungen für ihr Leben zu geben oder deren Probleme zu lösen. Auch hier ist, wie bei Hannah Arendt zuvor, eine *gewisse* Abkehr von der realen

Gesellschaft und den konkreten in ihr agierenden Menschen zu erkennen, um als (echter) Philosoph angesehen zu werden.

Im Anschluss an diese beiden Beispiele und im Umkehrschluss zu
der oben angeführten Definition echter Philosophen, könnte ich
falsche Philosophen nun einfach so definieren, dass philosophische
Werte und Ziele für sie *keine* handlungsrelevante Bedeutung haben;
vielleicht aufgrund der bereits erwähnten gesellschaftlichen, institutionellen oder politischen Umstände, bestimmten psychologischen
Faktoren oder weil sie einfach kein Interesse an jenen haben (dieses
jedoch haben sollten). Falsche Philosophen wären demzufolge solche,
welche die Werte der Philosophie nicht verkörpern oder ausdrücken
und den Zielen der Philosophie nicht nachgehen, d.h. für die diese keinen Handlungswert haben bzw. keine Handlungsnorm sind. Dies ist
allerdings noch eine sehr allgemeine und eher unspezifische Charakterisierung, denn sie sagt uns – im Gegensatz zu den beiden Beispielen von Arendt und Quine – nichts über die *konkreten* Merkmale, wie
und wodurch sich der Umstand *zeigt*, dass „Philosophen" die grundle-
genden Werte und Ziele der Philosophie nicht umsetzen. Schauen wir
uns aus diesem Grunde anhand einiger exemplarischer Fragen noch
weitere Möglichkeiten an, wodurch sich falsche Philosophen zeigen
können:

• Sind Denker, welche sich in ihrer Philosophie nicht mit *aktuellen*,
  zum Beispiel moralischen Missständen in der Welt beschäftigen,
  falsche Philosophen?

• Sind Denker, die beispielsweise dem Staat, der Wirtschaft, den
  Medien oder der Bevölkerung *gemäß* philosophieren, falsche Philosophen, weil sie ihr philosophisches Vorgehen dadurch nicht
  unbefangen und unvoreingenommen etwa nach der Wahrheit
  ausrichten?

• Sind Denker, welche *nur* Philosophie betreiben, wenn sie dafür
  bezahlt werden (zum Beispiel als Angestellte des Staates), und jenes nicht täten, wenn sie dies nicht würden, falsche Philosophen?

• Sind Denker, die ihr eigenes „Lebensmodell" bzw. ihre persönliche Lebensführung strikt von ihrer Philosophie und philosophi-

schen Tätigkeit trennen, genau aufgrund dieser Trennung falsche Philosophen?

- Sind Denker, welche der Überzeugung sind, dass beispielsweise Philosophie und Theologie oder Philosophie und Mystik zusammengehören, falsche Philosophen, weil sie grundlegende bzw. historisch gewachsene Abgrenzungen und Differenzen ablehnen?

- Sind Denker, die mit ihren philosophischen Positionen beispielsweise stets irren, in ihnen Widersprüche haben oder ein gewisses Abstraktionsniveau nicht erreichen, bereits falsche Philosophen, weil dies Ausdruck mangelnder philosophischer Fähigkeiten ist? (Doch was, wenn die darin enthaltenen Gedanken trotzdem tiefgründig und fruchtbar sind?).

- Sind Denker, welche nicht systematisch, formalisierend oder „zu persönlich" philosophieren, falsche Philosophen, weil sie den methodischen Kriterien von Systematizität, Logizität und Unpersönlichkeit nicht genügen?

Fragen dieser Art ließen sich noch zahlreich ergänzen. Auch sind ihre Antworten nicht immer eindeutig oder so einfach, wie sie auf den ersten Blick scheinen. Im Allgemeinen können sich die Merkmale falscher Philosophen – die in jenen Fragen implizit enthalten sind und von den Autoren in diesem Buch aufgegriffen werden –, auf ihre *Überzeugungen*, *Einstellungen* (Charaktereigenschaften), *Methoden*, *Fähigkeiten* und auf Aspekte ihres *Lebensstils* beziehen. Falsche Philosophen könnten also falsche Ansichten bzw. Überzeugungen darüber haben, was zum Beispiel genuine Philosophie ist, kein Interesse an der Umsetzung philosophischer Werte und Ziele haben, wenn sie „philosophieren", falsche Methoden, philosophische Ziele zu erreichen, verwenden, einfach nicht die Fähigkeiten für ihre Realisierung haben, oder ein unphilosophisches Leben führen. Ich möchte diesen Fragen und ihrer Analyse hier erst einmal nicht weiter nachgehen. In Bezug auf die Beurteilung falscher (aber auch echter) Philosophen ist aufgrund der Vielzahl an Merkmalen, die darüber hinaus auch unterschiedlichen Kategorien angehören und sich auf unterschiedlichen Ebenen befinden können, meines Erachtens eine *pluralistische* Auffassung anzuraten; somit sollte nicht nur ein Kriterium, sondern mehrere hierfür herangezogen werden.[2] Dies spiegelt jene Vielfalt wider, die in diesem Buch abgebildet wird.

<u>Worüber dieses Buch (nicht) handelt</u>

In der Geschichte der Philosophie sind die Philosophen, wie erwähnt, viel mehr der Frage nachgegangen, was Philosophie ist, wie philosophische Ziele zu erreichen sind oder wodurch sie eine Wissenschaft sein kann, als andere Denker dahingehend zu begutachten, ob sie echte oder falsche Philosophen sind. Demzufolge fand eine ausführliche Auseinandersetzung von Philosophen über das unphilosophische Vorgehen bzw. Verhalten von anderen (vermeintlichen) Philosophen eher selten statt. Dennoch gab und gibt es diese und darum wird es in diesem Buch gehen. Dieses Buch geht somit *nicht* der Frage nach, was echte Philosophie ist oder sein sollte, sondern ob Denker, die sich als Philosophen bezeichnen oder aufgrund ihres Berufes als solche gesehen werden, aus welchen Gründen auch immer, in ihrer *philosophischen* Ausübung Merkmale enthalten, die nicht Ausdruck genuinen Philosophierens sind. Es handelt folglich von kritischen Analysen von Philosophen über andere Philosophen, philosophische Denker, Gelehrte und Intellektuelle und höchstens indirekt von Kritiken an der Philosophie und ihrem Verbesserungspotential. Gewiss, in einigen Fällen betrifft die Kritik an den Philosophen auch die Kritik an der Philosophie, zumindest dann, wenn jene mit dieser einhergeht, zum Beispiel wenn Universitätsphilosophen aufgrund der *institutionellen* Strukturen der akademischen Philosophie kritisiert werden. Indirekt lassen sich dadurch vielleicht potentielle Veränderungen und Verbesserungen für die Philosophie ableiten, diese stehen jedoch nicht im Vordergrund der hier verwendeten Autoren. Auch wird dieses Buch nicht der Frage nachgehen, ob die Philosophen tatsächlich ein philosophisches oder ihrer Philosophie entsprechendes Leben führten, also um ihre *Biographie* oder ihre Korrespondenz mit ihrer Philoso-

---

[2] Neben den Kriterien ist allerdings ebenso relevant, welche von diesen *notwendig* bzw. ausschlaggebend dafür sind, um philosophischen Denkern das Prädikat „falsche Philosophen" zuzuschreiben. Ebenso, wie *streng* wir die Kriterien handhaben wollen, bevor wir ein solches Urteil fällen. Fragen, denen ich jedoch nicht nachgehen werde.

phie. In diesem Buch wird es, wie zu Beginn erwähnt, um die Frage
gehen, welche Argumente in der Philosophie von Philosophen vorgebracht wurden, um anderen (scheinbaren) Philosophen abzusprech-
en, echte Philosophen zu sein; zum Beispiel, weil sie philosophische
Werte nicht verkörperten oder Ziele (scheinbar) nicht realisieren
wollten (jedoch so taten als würden sie dies wollen). Dies wird mit
dem Leben der Philosophen selbstverständlich auf die eine oder andere Weise zusammenhängen, denn es ist schwer vorstellbar, dass
ein philosophischer Denker ein wahrer Philosoph sein könnte, der
Zeit seines Lebens nur *vorgibt* zum Beispiel die Wahrheit zu suchen,
durch seine philosophische Vorgehensweise faktisch jedoch nach Anerkennung, Prestige oder Ruhm strebt. (Angebliche) Philosophen
werden folglich nach *philosophischen Standards* und nicht nach bio-
graphischen Aspekten bemessen, wenn es um die Frage geht, ob sie
falsche Philosophen sind.

Dieses Buch ist das Resultat einer Art *Faktorenanalyse*, in der ich
(mit Ausnahme des letzten Textes) aus den Schriften der hier verwendeten Autoren jene Merkmale „herausdestillierte" und rekonstru-
ierte, wodurch und womit diese aus ihrer Sicht falsche Philosophen
charakterisieren. Die von ihnen vorgebrachten Eigenschaften können
sich zum Beispiel in den Vorurteilen, Untugenden, psychologischen
Befangenheiten und Verzerrungen, in einseitigen Gefühlszuständen
oder in den Zielen der „Philosophen" widerspiegeln. Jene, welche die
„Philosophen" zum Beispiel in der Interaktion mit ihrer Umgebung,
etwa dem Staat oder der Öffentlichkeit, zeigen, liefern die *Begründung*
dafür, weshalb die hier erwähnten Autoren jenen Denkern, die sie kritisieren, absprechen, echte Philosophen zu sein. Dieses Urteil wird
deshalb selten direkt auf die *Inhalte* der philosophischen Argumente,
Thesen oder Lehren der „Philosophen" Bezug nehmen – eine solche
Beurteilung ist in der Philosophie immerhin legitim sowie für einen
philosophischen Austausch und Fortschritt auch essentiell –.[3] Da ich
den Anspruch hatte, ein möglichst breites Spektrum an Merkmalen

---

[3] Ein solches Urteil betrifft also nicht oder nur vereinzelt die Frage, ob sich ein Denker
„im Sinn der Hypothesis verdient gemacht hat" (Ritzel, 1965, S. 302), d.h. ob er einen
inhaltlichen Beitrag zu der Klärung philosophischer Fragen geleistet hat.

falscher Philosophen abzudecken, haben die von mir ausgewählten Autoren teilweise auch eine *unterschiedliche* Auffassung davon, was Philosophie überhaupt ist und demzufolge auch davon, worin ihre falsche Umsetzung liegt. Die darin enthaltenen *Makel*, wie ich jene Merkmale zumeist bezeichne, werden nicht nur verschiedenen Kategorien angehören, sondern sich auch auf unterschiedliche Zielgruppen der Philosophie beziehen. Meine kritische Darstellung beschreibt schlussendlich sieben verschiedene *Typen* falscher Philosophen.[4]

Wie zu Beginn erwähnt, fand eine Auseinandersetzung mit den Defiziten der Philosophen und ihrer Neuausrichtung besonders stark im 20. Jahrhundert statt. Zum Beispiel schrieb der US-amerikanische Philosoph John Dewey (1859-1952) 1917 seinen Text *The Need for a Recovery of Philosophy*. Im Jahre 1938 veröffentlichte der deutsche Philosoph Arthur Liebert (1878-1946) in der „Hochblüte" des Nationalsozialismus sein Buch *Von der Pflicht der Philosophie in unserer Zeit*. 1961 verfasste die russisch-stämmige, US-amerikanische Philosophin Ayn Rand (1905-1982) ihr Buch *For the New Intellectual*. Und 1982 reihte sich der US-amerikanische Philosoph John E. Smith (1921 -2009) mit seinem Text *The New Need for a Recovery of Philosophy* hierzu ein. Gegenwärtig ist diese Auseinandersetzung jedoch keineswegs verstummt, wie die beiden US-amerikanischen Philosophen Robert Frodeman und Adam Briggle in ihrem Buch *Socrates Tenured* aus dem Jahre 2016 aufzeigen. Nicht alle von ihnen werden in diesem Buch zu Worte kommen, da besonders Frodeman und Briggle viele der Punkte ihrer „Vorgänger" anführen und auf die aktuelle Lage der modernen Philosophen mehr oder weniger adaptieren. Kurz möchte ich noch auf die sogleich folgenden sieben Autoren und ihre Kritik an den Philosophen eingehen.

Den Anfang machen die beiden antiken Größen der Philosophiegeschichte Platon und Aristoteles in ihrer durchaus bekannten Aus-

---

[4] Bei echten Philosophen *könnte* eine Typisierung in etwa so aussehen – wenn man als Bedingung festlegt, dass sie philosophische Werte umsetzen und danach streben, philosophische Ziele zu erreichen –, dass ein echter Philosoph zum Beispiel ein Wahrheitssuchender, Rationalist, Ethiker, Humanist, Ästhet, Kritiker, Provokateur, Aufklärer, Skeptiker, Hüter (philosophischer Werte), Gestalter (der Welt) u. v. m. ist.

einandersetzung mit den Sophisten und der Sophistik; eine Auseinandersetzung, die zeigt, dass auch die Beschäftigung der Philosophen mit *vermeintlichen* Philosophen bereits sehr lange zurück reicht. Danach folgt ein historisch weiter Sprung in das 19. Jahrhundert zu den beiden deutschen Philosophen Arthur Schopenhauer und Friedrich Nietzsche. Schopenhauer wird einen Philosophentypus analysieren, der erst mit der *staatlichen* „Ausprägung" der Philosophie zu existieren und zu florieren begann – der Universitätsphilosoph. Durchaus daran anschließend, wenn auch darüber hinausgehend, folgt Nietzsches Kritik, die sich ebenso, aber nicht ausschließlich, mit den akademischen Philosophen auseinandersetzt. Seine Analyse kann gewiss, ohne zu übertreiben, als die härteste Kritik an Philosophen und philosophischen Denkern betrachtet werden, auch weil die Eigenschaften, worin Nietzsche einen *echten* Philosophen sieht, meines Erachtens die *Anspruchsvollsten* aller hier behandelten Autoren sind. Im Anschluss daran folgt der ungarische Philosoph Georg Lukács und seine fast schon schonungslose Abrechnung mit jenen Denkern, die er als *irrationale* Philosophen bezeichnet. Lukács Kritik wird primär (aber nicht nur) auf der falschen *Methodik* liegen, die falsche Philosophen verwenden. Anschließend verweist der bereits zu Wort kommende, englische Philosoph Bertrand Russel besonders auf jene philosophischen Denker, welche es in ihrer philosophischen Tätigkeit an philosophischen *Tugenden* missen lassen. Sowohl Lukács als auch Russel können als Repräsentanten einer Kritik an den Philosophen des 20. Jahrhunderts angesehen werden. Die letzten beiden Texte führen uns in die Gegenwart und zu den zeitgenössischen Philosophen des 21. Jahrhunderts. Einerseits zu einer Kritik an den gegenwärtigen Universitätsphilosophen, welche von den beiden bereits erwähnten Philosophen Frodeman und Briggle vorgebracht wird. Die beiden Autoren werden jene modernen Philosophen kritisieren, die sich als Experten und Spezialisten (eines oder mehrerer philosophischer Fachgebiete) begreifen. Andererseits und zuletzt meine eigene Kritik an den Philosophen, in der ich die Corona-Pandemie als Ausgangspunkt nehme, um einen bestimmten Typus von Philosophen zu kritisieren, welcher sich vorwiegend in Krisensituationen offenbart – vielleicht sogar, weil er in solchen Zeiträumen besonders gebraucht wird –, und dies meines Erachtens als immer wiederkehrende historische Tatsache deklariert werden kann. Mein abschließendes Kapitel behandelt den Typus des *schweigenden* Philosophen. Jeder der sieben Autoren kritisiert primär Denker seiner eigenen Epoche und stets mit der Intention, sie ihrer eigenen Verantwortlichkeit *nicht* zu berauben, indem ihr unphilosophisches Vorgehen zum Beispiel *nur* das Resultat ihrer Umstände ist. Die von ihnen angeführten Umstände und Faktoren sind zweifelsohne stets zugegen, doch die Verantwortung dafür, philosophische Werte und Ziele umzusetzen, liegt ganz allein bei den Philosophen – und folglich ebenso, sie nicht umzusetzen.

Im August 2022

Der Philosoph als Geschäftsmann
Platons und Aristoteles' Kritik an den Sophisten

„Nur ein eingebildetes Wissen über alles besitzt also,
wie sich uns gezeigt hat, der Sophist,
und nicht die Wahrheit."
Platon

Erste ausführliche Stellungnahmen von Philosophen zu den Haltungen anderer „Philosophen" gegenüber der Philosophie und ihrem unphilosophischem Vorgehen, finden sich, wie erwähnt, bereits in der Antike bei Platon und Aristoteles. In einer Zeit des politischen Umbruchs, in der die alte Aristokratie in Griechenland einen sozialen und politischen Absturz erlebte und besonders Athen sich in Richtung einer Demokratie entwickelte, traten Mitte des 5. Jahrhunderts. v. Chr. philosophisch unterrichtete Gelehrte in die Öffentlichkeit, die philosophische Expertise (Logik, Rhetorik, Ethik) sowie Fach- und Allgemeinwissen „zum Verkauf" anboten – die *Sophisten*. Diese auch als „Wanderlehrer" bezeichneten Intellektuellen verdienten ihren Lebensunterhalt als Lehrer, Erzieher, Ausbildner, Berater, öffentliche Redner oder als Rechtsbeistand bei Gerichtsverfahren. Auch vertraten sie eigene philosophische Thesen und Positionen. Innerhalb der Philosophie zählen zu ihren bedeutendsten Vertretern unter anderem Gorgias, Protagoras, Lykophron, Thrasymachos und teilweise Sokrates (welcher jedoch auch Kritiker der Sophisten war). Die Sophisten waren jedoch mehr eine temporär auftretende Kulturerscheinung als eine eigenständige und einheitliche philosophische Schule, weshalb sie zwar durchaus wertvolle Beiträge für die Philosophie leisteten – wie etwa Protagoras mit seiner These: „Aller Dinge Maß ist der Mensch" oder durch die Entwicklung der Rhetorik –, jedoch keine ausgeklügelte philosophische Theorie oder ein philosophisches System entwickelten. Nichtsdestotrotz waren sie besonders in der „Rede" Meister ihres Fachs, verstanden philosophische Fertigkeiten als in der gesellschaftlichen Praxis einzusetzende Werkzeuge und erwarben dadurch Ansehen und Einfluss besonders in der attischen Polis.

Unabhängig dieser Fakten ist über die Sophisten allerdings nicht allzu viel bekannt, weil die Quellenlage hauptsächlich auf Fragmente, Zitate sowie, in Bezug auf die Philosophen, auf Platon und Aristoteles zurückgeht. Wie wir sogleich sehen werden, hatten diese gegenüber den Sophisten allerdings keine neutrale und unvoreingenommene Haltung. Da meine Intention jedoch ohnehin darin liegt, jene Merkmale darzulegen, weshalb Philosophen anderen „Philosophen" absprechen, echte Philosophen zu sein, ist jenes Manko vernachlässigbar. Denn ob die Sophisten *tatsächlich* jene negativen Eigenschaften sowie in jener Stärke, wie Platon und Aristoteles sie schildern, aufwiesen, ist für meine hier verfolgten Zwecke sekundär und schmälert auch nicht die wertvollen Beiträge der Sophisten für die Philosophie.[5] Wichtig ist, welche Merkmale Platon und Aristoteles anführen, um andere Denker als „Nichtphilosophen" bzw. um die einen als *echte* Philosophen, und die anderen, in diesem Fall die Sophisten, als *falsche* Philosophen zu deklarieren. Doch bevor ich zu Platons und Aristoteles' Ansichten über die philosophischen Makel der Sophisten komme, zuerst ihre Auffassungen über die Eigenschaften *wahrer* Philosophen.

Der wahre Philosoph (Platon & Aristoteles)
Platons Auffassung darüber, worin er einen wahren Philosophen sieht, findet sich ausführlich in seiner *Politeia* („Der Staat"). In der idealen Vorstellung eines Staates, die er darin beschreibt, sollen die Philosophen die beste Staatsform entwickeln, ihre Gesetze aufstellen sowie als Herrscher und Hüter des Staates fungieren. Dazu gehört auch, zu bestimmen, was einen echten Philosophen, im Vergleich zu einem Hochstapler oder Taugenichts, ausmacht, damit nur dieser sich jenen Aufgaben widmet. Platon erwähnt hierfür zahlreiche Eigenschaften, auf die ich kurz eingehen möchte.

---

[5] Für eine kurze, aber sehr informative Einführung in die Philosophie der Sophisten siehe Bernhard H. Taureck: *Die Sophisten. Eine Einführung* (2005).

Echte Philosophen sind für Platon zuerst einmal Weisheitsliebende, Freunde der Weisheit oder wie er sie auch bezeichnet: „Liebhaber des Seienden" (Pol., S. 281). Das Seiende zu lieben bedeutet für ihn nach einer durch *begriffliche* Reflexionen eruierten *Einsicht*, d.h. nach der Idee, dem Wesen oder der „Urgestalt" eines Gegenstandes zu streben, zum Beispiel nach *dem* Schönen oder *dem* Guten. Diese Einsichten zu verbreiten und zu bewahren, gehört ebenfalls zu diesem Streben. Ein wahrer Philosoph ist für Platon deshalb kein Wissenschaftler (auch wenn jener über wissenschaftliches Wissen verfügt), denn dieser weist Voraussetzungen auf, welche er nicht hinterfragt, sondern als gegeben an- bzw. hinnimmt. Der Philosoph hingegen möchte, kraft seines Denkvermögens, zum Zustand *vor* allen Voraussetzungen, „zum Anfang" eines Gegenstandes und auf diese Art zur *Einsicht* über diesen kommen. Platons Verständnis von Weisheit bzw. Einsicht ist zwar streng mit Wahrheit und Erkenntnis verknüpft, da für ihn niemand die Weisheit ohne die Wahrheit lieben kann. Es beruht jedoch nicht auf der Wahrheit von partikularen Fakten, wie sie Wissenschaftler suchen, sondern auf der Wahrheit des „Ganzen." So sagt er selbst, dass der Philosoph nicht nur nach einem Teil der Weisheit strebt, „sondern nach der ganzen" (Pol., S. 243). Deshalb ist Einsicht für Platon der höchste Zustand, der erreicht werden kann, und diesen erstrebt kraft seines vernünftigen bzw. diskursiven Denkens (*Dialektik*) ein wahrer Philosoph. Ein Antrieb, welcher ihn schlussendlich vom Zustand der Meinung zum Zustand der Einsicht führt.[6] Echte Philosophen sind somit einerseits jene, die Freude am „Seienden" haben, andererseits jedoch auch das Vermögen besitzen, „erfassen [zu] können, was sich allezeit in bezug auf dasselbe gleich verhält [...]" (Pol., S. 253). Wir haben es hier zum einen mit einem Gefühl, welches gleichzeitig ein motivationales Verlangen ist, und zum anderen mit kogni-

---

[6] Platon erwähnt in der *Politeia* vier hierarchisch angeordnete Zustände, die ein Denker erreichen bzw. einnehmen kann. Der höchste ist die *Einsicht* (Wissenschaft), darunter liegt das *Nachdenken* (Vernunft), die zweite Stufe bildet der *Glaube* (etwas für wahr halten), und auf der letzten Stufe befindet sich die *Vermutung*. Die ersten beiden betreffen das *Einsehen*, die letzten beiden die *Meinung*. (vgl. S. 298, 329).

tiven Fähigkeiten zu tun.[7] Sowohl die richtige Motivation als auch die richtigen Kompetenzen sind für Platon entscheidend, um die Natur eines Sachverhaltes herauszufinden. Die Verwirklichung *epistemischer* Ziele, wie Wahrheit und Erkenntnis, ist für Platon zwar etwas Erstrebenswertes, d.h. etwas Gutes, doch selbst nicht das höchste Gut, das ein Philosoph erreichen kann. Dieses liegt vielmehr im Begriff, in der Idee des Guten selbst, wovon Wahrheit und Erkenntnis „nur" Erscheinungsweisen bzw. Spielarten sind. Das höchste zu erreichende Gut eines Philosophen liegt in der Einsicht über die Natur des Guten selbst.

Die Ergebnisse der reflexiven Analyse beispielsweise des Guten verbleiben jedoch anschließend nicht als Druckerschwärze auf Papier oder als mentale Zustände in den Köpfen der Philosophen. Ein wahrer Philosoph *imitiert*, sobald er Einsicht über einen Gegenstand erwarb, zum Beispiel *das* Gute und wird dadurch selbst gut, oder wie Platon es überspitzer ausdrückt:

> „Indem also der Philosoph mit dem Göttlichen und Wohlgeordneten verkehrt, wird er selbst wohlgeordnet und göttlich, soweit das einem Menschen möglich ist." (Pol., S. 279)

Auch wenn das Streben nach der begrifflich-eruierten Wahrheit des Ganzen, das ein Gut darstellt, essentiell für einen echten Philosophen ist, so reicht dieses alleine für Platon noch nicht aus, wenn nicht andere zu dem Streben oder der bloßen Einsicht dieses Guts gehörende Eigenschaften hinzukommen. Ein wahrer Philosoph *verkörpert* deshalb auch die Eigenschaften des Guten, d.h. *moralische* Merkmale, und weist nicht nur ihre intellektuelle Einsicht auf. Jene liegen für Platon etwa in Wahrhaftigkeit, Aufrichtigkeit, Großzügigkeit, in einem Sinn für Gerechtigkeit, in Milde, Bescheidenheit, Mut sowie in einem edlen Gemüt. Moralische Eigenschaften sind für einen echten Philosophen auch deshalb zentral, weil die meisten Menschen für Platon nichts von der Philosophie halten, und der Philosoph deshalb ständig Gefahr läuft, Einflüssen ausgesetzt zu sein, die der Philosophie abträglich und verderblich sind. Ein wahrer Philosoph bleibt philosophischen Tugen-

---

[7] Fähigkeiten, die sich für Platon auch in einem guten *Lern*vermögen und *Gedächtnis* widerspiegeln, da für Platon Bildung durchaus notwendig ist, um ein echter Philosoph werden und sein zu können (vgl. Pol., S. 257).

den jedoch auch in solchen Umständen treu. Ebenso bleibt er der vernünftigen, auf Begriffsanalysen beruhenden Methode treu und vermeidet es „stets nur von persönlichen Dingen [zu] reden" (Pol., S. 279); auch wenn persönliche Erfahrungen für Platon durchaus zu den Bedingungen gehören, ein echter Philosoph zu werden. Die Ergebnisse der philosophischen Untersuchung, d.h. die *Inhalte* der Einsicht umzusetzen, betrifft jedoch nicht nur den Charakter und die Handlungen des Philosophen selbst, sondern auch, insofern es notwendig wird, wie Platon meint, sie in seine Umgebung zu *implementieren*, zum Beispiel, indem die beste Staatsform eingesetzt wird – falls der Philosoph dazu in der Lage ist.

Aristoteles hat meines Erachtens die gleiche Auffassung von genuiner Philosophie wie Platon, weshalb ich nur ein paar Sätze dazu anmerke. Auch für ihn ist das Streben nach Wahrheit sowie die auf Vernunft basierende, theoretische Reflexion Ausdruck wahrer Philosophie, denn nur dadurch kommt man dem Göttlichen nahe und nur dadurch kann man ein gutes Leben führen. Ebenso hält er die Beschäftigung mit moralischen Werten, insbesondere *Tugenden* (zum Beispiel Wahrhaftigkeit und Aufrichtigkeit), zentral für einen echten Philosophen. Wobei es ihm wie Platon nicht bloß um die theoretische Arbeit mit jenen im Rahmen der Praktischen Ethik geht, sondern um ihre tatsächliche „Einbettung" in die Persönlichkeit und das Leben des Philosophen. So meint Aristoteles:

> „[...] nicht um zu wissen, was die Tugend ist, untersuchen wir sie, sondern um gut zu werden; sonst hätte sie ja keinen Nutzen." (EN, S. 24)

Die *Verbindung* von theoretischer Einsicht in die Natur der Gegenstände, wie Wahrheit und Tugend, welche durch die Tätigkeit des Philosophierens hergestellt wird, mit ihrem praktischen Ausdruck durch den Charakter und die Handlungen eines philosophischen Denkers, ist für Platon und Aristoteles entscheidend für die Zuschreibung „wahrer Philosoph." Wahre Philosophen zeigen sich folglich nicht nur in ihrem Streben nach philosophischen Einsichten und in deren Besitz, sondern auch durch das *auf* den Einsichten beruhende Leben, welches sie führen.

Die Sophisten als falsche Philosophen

Platon hat sich in zahlreichen Texten zu den Sophisten geäußert. Besonders in seinen Dialogen *Sophistes, Gorgias, Phaidros, Euthydemos* und in seiner *Politeia*, lässt er Sokrates und anderen Protagonisten unter anderem der Frage nachgehen, welche Merkmale einen Sophisten bzw. einen Vertreter der Redekunst ausmachen und weshalb sie eines Philosophen unwürdig sind. Aristoteles hat dagegen hauptsächlich in seiner Abhandlung *Peri sophistikôn elenchôn (Über die sophistischen Widerlegungen)* und vorwiegend zu einem bestimmten Aspekt der Sophisten Stellung bezogen. Platon und Aristoteles unterscheiden sich jedoch nicht grundlegend, sondern legen ihren Schwerpunkt nur auf unterschiedliche Makel der Sophisten.

Der Makel, unphilosophischen Zielen nachzugehen (Platon)

Das erste Merkmal, kein richtiger Philosoph zu sein, liegt für Platon bereits in dem Umstand, dass die Sophisten mit Wissen und philosophischer Bildung *Handel* treiben, weil sie diese, wie erwähnt, „zum Verkauf" anbieten. Die Philosophie war für die Sophisten somit primär eine Handelsware. Entscheidend für Platons Kritik ist jedoch nicht das Faktum, dass die Sophisten für philosophische Arbeit bloß Geld entgegennahmen, zum Beispiel als eine Art „Geschenk", „Ausgleich" oder Almose für ihre Mühen, sondern, dass sie Geld verdienen *wollten*, weil sie für ihren philosophischen Unterricht, juristischen Beistand oder als öffentliche Redner vorab ein Honorar *verlangten*. Für Platon geht es den Sophisten also explizit ums Geld, wenn er sie dahingehend kritisiert, dass sie philosophische Bildung anbieten und lehren. Den Sophisten war somit nicht daran gelegen, durch die Vermittlung von Wissen und Philosophie bloß ein Auskommen zu haben – zum Beispiel, um ihre Grundbedürfnisse zu decken oder die Polis zu gestalten –. Sie taten dies vielmehr aus dem Grunde, *um* „Geld zu machen", und darüber hinaus auch noch genau dort, wo am meisten zu holen war – bei der elitären Oberschicht Griechenlands, denn dorthin zog es sie, wie Platon an einigen Stellen anmerkt:

> „Dieser [der Sophist] aber geht aufs Land zu ganz anderen Flüssen, gewissermaßen auf die fetten Triften des Reichtums und der Jugend, um

von dem Besitz zu ergreifen, was dort gedeiht." (Soph., S. 135)

„Von der besitzergreifenden Kunst, von der Kunst der Nachstellung, von der Kunst der Jagd auf Lebewesen, die auf Füßen gehen, der Jagd auf dem festen Lande, der Jagd auf zahme Wesen, der Menschenjagd, der Jagd nach einzelnen, der Jagd mit Honorarforderung, des Verkaufs um Geld, der angeblichen Erziehung der Jugend – von alledem ist die Jagd, die auf junge, reiche und angesehene Leute ausgeht, diejenige, von der unsere Untersuchung ergab, daß die Sophisten sie betreiben." (Soph., S. 137)

Scheinbar wiesen die Sophisten in ihrem praktischen Vorgehen weniger ein demokratisches oder egalitäres, sondern mehr ein timokratisches Bildungsverständnis auf, weil sie „Jagd" auf „junge, reiche und angesehene Leute" machten, die eben in den oberen sozialen Schichten zu finden waren. Deshalb kam der sophistische Unterricht, auch wenn er *prinzipiell* jedem offen stand, vorwiegend nur jenen zugute, die sich diesen monetär leisten konnten. Die Sophisten verhielten sich infolgedessen wie „Huren des Wissens" (Taureck, 2005, S. 6). Für Platon zeigt sich im Aufsuchen der Reichen auch bereits der Umstand, dass Sophisten keine Weisen sein können, denn zu den Weisen kommen für ihn *von Natur aus* die Reichen, um sich von ihnen in bestimmten Gebieten unterweisen zu lassen, aber nicht umgekehrt (vgl. Pol., S. 261).

Die ersten beiden Merkmale, kein echter Philosoph zu sein, begründet Platon mit der explizit kaufmännischen und finanziell ausgerichteten Einstellung, welche die Sophisten gegenüber der Philosophie zum Ausdruck bringen. Darüber hinaus waren die Sophisten aber auch leidenschaftliche Debattierer und liebten die Streitrede. Eine philosophische Diskussion, öffentliche Debatte oder eine Gerichtsverhandlung war für sie deshalb auch mehr ein Wettkampf, bei dem es darum ging, am Ende die verbale Oberhand über einen Widersacher gewonnen zu haben, unabhängig davon, ob dies durch das philosophisch bessere Argument oder bloß durch ihre rhetorischen Fähigkeiten zustande kam. Letzteres überwiegte jedoch, weil die Sophisten *de facto* hervorragende Redner waren und die Ausübung rhetorischer Fertigkeiten sowie die Verbesserung und Verfeinerung dieser für sie einen höheren Stellenwert als das *Streben* nach objektiver

Wahrheit und philosophischer Rechtfertigung hatte. In mehr oder weniger philosophischen Auseinandersetzungen den Fokus nicht auf
den Erwerb philosophischer Wahrheit und Einsicht, sondern bloß auf
den Rede*erfolg* zu legen – der auch noch durch den Einsatz rhetorischer Mittel sichergestellt werden sollte –, beinhaltet das dritte und
für Platon und anschließend auch Aristoteles weitaus gravierendere
Merkmal, die Sophisten als falsche Philosophen anzusehen. Denn
durch die vehemente Ausübung von rhetorischen Fertigkeiten drück-
te sich ihre Intention aus, ein Wortgefecht nicht aufgrund des Auffin-
dens oder Vermittelns von philosophischer Einsicht oder durch das
bessere philosophische Argument gewinnen zu wollen. Sie zeigten dadurch vielmehr, dass sie, neben dem Geld, nach den sozialen oder politischen Vorteilen haschten, die sie erhielten, wenn sie ihre „Gegner"
argumentativ in die Schranken wiesen, denn dadurch erwarben die
Sophisten Macht über sie. So erklärt der Sophist Gorgias, welchen
Nutzen die Fähigkeit „mit Worten zu überzeugen" mit sich bringt:

> „[...] kraft dieser Fähigkeit wirst du den Arzt als Sklaven haben, den
> Sportlehrer als Sklaven. Und es wird sich zeigen, dass dieser Geschäfts-
> mann da für einen anderen die Geschäfte macht und nicht für sich
> selbst, sondern für dich, der du reden und die Menge überzeugen
> kannst." (Gorg., S. 19)

Ein weiteres Merkmal, welches sich implizit im Vorgehen der Sophisten findet, bezieht sich auf die Ausrichtung der Sophisten auf die Eigenschaften der *Masse*, teils um sie zu manipulieren, teils um mit ihnen *d'accord* zu gehen. So meint Platon, dass die Sophisten, wenn sie
beispielsweise in Volksversammlungen oder bei Gericht auftreten,
„mit großem Lärm gewisse Worte oder Taten tadeln und andere wieder loben, einmal mit übertriebenen Hohngeschrei, das andere Mal
mit maßlosem Klatschen" (Pol., S. 266), oder dass sie die dieselben
Meinungen und Doktrinen lehren, welche die Masse ohnehin bereits
vertritt, sie jedoch als Weisheit ausgeben. Dies führt nicht nur dazu,
den Zuspruch ihres Publikums höher zu gewichten als den Wahrheitsgehalt ihrer Aussagen, sondern begrifflichen Einsichten auch
nicht nachzugehen. Explizit verweist Phaidros im gleichnamigen Dia-

log darauf, wenn er zu Sokrates meint:

> „Hiervon habe ich so viel gehört, mein lieber Sokrates, daß es für den,
> der ein Redner werden wolle, nicht nötig sei, das wahrhaft Gerechte zu
> erkennen, sondern das, was der Menge, die zu richten habe, so er-
> scheinen werde; denn aus diesem, nicht aber aus der Wahrheit, ergebe
> sich das Überreden." (Pha., S. 43)

Weil für Platon die Sophisten dem Streben nach Wahrheit und Erkenntnis keinen so hohen Stellenwert beimessen, wie sich dies für
einen echten Philosophen gehört, sondern mit der Philosophie andere, *pragmatische* Ziele verfolgen, sind sie für ihn bloß „Betörer", „Zau-
berer" und „Nachbildner", die mit rhetorischen Taschenspielertricks –
einer Art „Beschwörungskunst" (Euth., S. 91) –, andere von der *vermeintlichen* Wahrheit eines Sachverhaltes überzeugen bzw. überreden. Für Platon ist die Beschäftigung eines Sophisten mit bestimmten
Themen und seiner Interaktion mit anderen deshalb nur eine Art
Spiel, „indem er ihnen durch die Vieldeutigkeit der Worte ein Bein un-
terschlagen und sie umwerfen könnte" (Euth., S. 81). Und hierfür
schrecken die Sophisten auch nicht vor dem Mittel der Täuschung zurück.[8] Ich denke, Platon kritisiert die Sophisten an diesem Punkt nicht
deshalb so vehement, weil sie sich *de facto* einfach nur rhetorischer
Mittel bedienten, sondern weil sie einerseits die Philosophie und die
Rhetorik vermutlich als eine Art *Einheit* verstanden (vgl. Taureck,
2005, S. 115) – und damit die Philosophie nicht als etwas „Höheres"
oder zumindest von der Rhetorik „Distinktes" ansahen –, und andererseits, weil die Philosophie für die Sophisten scheinbar nichts weiter
als ein Instrument zur Verwirklichung nicht-philosophischer Zwecke
war, die über den Zweck, mit ihr nur nach Wahrheit und Weisheit zu
streben, hinausgingen.[9]

Wie bereits erwähnt, meint Platon, dass die Sophisten nur *scheinbar* Wahrheiten besaßen. Was meint er damit genau? Jene philosophi-

---

[8] In der *Politeia* erwähnt Platon, dass die Sophisten, wenn sie ihre Widersacher nicht
überzeugen bzw. überreden können, auch mittels Zwangsmethoden, wie dem Entzug
der bürgerlichen Ehre, Geldbußen oder dem Tode bestrafen (vgl. S. 267).

[9] So stellt Platon im Dialog *Phaidros* die Rhetorik auch nicht gänzlich in Abrede, sondern
betrachtet sie durchaus als legitimes Werkzeug, wenn sie als Rede der Wissenden, also
nicht mit Scheinwahrheiten, sondern mit wirklichen Wahrheiten praktiziert wird.

schen Ansichten und Positionen, welche die Sophisten anderen lehrten, hatten für Platon nicht den Status Wissen (*episteme*) zu sein,
sondern entsprachen überwiegend persönlichen Ansichten, Meinungen, Überzeugungen (*doxa*) sowie allgemein akzeptierten Auffassungen (*endoxa*), die sie ihrem Gegenüber jedoch als Wahrheiten bzw.
Gewissheiten (Wissen) verkauften. Deshalb sind die Sophisten für
Platon keine Weisheits-, sondern Meinungsliebende, keine Philosophen, sondern „Philodoxe" (Pol., S. 252). Platon erwähnt zahlreiche
Stellen, welche (zumindest implizit) den Unterschied zwischen *doxa*,
episteme sowie der diesbezüglichen „Täuschungsabsicht" der Sophisten zum Ausdruck bringen – hier einige Beispiele:

> „Und wenn ich es einigermaßen verstehe, sagst du, dass die Rhetorik
> eine Produzentin von Überzeugung ist und dass ihr ganzes Tun und das
> Wesentliche an ihr darauf hinausläuft." (Gorg., S. 19)
> „Nur ein eingebildetes Wissen über alles besitzt also, wie sich uns ge-
> zeigt hat, der Sophist, und nicht die Wahrheit." (Soph., S. 155)
> „Wenn wir behaupten, er täusche mit Trugbildern, und seine Kunst sei
> eine Kunst der Täuschung, wollen wir dann sagen, unsere Seele bilde
> sich unter der Einwirkung seiner Kunst falsche Meinungen, oder was
> sagen wir da? Theaitetos: Eben das." (Soph., S. 168)
> „Und wie wollen wir den anderen nennen: einen Weisen oder einen So-
> phisten? Theaitetos: Doch wohl unmöglich einen Weisen, nachdem wir
> ihn ja als Nichtwissenden gesetzt haben. Aber als Nachahmer des Wei-
> sen wird er offenbar von diesem seinen Beinamen erhalten, und ich ha-
> be nun schon ziemlich begriffen, daß wir von ihm sagen müssen: das ist
> wahrhaft jener völlig echte Sophist." (Soph., S. 221)

Folgt man diesen Äußerungen Platons, dann hatten die Sophisten und
konstituierten in ihren Gegenübern bloß doxastische Zustände. Diese
sind ihrer Natur nach kein Wissen und weisen demzufolge auch nur
die Eigenschaft auf, etwas für wahr zu *halten*. Das Problem ist jedoch,
dass die sophistischen Meinungen von ihren Kontrahenten mehr oder
weniger *als* Wahrheiten angesehen und akzeptiert wurden, und die
Herstellung dieses Zustandes von den Sophisten auch *beabsichtigt*
war. Platon nennt die Tätigkeit der Sophisten deshalb auch „Mei-
nungsnachahmung", die er in Kontrast zu „wissende[r] Nachahmung"
setzt (vgl. Soph., S. 220). Meinungen „nachahmen" bedeutet für Pla-

ton, dass die Sophisten zwar so tun und deshalb bei ihren „Auftragge-
bern", Widersachern und der Menge so „scheinen", als *hätten* sie Wissen, Einsicht und Weisheit, in Wirklichkeit jedoch bloß Gedanken wiedergeben, die, wie erwähnt, höchstens doxastischen Status genießen.
Der Rückgriff auf die Werkzeuge der Rhetorik sowie auf Täuschungen
lag also dem unmittelbaren Ziel der Sophisten zugrunde, bei anderen
den *Eindruck* zu erwecken, im Besitz von Wahrheit und Einsicht zu
sein, statt tatsächlich in deren Besitz zu sein, womit sie jene „wissende Nachahmung" betrieben hätten. Im Anschluss an Platon wird bei
Aristoteles deutlicher, *inwiefern* die philosophischen Positionen der
Sophisten nur scheinbare Wahrheiten sein konnten, d.h. weshalb sie
kein Wissen von den Sachverhalten, von denen sie sprachen, haben
konnten.

Aus Platons Schriften erschließt sich, dass die Philosophie für die
Sophisten neben ihrer finanziellen ebenso eine soziale und politische,
jedoch weniger eine genuin epistemische Funktion inne hatte. Vermittels rhetorischer Raffinesse wollten sie über Richter, Rats- oder
Volksversammlungsmitglieder, Geschäftsleute oder andere wohlha-
bende Bürger Athens Macht, Ruhm und Reichtum erlangen, indem
diese die Meinungen und Positionen der Sophisten annahmen bzw.
ihr Leben und ihre Entscheidungen danach ausrichteten. Das Interesse der Sophisten an der Philosophie war vorrangig *sozial-pragmatischer* Natur. Neben der Tatsache, mit der Philosophie explizit Geld
verdienen zu wollen, ist auch der Umstand, kein oder nur ein geringes
intrinsisches Interesse an Wahrheit und Weisheit zu haben, ein Grund
für Platon die Sophisten als falsche Philosophen zu deklarieren.

Der Makel der mangelhaften Rechtfertigung (Aristoteles)
Bereits zu Beginn seiner Schrift *Über die Sophistischen Widerlegungen*
schreibt Aristoteles ausführlich über den Unterschied zwischen einem der Suche nach Wissen gewidmeten Denker und den Sophisten:

> „Da nun Manchem mehr daran liegt, weise zu scheinen, als es zu sein
> und dabei es nicht zu scheinen (denn die sophistische Weisheit ist nur
> eine scheinbare, keine wirkliche, und der Sophist verdient sich Geld mit
> scheinbarer, aber nicht mit wirklicher Weisheit), so erhellt, dass solche
> Leute nothwendig lieber so scheinen wollen, als trieben sie das Ge-

schäft eines Weisen, als dass sie es wirklich trieben, aber dabei den
Schein davon nicht hätten. Das Geschäft des Wissenden ist aber, um dieses neben jenes zu stellen, der Art, dass er von den Dingen, die er kennt,
nichts Unwahres sagt und dass er vermag, die falschen Behauptungen
eines Anderen aufzudecken, d.h. dass er theils selbst Rechenschaft abzulegen, theils sie von Andern abzunehmen im Stande ist." (S. 2)
Aristoteles' Kritik an den Sophisten ist jener Platons, wie erwähnt,
zwar sehr ähnlich, weist jedoch einen anderen Schwerpunkt auf. Er
erwähnt zwar auch die monetäre und nach Ansehen heischende Einstellung der Sophisten, ebenso die Tatsache, dass sie „nur" Scheinwis-
sen haben, also ihre falschen philosophischen Bestrebungen und Resultate, geht jedoch weniger als Platon darauf ein. Ausführlicher setzt
er sich mit dem Argumentations*prozess* bzw. der Methodik der Sophisten auseinander. Zum einen, *wie* die Sophisten philosophieren
und zu ihren eigenen philosophischen Positionen kommen. So meint
er beispielsweise über die Art und Weise der Sophisten die richtige
Staatsführung zu bestimmen, dass sie unter den *bestehenden* und ge-
achtesten Gesetzen einfach die besten auswählen würden, „so als sei
die Auswahl nicht Sache von Verständnis und die richtige Beurteilung
nicht das Wichtigste daran [...]" (EN, S. 197). Zum anderen, *wie* die Sophisten die Positionen ihrer Widersacher (scheinbar) widerlegen
und/oder von ihren eigenen überzeugen. Denn auch für Aristoteles ist
offensichtlich, dass die Sophisten sich der Täuschung bedienen. Die
entscheidende Frage für ihn ist jedoch, *wie* dies konkret aussieht. In
jener Schrift widmet er sich in 34 Kapiteln deshalb ausführlich ihren
seiner Ansicht nach rhetorischen Tricks, Scheinbeweisen und
Scheinwiderlegungen. Für ihn sind deren Konklusionen und Falsifi-
zierungen nichts weiter als Trugschlüsse.

Aristoteles führt zuerst vier Arten der „mündlichen Erörterung"
an: Die belehrende, dialektische, erprobende und die streitsüchtige
Erörterung. Für die Exponenten der letzteren, die er in den Sophisten
verkörpert sieht,[10] formuliert er wiederrum fünf Ziele, die diese im

---

[10] Aristoteles sieht einen bloß Streitsüchtigen und einen Sophisten jedoch nicht als identisch an, weil sie sich durch ihre *Ziele* unterscheiden. Bloß Streitsüchtige wollen Streit-
gespräche nur gewinnen und nichts außerdem. Die Sophisten sind für Aristoteles jedoch Akteure, die „des Ansehens wegen, damit sie Geld verdienen, streiten" (PSE, S.

unmittelbaren „Gefecht" mit ihren Kontrahenten verfolgen. Hierbei beabsichtigen die Sophisten, ihre Gegner (1) (vordergründig) zu widerlegen, (2) zur Aussage des Falschen, (3) Unglaubwürdigen, (4) von Sprachfehlern oder (5) zu Wiederholungen zu verleiten:

> „Am meisten trachten sie danach, den Gegner scheinbar widerlegt zu haben; an zweiter Stelle suchen sie darzuthun, dass der Gegner Falsches behauptet habe; drittens suchen sie ihn zu unglaubwürdigen Behauptungen zu verleiten; viertens suchen sie ihn zu Sprachfehlern zu veranlassen (dies geschieht dadurch, dass der Antwortende in Folge der Erörterung zur Begehung grober Sprachfehler gebracht wird); endlich suchen sie ihn zu nöthigen, dass er vielemal dasselbe sagt." (PSE, S. 4)

Entscheidend für Aristoteles' Kritik an den Sophisten ist, wie wir bereits bei Platon sahen, dass diese innerhalb einer Streitrede mit rhetorischen Mitteln zu täuschen beabsichtigen – mit *scheinbarer* Weisheit, *scheinbar* gültigen Konklusionen oder *scheinbar* richtigen Widerlegungen. Und gerade dieses „Scheinbare", dieses „so tun als ob" der Sophisten gilt es für Aristoteles zu bekämpfen:

> „Ueberhaupt hat man Streitsüchtige nicht als solche, welche wahrhaft widerlegen, zu bekämpfen, sondern als solche, welche nur den Schein dessen erstreben, da man ja nicht anerkennt, dass sie wirkliche Schlüsse bilden, und es daher genügt, den blossen Schein derselben aufzudecken." (PSE, S. 36f.)

Doch warum sind die sophistischen Ansichten keine wirklichen bzw. philosophisch gültigen Schlüsse? Wodurch zeigt sich dies? Platon hat darauf aufmerksam gemacht, dass die sophistischen Äußerungen im strengen Sinne kein Wissen, sondern nur Meinungen ausdrücken. Für Aristoteles liegt das primäre Defizit der Sophisten, d.h. weshalb sie keine echten Philosophen sind, darin, dass ihre Schlussfolgerungen und Widerlegungen wie erwähnt nichts weiter als Trug*schlüsse* sind und deshalb nicht wahr sein können. Das sophistische Defizit lag also besonders im Bereich der *Rechtfertigung*. Bei jenem kognitiven Instrumentarium der Sophisten, mit denen sie andere von der Plausibilität einer Position „überzeugten", kann es sich für Aristoteles demzu-

---

24) – *Ansehen* bezieht sich auf den „Schein der Weisheit", der den Sophisten Geld einbringt –. Somit ist zwar jeder Sophist streitsüchtig, aber nicht jeder Streitsüchtige ein Sophist, da jenem Ansehen und Gelderwerb als Zielsetzung fehlen.

folge hauptsächlich um „Tricks" handeln. Diese können durchaus for-
maler oder logischer Natur sein, jedoch erfragt der Sophist mit Absicht zum Beispiel nur das, „was sich aus dem Beweisgang ableiten
lässt" (Soph., S. 166), wie dies auch Platon ausdrückt, während er alles andere, das in der Diskussion von Belang sein könnte, unerwähnt
lässt oder nicht miteinbezieht. Gegenargumente können also durchaus vorhanden sein, werden aber von den Sophisten nicht aufgegriffen, wenn dies für ihre Zwecke nicht erfolgsversprechend ist. Die sophistischen „Tricks" können für Aristoteles also tatsächlich zu „echten" (logisch gültigen) Widerlegungen führen, wenn sie nicht auf
Fehlschlüssen basieren. Die „Täuschung" hierbei liegt allerdings darin, dass zum Beispiel nicht alle Thesen oder Argumente in die Debatte und den Argumentationsgang einbezogen wurden.

    „Widerlegungen" rein aufgrund der *rhetorischen* Fähigkeiten der
Sophisten basieren für Aristoteles zum Beispiel darauf, dass der Sophist seine Widersacher in Mehrdeutigkeiten, Nebensächlichkeiten,
Belanglosigkeiten oder in „Ausdrucksprobleme" verstrickt, aber auch,
indem er sich *ad hominem*-Argumenten bedient, was bereits Platon
anmerkte. Der Sophist greift folglich auch direkt die *Persönlichkeit*
seines Widersachers an, wenn dies ihm nützt. Auch einen Kontrahenten in einen psychologischen Konflikt zu bringen, um ihn zu einer bestimmten Meinung zu „zwingen" – zum Beispiel, indem das, was wahr
bzw. weise ist, in Gegensatz zu dem gestellt wird, was die Öffentliche
Meinung („Meinung der Menge", PSE, S. 29) widerspiegelt –, ist für
Aristoteles ein probates Mittel der Sophisten einen Gegner zu besie-
gen. Auch sich gar nicht auf den eigentlichen Sachverhalt zu beziehen,
sondern stattdessen entweder die Unwissenheit des Gegenübers auszunutzen oder einen durchaus Wissenden zu verwirren, gehören zum
Repertoire der Sophisten. Die Möglichkeiten der Sophisten mit rhetorischen Kunstgriffen eine Debatte zu gewinnen, sind für Aristoteles
zahlreich.

    Auch für Aristoteles stand im Vordergrund der sophistischen Ar-
gumentation nicht das Auffinden philosophischer Einsichten, sondern
der pragmatische Nutzen, der durch den Sieg über einen Diskussions-
gegner entsteht. Ein Sieg, welcher offenbar auch mit allen zur Verfü-

gung stehenden und erfolgsversprechenden Mitteln zu erreichen sei, wie Aristoteles' Darstellung der zahlreichen sophistischen Trugschlüsse auszudrücken scheint. Das primäre Ziel der Sophisten lag somit auch für Aristoteles nicht darin, andere von der *philosophischen* Falschheit ihrer eigenen und der *philosophischen* Richtigkeit der sophistischen Positionen zu überzeugen, sondern ihre Widersacher durch ihre rhetorischen Fähigkeiten „bloß" zu einer Position *zu überreden*. Denn die Sophisten konnten für Aristoteles gar nicht wissen, ob ihre eigenen Positionen *philosophisch* gültig oder nicht sind, weil sie diese dahingehend nicht überprüft haben. Ihre „Gegner" sollten die Auffassungen der Sophisten aber dennoch auf solche Weise annehmen, dass die sophistische Positionen für wahr und die eigenen für falsch *gehalten* werden. Dies erfüllte das primäre Ziel der Sophisten: „[...] um des Scheines der Weisheit willen" (PSE, S. 24) zu debattieren, wie Aristoteles diesen Zustand analog zu Platon ausdrückt. Die Sophisten hatten somit nicht bloß ein Interesse daran, einen Disput zu gewinnen, sondern wollten diesen Sieg auf solche Art erringen, dass der Inhalt ihrer Aussagen von ihren „Gegnern" *als* „Wahrheit" oder „richtige Position" betrachtet und akzeptiert wird. Da die Sophisten ihre eigenen Positionen jedoch, wie erwähnt, nicht (auf ihren Wahrheitsgehalt) überprüften, *können* diese für Aristoteles nur vermeintlich wahr sein, und deshalb widerlegten die Sophisten die Ansichten ihrer Gegner durch ihre rhetorische Raffinesse ebenfalls nur scheinbar. Eine Tatbestand, der ihren Kontrahenten jedoch nicht auffiel und die sophistische Täuschung damit perfekt machte.

Die stärkste und häufigste Täuschung der Sophisten liegt für Aristoteles in dem „[...]Schein, dass man den Gegner widerlegt habe" (PSE, S. 33). Ein Schein ist ihre „Widerlegung" also aus dem Grunde, weil die Sophisten ihre Widersacher nicht im philosophischen Sinne widerlegten. *Inhaltlich* würden die sophistischen Ansichten für Aristoteles nämlich philosophischen Kriterien nicht standhalten, würde man sie nach diesen messen und durch diese prüfen. Die sophistischen Widerlegungen zeigen also nicht die *philosophisch*-eruierte Falschheit der Positionen ihrer Kontrahenten, sondern nur den mentalen Zustand, dass diese ihre eigenen Positionen aufgeben, weil sie zum einen *glauben* oder *meinen*, dass sie von den Sophisten widerlegt wurden, und zum anderen, weil sie wiederrum *glauben* oder *meinen*, dass die Positionen der Sophisten wahr und richtig sind, weshalb sie diese akzeptieren und annehmen. Aristoteles resümiert folglich mit den Worten:

> „Die sophistische Widerlegung ist nun keine Widerlegung überhaupt, sondern nur eine Widerlegung in Bezug auf eine bestimmte Person [...]" (PSE, S. 18)

Nicht auf die richtige Art und Weise zu philosophieren, ist primär Aristoteles Kriterium dafür, den Sophisten zuzuschreiben, falsche Philosophen zu sein. Auf die richtige Weise zu philosophieren, die auch die Überprüfung der *eigenen* philosophischen Positionen beinhaltet, ist für ihn nur dann gegeben, wenn dies in logischer bzw. dialektischer Form geschieht. Der „Schein eines Weisen" ergibt sich für ihn einerseits, weil die Sophisten ihre eigenen Positionen, wie bereits erwähnt, nicht auf ihren Wahrheitsgehalt überprüft haben, und andererseits, weil sie, *trotz* dieser Tatsache, von anderen als mit Wahrheit und Weisheit ausgestattet angesehen und anerkannt wurden bzw. dies auch werden wollten. Sein Urteil ist folglich methodischer Natur, primär Philosophie-immanent und bezieht sich auf das Kriterium der philosophischen Rechtfertigung; die für ihn mittels des richtigen Instrumentariums durchzuführen ist. Die Sophisten philosophieren für ihn aber nicht mit dem richtigen Werkzeugkasten, sondern vordergründig mit den Mitteln von höchstens philosophisch-angehauchten Sozialpsychologen, weshalb ihre eigenen Positionen sowie die Widerlegung ihrer Gegner philosophisch nicht gerechtfertigt sein können. Und dies macht sie für Aristoteles zu falschen Philosophen.

Schlussbemerkung

Platon und Aristoteles haben die Sophisten in ihrer Zeit weniger dahingehend kritisiert, *welche* philosophischen Positionen sie vertraten, sondern vielmehr, *wie* und *warum* sie diese vertraten. Nämlich nicht auf jene Weise, dass sie diese kritisch und mit philosophischen Mitteln auf ihren Wahrheitsgehalt überprüft haben und *dadurch* einerseits zeigten, dass ihre eigenen Positionen wahr oder falsch sind bzw. sein können, und andererseits, dass Wahrheit, das Streben nach ihr sowie Wahrhaftigkeit und Redlichkeit einen eigenständigen Wert für sie haben. Solange die Sophisten mit ihren philosophischen Kenntnissen, Ansichten und ihrem philosophischen Vorgehen einen monetären, sozialen oder politischen Vorteil einheimsten, solange haben sie jene vertreten und verbreitet. Und aus demselben Grund haben sie die Positionen ihrer Kontrahenten zu widerlegen versucht, und auch dies wiederum unabhängig von ihrer philosophischen Plausibilität und Gültigkeit. Die Kritik von Platon und Aristoteles an den Sophisten bezieht sich im Großen und Ganzen darauf, dass die Sophisten primär kein Interesse am *logos* (verstanden als begrifflich-rationale Argumentation und Rechtfertigung) hatten, sondern „vielmehr eine von der Bindung an die Sache losgelöse Rede" (Masek, 2011, S. 104) praktizierten. Für Platon und Aristoteles existiert nicht nur eine richtige Art und Weise zu philosophieren, die für beide die *dialektische Methode* ist. Diese bezieht sich auch auf die Eigenschaften des zu untersuchenden Gegenstandes und nicht auf die zum Beispiel psychologischen Eigenschaften eines Kontrahenten. Die Sophisten hatten zwar durchaus viele eigene philosophische Positionen zu Sachverhalten der Ontologie, Erkenntnistheorie, Politischen Philosophie oder der Ethik, doch hatten sie, wie erwähnt, primär nicht den Anspruch, zu *prüfen*, ob diese sowie die ihrer Gegner wahr oder falsch sind. Vermutlich hängt diese Haltung der Sophisten stark mit ihrer grundsätzlichen philosophischen Ausrichtung zusammen, da sie an die Möglichkeit *objektiver* Erkenntnis nicht glaubten, sondern alle diesbezüglichen Aussagen in den Gültigkeitsbereich von Tradition, Überlieferung, Sitte, sozialer Übereinkunft und Meinung gaben. Die Sophisten waren Subjektivisten und Relativisten. Und weil sie kein Interesse am *logos* (im oben verwendeten Sinne) hatten, konnten sie für Platon und Aristoteles keine echten Philosophen sein. Denn im Gegensatz zu den Sophisten kann man Platon und Aristoteles zuschreiben, dass für sie philosophische Kategorien einen *intrinsischen* Wert haben. Beide philosophierten, um Wahrheit und Weisheit um ihrer selbst willen zu erwerben, weil Wahrheit und Weisheit für sie einen Wert *an sich* haben.

Als modernes Äquivalent zu den Sophisten kann man diese „Gattung von Philosophen" heutzutage daran erkennen, dass sie für Geld in Fernsehshows auftreten, für Zeitungen schreiben, philosophische Bücher nach „Tagesbedarf" verfassen sowie ihre eigenen philosophischen Positionen nach gesellschaftlichem, medialem oder politischem Gusto anpassen, wenn sich dies finanziell lohnt. Und am unverkennbarsten sieht man dies gewiss bei jenen, die *nur* auf solche Art ihren Lebensunterhalt verdienen. Wie bei den Sophisten lässt sich auch bei diesen modernen „Huren des Wissens" im Allgemeinen konstatieren, dass sie den *pragmatischen* Nutzen (Geld, Anerkennung, Popularität, Wohlstand, Einfluss) im Fokus haben, den die Philosophie für sie einbringen *kann*. Sie haben vordergründig also ebenso nur eine sozialpragmatische Einstellung gegenüber der Philosophie, wodurch diese für sie „nur" einen nach außen gerichteten, also *extrinsischen* Wert hat. Der Typus des Sophisten gehört also immer noch nicht einer aussterbenden Spezies innerhalb der „Philosophenzunft" an.

Der Falsche Philosoph und seine Eigenschaften

Aus der platonischen und aristotelischen Charakterisierung der Sophisten lassen sich folgende Merkmale eines falschen Philosophen anführen:

1. Wahrheit, Erkenntnis und philosophische Einsicht haben für ihn keinen *Eigenwert*, keinen Wert *an sich*.

2. Hat ein rein *sozial-pragmatisches* Verständnis von der Funktion der Philosophie – <u>Kennzeichen</u>:

   a) Die Philosophie ist für ihn nur ein Handelsgut, um Geld zu verdienen.

   b) Die Philosophie ist für ihn nur ein (rhetorisches) Werkzeug, um Ansehen, Ruhm, Wohlstand und Einfluss zu erlangen.

3. Überprüft die eigenen und fremden philosophischen Positionen nicht auf ihren *Wahrheits*gehalt.

4. Philosophiert nicht auf die *richtige Art und Weise* → <u>Folgen</u>:

   – Besitzt Scheinwahrheiten, Scheinbeweise, Trugschlüsse und Scheinwiderlegungen.

5. Sein Fokus liegt auf *persönlicher* Überredung, nicht auf sachlicher Überzeugung – <u>Kennzeichen</u>:

   – Verwendet *ad hominem*-Argumente.

   – Gebraucht *psychologische* Werkzeuge, Manipulationen und Täuschungsmechanismen.

6. Sein Interesse liegt darin, vor anderen Akteuren als mit Wahrheit und Weisheit ausgestattet zu *scheinen*, nicht es zu sein.

7. Hat kein Interesse an der *Verkörperung* moralischer Prinzipien, wie Wahrhaftigkeit und philosophischer Redlichkeit.

Der Philosoph als Staatsdiener
Arthur Schopenhauers Kritik an den Universitätsphilosophen

> „Der, dem es nicht um Staatsphilosophie und Spaaßphilosophie, sondern
> um Erkenntniß und [...] Wahrheitsforschung zu thun ist, sie überall
> eher zu suchen haben, als auf den Universitäten."
> Arthur Schopenhauer

Die Sophisten verkörperten zahlreiche Merkmale, weshalb Platon und
Aristoteles ihr Urteil verkündeten, dass jene falsche Philosophen sind.
Trotzdem hatten die Sophisten *ihre eigenen* philosophischen Meinungen und Positionen. Zwar hatten sie von ihren Geldgebern den Auf-
trag, pädagogische, juristische oder politische Ziele zu realisieren,
mussten dabei aber nicht deren Überzeugungen und Ansichten annehmen oder vertreten; immerhin verbreiteten bzw. lehrten die Sophisten anderen ihre eigenen philosophischen Positionen. Sie hatten
also keine *Instanz* über ihnen, die ihnen *Vorgaben* bezüglich der Ausrichtung und der Inhalte ihrer philosophischen Standpunkte machte.
Sie waren ihre eigene Autorität in philosophischen Belangen und können deshalb (in einem schwachen Sinne) als philosophisch *autark* bezeichnet werden. Denn auch wenn sie genuin philosophischen Werten und Zielen kaum nachgingen, so legten sie dennoch für sich selbst
und für andere fest, was wahr, richtig und falsch ist. Trotzdem waren
die Sophisten aus den genannten Gründen falsche Philosophen. Dass
„Philosophen" jedoch philosophisch autark und ihre eigene philoso-
phisch-relevante Autorität sind, wird sich bei der nun folgenden Kritik Arthur Schopenhauers grundlegend ändern. Die sprachlich gewiss
härteste und polemischste Kritik an jenen Denkern, die sich rühmen
Philosophen zu sein, stammt von eben jenem aus Danzig stammenden
Philosophen, der von 1788 bis 1860 lebte und besonders durch seine
Schrift *Die Welt als Wille und Vorstellung* aus dem Jahre 1819 bekannt
wurde. Mit mehr oder weniger falschen Philosophen setzt sich Schopenhauer jedoch zur Gänze in seiner Abhandlung „Über die Universi-

tätsphilosophie" aus seinem Buch *Parerga und Paralipomena* aus dem Jahre 1851 auseinander.[11] In dieser beschäftigt er sich mit jenen „Philosophen", die in ihrer beruflichen Relation denen der heutigen am nächsten kommen – mit den akademischen bzw. Universitätsphilosophen. Also mit jenen philosophischen Denkern, welche als Angestellte des Staates auf Universitäten *Philosophie* betreiben und aufgrund dessen als Philosophen bezeichnet werden. Ein Umstand, der in der griechischen Antike zu Zeiten der Sophisten noch nicht gegeben war und einige neue Verhaltensweisen und Eigenschaften mit sich bringt, kein echter Philosoph zu sein.

Die von Schopenhauer zahlreich beschriebenen Merkmale, womit er Denkern abspricht, echte Philosophen zu sein, können sich auf vier Bereiche beziehen:

1. Auf die Beziehung der Philosophen zur *Philosophie*, zu Wahrheit und Erkenntnis.
2. Auf ihre Beziehung zu einer der *Philosophie* übergeordneten Instanz.
3. Auf ihre Beziehung zur Öffentlichkeit.
4. Auf ihre Beziehung zu anderen Philosophen bzw. Denkern.

Bevor ich mich jedoch diesen vier Bereichen der akademischen Philosophen und ihren Bezug zu den Merkmalen falscher Philosophen in der Darstellung Schopenhauers widme, schauen wir uns zuerst kurz sein *grundsätzliches* Verständnis echter und falscher Philosophie an.

Schopenhauer über richtige und falsche Philosophie

Für Schopenhauer zeigt sich durch zwei Merkmale der fundamentale Unterschied zwischen echter und falscher Philosophie. Zum einen in einer falschen Auffassung darüber, was *Wahrheit* ist, und zum anderen in einer falschen Auffassung darüber, was genuine Philosophie ist. Schopenhauer differenziert also zwischen zwei verschiedenen Konzeptionen, die philosophische Denker hinsichtlich des Begriffs *Philosophie* und des Begriffs *Wahrheit* vertreten (können). Zuerst un-

---

[11] Wenn nicht anders vermerkt, beziehen sich alle im Folgenden angeführten Zitate und Seitenangaben auf Schopenhauers Text: „Ueber die Universitäts-Philosophie" (1977).

terscheidet er zwischen der *reinen* und der *angewandten* Philosophie. Letztere steht im Dienste einer „über" der Philosophie stehenden Instanz und hat demzufolge für Denker nur einen nicht-episte-
mischen Wert, welcher in der Erfüllung von Zwecken liegt, die über
die Zwecke einer Philosophie, welche für Schopenhauer einzig und allein nach Wahrheit und Erkenntnis zu streben hat, hinausgehen. Die
reine Philosophie ist für Schopenhauer hingegen nur der Suche nach
Wahrheit verpflichtet und hat darin ihr einziges Ziel. Ebenso unterscheidet er zwischen *allegorischer* Wahrheit und Wahrheit *sensu proprio*. Erstere ist Ausdruck einer „Glaubenslehre", die auf „die große
Masse des Menschengeschlechts" (S. 166) zugeschnitten und berech-
net ist, während letztere Ausdruck der eigentlichen Wahrheit ist. Ein
echter Philosoph ist für Schopenhauer nun ein Denker, der *reine* Philosophie betreibt und einen Wahrheitsbegriff *sensu proprio* aufweist.
Also ein Denker, der Wahrheit als Selbstzweck ansieht und die Philosophie nur dafür einsetzt, die Wahrheit zu finden. Ein falscher Philosoph ist hingegen ein solcher, der *angewandte* Philosophie betreibt
und einen *allegorischen* Wahrheitsbegriff besitzt. Also ein Denker, für
den „Wahrheit" mehr eine doxastische Lehre ist und die Philosophie
nur dafür einsetzt, über die Wahrheitssuche hinausgehende pragmatische Interessen und Zwecke zu verwirklichen.

   Wie schon bei der Kritik an den Sophisten findet sich auch bei
Schopenhauer somit der wesentliche Unterschied zwischen *doxa*[12]
und *episteme*, der unter anderem einen falschen von einem echten
Philosophen scheidet. Und wie bereits Platon und Aristoteles anmerk-
ten, ist es auch für Schopenhauer offensichtlich, dass „Philosophen",
welche auf die *allegorische* Wahrheit sinnieren, „ihre Wahrheit" vor
anderen dennoch als Wahrheit *sensu proprio* geltend machen wollen
(S. 166), d.h. so scheinen (wollen) als wären sie im Besitz *der* Wahrheit. Doch welches Verständnis von Philosophie und welches von
Wahrheit weisen für Schopenhauer die Universitätsphilosophen auf?

---

[12] Streng genommen ist noch zwischen *doxa* und *endoxa* zu unterscheiden. Also solchen
Auffassungen, die eine *persönliche* Überzeugung und solchen, die (in Bezug „auf die
große Masse") eine *allgemein* akzeptierte Überzeugung ausdrücken.

Das Verhältnis der Universitätsphilosophen
zur Philosophie und Wahrheit

Schopenhauer verweist gleich zu Beginn seiner Schrift auf den faktischen Umstand, dass eine durch ihre Anstellung beim Staat mit der Öffentlichkeit verbundene Philosophie unvermeidlich ein gravierendes Problem hat.[13] Dieses liegt für ihn in dem zentralen Unterschied zwischen den Zielen der Philosophie auf der einen und des Staates sowie der übrigen Wissenschaften auf der anderen Seite. Denn für Schopenhauer hat der Staat, wenn die Philosophie auf staatlichen Universitäten gelehrt wird, bereits *ab initio* das Interesse, nur solche „Philosophen" auf den Universitäten Philosophie betreiben zu lassen, die dem Willen, den Meinungen und Aussagen der Staatsorgane (zum Beispiel der Regierung) sowie anderen wichtigen Akteuren im Staat (etwa Kirchenvertretern) weder direkt noch indirekt widersprechen. Dies könnte nämlich dazu führen, dass der „Staatswille" in der Bevölkerung unwirksam wird. Um dies zu vermeiden, trifft der Staat mehr oder weniger bereits eine Vorauswahl, wenn er „Philosophen" einstellt und besoldet. Schopenhauer geht nicht ausführlich auf diesen „Auswahlprozess" ein, sondern erwähnt nur, dass für die Besetzung philosophischer Lehrstühle weniger die Fähigkeiten, sondern „mehr die Gesinnungen eines Kandidaten in Betracht kommen" (S. 199). Und die richtige Gesinnung drückt sich, wie erwähnt, dadurch aus, dass ein geeigneter Kandidat mit seinen eigenen, philosophischen Ansichten den Ansichten des Staates bzw. der Regierung nicht zuwiderläuft. Man kann also sagen, dass Denker, wenn sie *Universitätsphilosophen* sind, eine staatskonforme Einstellung haben, weil eben nur solche überhaupt Universitätsphilosophen werden. Doch weil sich der Staat – in dem für Schopenhauer, und dies ist eine kontingente Tatsache seiner Epoche, die von der Kirche hergestellte „Landesreligion" gilt,[14]

---

[13] Allerdings erwähnt Schopenhauer zu Beginn auch kurz Vorteile, die aus dem Umstand resultieren, dass „die Philosophie auf den Universitäten gelehrt wird." Dazu gehören, dass sie dadurch mit der Öffentlichkeit verbunden ist und junge fähige Menschen mit der Philosophie und Philosophen wie Platon in Kontakt treten können. (vgl. S. 157)

[14] In Schopenhauers Zeit war die Landesreligion das Christentum, oder, wie er am Ende seiner Schrift präzisierend meint, das „dahinter stehende" Judentum.

welche wiederum die, wie es Schopenhauer bezeichnet, „Metaphysik
des Volkes" ausmacht – nach „dem Volke richtet", und dieses unter
dem Einfluss der Kirche steht, müssen sich für Schopenhauer auch die
beim Staate angestellten Philosophen danach richten.[15] Aufgrund dessen *darf* für Schopenhauer auf den Universitäten auch nur eine solche
Philosophie gelehrt und praktiziert werden, die mit der „Landesreligion" konform geht. Diese Tatsache führt für Schopenhauer allerdings
dazu, dass sich die Universitätsphilosophen in einer besonderen Lage
befinden, die sie von jener der anderen Wissenschaften unterscheidet. Während diese nämlich „nach Kräften und Möglichkeit, zu lehren
[haben] was wahr und richtig ist", sollen die akademischen Philosophen hingegen dasjenige lehren, was „im Grunde und im Wesentlich-
en das Selbe [sei], was die Landesreligion auch lehrt, als welche ja
ebenfalls wahr und richtig ist" (S. 158).

Aufgrund der Verschränkung „Volk-Landesreligion" hat der Staat
Interessen, die *prima facie* wenig oder vielleicht auch überhaupt
nichts mit der philosophischen Suche nach Wahrheit und Erkenntnis
zu tun haben. Schopenhauer kritisiert deshalb auch nicht das Verhältnis des Staates gegenüber seinen Mitarbeitern und damit auch nicht
zu den Universitätsphilosophen. Für ihn ist legitim, dass der Staat seine Lakaien dahingehend selektiert und vergütet, dass sie staatsdien-
liche Überzeugungen, Thesen und Argumente vertreten oder zumindest durch ihre Schriften und Reden verbreiten. Er kritisiert vielmehr
die Beziehung der (akademischen) Philosophen zum Staate, *wenn* es
um das eigentliche Ziel der Philosophie geht – der *unbefangenen*
Suche nach Wahrheit und Erkenntnis. Doch diese ist für die akademischen Philosophen überhaupt nicht möglich, weil sie einerseits beim
Staate angestellt und damit aufgrund des Gelderwerbs von ihm ab-
hängig sind, und andererseits der Staat nicht der Wahrheit und Wahr-

---

[15] Selbstverständlich muss die „Metaphysik des Volkes", wie Schopenhauer diese „Ebene" der vom Staat und der Kirche hergestellten mentalen Grundstruktur der Bevölkerung nennt, nicht *notwendigerweise* durch die Kirche und ihre Institutionen hergestellt werden und somit auch nicht deren Lehren und Überzeugungen inkludieren.
Heutzutage übernehmen Bildungsinstitutionen, wie Schulen und Universitäten, sowie
die Medien für den Staat die Aufgabe, die „Metaphysik des Volkes" zu erzeugen.

heitssuche, sondern dem Volke dient, welches in Schopenhauers Epoche stark mit seiner jeweiligen Landesreligion verbunden war. Die beim Staat angestellten Philosophen agieren für Schopenhauer aus diesem Grund auch nicht in Richtung der Wahrheit. Und dies ganz besonders dann nicht, wenn ihre Anstellung durch eine eigene philosophische Position in Gefahr käme, zum Beispiel wenn ihre Verlautbarung für das Staatsgefüge, dessen Machthaber und Gefolgsleute *gefährlich* wäre.

Schopenhauer behauptet nicht, dass für akademische Philosophen die Wahrheit an sich keine Bedeutung hat oder hätte, sondern, dass eine von diesen „gesuchte" und verlautbarte „Wahrheit" im Wesentlichen *identisch* mit der herrschenden Doktrin sein muss. Und wenn sich Staatsoberhäupter nach Ansichten und Überzeugungen ausrichten, die *konträr* zur Wahrheit stehen, wie dies aufgrund der herrschenden Landesreligion für ihn in seiner Epoche der Fall war, dann wird die Wahrheit auch für die vom Staat bezahlten Philosophen sekundär und muss, wenn dies gefordert wird, „einer andern Eigenschaft Platz [...] machen" (S. 158). Diese andere Eigenschaft verweist auf Aspekte der bereits angeführten Landesreligion, nach welcher sich Staatsorgane orientieren, weil sie im Volk fest verwurzelt ist.

Der Einfluss nicht-philosophischer Autoritäten auf die *Philosophie*

Was bislang zur Sprache kam, betrifft Schopenhauers Verweis auf eine *Instanz*, den Staat bzw. die Religion, welche der Universitätsphilosophie als eine Form der Autorität übergeordnet ist und weshalb für die akademischen Philosophen die Suche nach Wahrheit und Erkenntnis nicht oder nicht unvoreingenommen möglich ist. Eine Situation, die Schopenhauer erzürnt:

> „Das Vorgeben unbefangener Wahrheitsforschung, mit dem Entschluß, die Landesreligion zum Resultat, ja zum Maaßstabe und zur Kontrole derselben zu machen, ist unerträglich [...]" (S. 161)

Neben seiner „Entrüstung" erwähnt Schopenhauer hierbei drei *Funktionen*, welche die akademischen Philosophen für ihren Arbeitgeber, dem Staat bzw. die damit verknüpfte Landesreligion, erfüllen und woran sie sich orientieren sollen, wenn sie philosophieren. Diese soll das

Resultat, der *Maßstab* und die *Kontrolle* des Philosophierens sein. Schopenhauer geht nicht ausführlich auf diese drei Funktionen ein. Jedoch lassen sich diese grob unterscheiden. Zum Beispiel, dass im Falle des *Resultates*, alle Gedanken, Thesen und Argumente, die ein Philosoph in seinen Reden oder Schriften anführt, *de facto* in die jeweilige herrschende Doktrin münden. Ein solcher Denker weiß also bereits, wohin sein Argumentationsstrang am Ende führt, wenn er anfängt sich einem Thema philosophisch zu widmen. Gegenargumente, sofern sie überhaupt vorgebracht werden, führen letztlich nicht dazu, dass die Landesreligion oder Staatsdoktrin am Ende philosophisch „nicht mehr steht", denn diese *ist* das Ergebnis jedes philosophischen Denkens und Argumentierens der Universitätsphilosophen. Oder wie Schopenhauer meint:

> „[M]an kann die Sache mit Ruhe abwarten, überzeugt, daß sie doch bei dem Ein für alle Mal gesteckten Ziele anlangen werden." (S. 162)

Im Falle des *Maßstabes* könnte es zwar sein, dass alternative Lehren und Positionen als Möglichkeiten eingeräumt und vielleicht *als solche* sogar akzeptiert werden, in den Augen jener „Philosophen" jedoch einen geringeren Stellenwert oder Geltungsanspruch haben, weil ihr „Wahrheitsgehalt" in deren Augen als *weniger* plausibel, gewiss oder abgesichert wie jener der Staatsdoktrin gilt, denn diese gibt vor, welche philosophische Position „die Richtige" ist. Hierbei ist eine bestimmte philosophische Position nicht (bloß) das Ergebnis des Philosophierens, sondern die *Norm*, für Schopenhauer sogar das scheinbare „Kriterium der Wahrheit" (S. 162), nach dem alle anderen philosophischen Aussagen beurteilt und gemessen werden.

Und im Falle der *Kontrolle* kommt es vielleicht gar nicht so weit, dass alternative Positionen diskutiert oder öffentlich verbreitet werden, denn von der Staatsdoktrin geht die Kontrolle über die Inhalte bestimmter Positionen aus, und je nachdem wie stark und umfassend diese Kontrolle ausfällt und wie gefährlich manche unliebsame Positionen werden können, könnten diese in keinster Weise in die Öffentlichkeit gelangen oder zur Diskussion stehen. Zum einen findet eine solche Art der Kontrolle über philosophische Positionen und ihre Verbreitung bereits bei der erwähnten Vorauswahl der akademischen

Philosophen statt. Zum anderen könnte sie aber auch darin liegen, dass unliebsame Positionen, falls sie öffentlich zur Sprache kommen und diskutiert werden, von den „geistigen Torwächtern der Macht" heruntergespielt, belächelt, diffamiert, verneint oder auf den Index gebracht werden, einzig und allein, weil sie das Machtgefüge in Gefahr bringen, unabhängig davon, ob sie wahr, richtig oder vernünftig sind. Schopenhauer erwähnt als Beleg für diese Behauptung nicht nur die Schicksale von Denkern wie Johann G. Fichte (1762-1824) oder Kuno Fischer (1824-1907), die entlassen, versetzt oder mit einem „Vortragsverbot" belegt wurden – weil sie unter anderem nichtstaatsdienliche Ansichten verbreiteten, d.h. nicht der Landesreligion konform philosophierten –, sondern auch die Schicksale von Denkern, die ihre philosophischen Positionen in Richtung der Staatsdoktrin *änderten*, sobald eine öffentliche Kritik an ihnen auftrat, weil sie mit jener nicht übereinstimmten – hierfür erwähnt Schopenhauer wiederrum Fichte, der nach seiner Dienstenthebung in Jena im Jahre 1799, seine philosophischen Positionen für Schopenhauer sukzessive so abänderte, dass sie immer stärker zu der Landesreligion passten; ein Umstand, der im Jahre 1810 zu Fichtes Anstellung in Berlin führte –.

Die Makel der Universitätsphilosophen

Was sind nun die direkten und indirekten Folgen, die sich aus der beschriebenen Beziehung der akademischen Philosophen zum Staat für sie ergeben? Für Schopenhauer jedenfalls keine Guten, wie bereits stark herauszulesen war. Alles in allem hat er kaum freundliche Worte für die Universitätsphilosophen übrig und bezeichnet sie in seinem Text durchgehend als „Rocken- und Kathederphilosophen", „Katherpuppen", „Spaßphilosophen" oder als „philosophische Geschäftsleute", die mit „Spiegelfechterei" und „Stentorstimmen", „Unsinnsphilosophie", „Scharlatanerie" oder „Wischiwaschi" betreiben und deshalb nichts weiter als „Afterweisheiten" besitzen. Doch schauen wir uns seine zahlreichen Kritikpunkte genauer an.

Der Philosoph als Verteidiger der Staatsdoktrin und des Glaubens

Der Weg zur Wahrheit, die für Schopenhauer ohnehin „schwer zu treffen ist", kann mühevoll und beschwerlich sein. Doch hinsichtlich der Universitätsphilosophie meint er:

> „[H]ier [wird], durch Kunstgriffe, das Falsche in Cours gebracht und überall, als das Wahre und Aechte, von belohnten Stentorstimmen ausgeschrien [...]" (S. 175)

Daraus zieht er den durchaus fatalen Schluss:

> „Der, dem es nicht um Staatsphilosophie und Spaaßphilosophie, sondern um Erkenntniß und daher um ernstlich gemeinte, folglich rücksichtslose Wahrheitsforschung zu thun ist, sie überall eher zu suchen haben, als auf den Universitäten, als wo ihre Schwester, die Philosophie *ad normam conventionis* [nach der geltenden Norm], das Regiment führt und den Küchenzettel schreibt." (S. 175, H.i.O.)

Der akademischen Philosophie fehlt es an philosophischer Unabhängigkeit, denn sie unterliegt der Einschränkung, den Staatsinteressen (der Landesreligion) gemäß philosophieren zu müssen. Und solange dies der Fall ist, werden die Universitätsphilosophen für Schopenhauer auch immer im Dienste einer Instanz stehen bzw. „philosophieren", die in Fragen der „Erkenntnis" über der Philosophie steht, weil die Konformität mit jener Instanz für jene Denker einen höheren (handlungsrelevanten) Wert innerhalb ihrer philosophischen Praxis einnimmt als die Suche nach *der* Wahrheit (falls diese überhaupt einen solchen Wert für sie hat). Folglich haben für Schopenhauer alle philosophischen Ansichten, Lehren und Thesen, die von den akademischen Philosophen stammen, bereits *ab initio* keinen Anspruch darauf, im philosophischen Sinne wahr zu sein (dies sahen wir bereits als wesentliches unphilosophisches Merkmal bei den Sophisten).

Das erste Merkmal kein echter Philosoph zu sein, liegt in dem faktischen Umstand der Universitätsphilosophen, nicht *unbefangenen* Philosophie zu betreiben. Eines der zentralen Defizite dieses Mangels an Autonomie ist die „Bewegung" der philosophischen Tätigkeit in Richtung der Strukturen und Inhalte der über der Universitätsphilosophie stehenden Instanz. In Schopenhauers Epoche bewegte sich die akademische Philosophie für ihn, auch innerhalb von Fachkreisen, immer stärker in Richtung der Theologie (Landesreligion), weil diese, wie erwähnt, die Staatsdoktrin ausmachte. Es liegt auf der Hand, dass Schopenhauer seine Kritik besonders an jene in seiner Epoche vorherrschenden Universitätsphilosophen richtet, welche der *Theologie* gemäß Philosophie betrieben und diese auch als jene ansahen:

> „Die Theologie nämlich deckt mit ihrem Schleier alle Probleme der Philosophie zu und macht daher nicht nur die Lösung, sondern sogar die Auffassung derselben unmöglich [...] Jeder Philosophieprofessor ist [...] ein *defensor fidei* [Verteidiger des Glaubens], und erkennt hierin seinen ersten und hauptsächlichen Beruf." (S. 208, H.i.O.)

Durch die Verbindung oder das Eindringen der Theologie in die Philosophie, löste sich für Schopenhauer aber sukzessive der fundamentale Unterschied zwischen Glaube und Wissen auf, wodurch die Philosophie immer stärker aufhörte, eine Wissenschaft zu sein, und der Glaube immer stärker aufhörte, ein Glaube zu sein. Dies zeigt sich für ihn zum Beispiel durch Georg W. Hegels (1770-1831) Diktum „Absolute Religion" oder dessen Aussage, dass „die Bestimmung des Menschen im Staate aufgehe" (S. 172) – weil Hegel „sein Publikum gekannt hat" (S. 161), wie Schopenhauer meint –; oder durch Fichtes Diktum „Absolutes Ich", das sich für Schopenhauer später explizit in Gott verwandelte. Jedoch zeigt sich dies auch durch die Überzeugung der Universitätsphilosophen, dass Philosophie und Religion (Theologie) eigentlich dasselbe seien oder dass eine Christliche Philosophie *de facto* aus jener Verbindung entstehe. Für Schopenhauer sind den Universitätsphilosophen sogar die zentralen Einsichten Immanuel Kants über die Unmöglichkeit der Erkenntnis Gottes bedeutungsfremd, weil sie eben „wissen wozu sie da sind" (S. 207). Die Philosophie *soll* ja Theologie sein – dies ist für die Universitätsphilosophen der Epoche Schopenhauers der finale Zweck ihrer „philosophischen" Tätigkeit:

> „Definiren sie doch schon von vorne herein [...] die Philosophie als spekulative Theologie und geben das Jagdmachen auf Theologie ganz naiv als den wesentlichen Zweck der Philosophie an. [...] Zwar athmen also die Schriften unserer UniversitätsPhilosophen den lebendigsten Eifer für die Theologie; dagegen aber sehr geringen für die Wahrheit. Denn ohne Scheu vor dieser werden Sophismen, Erschleichungen, Verdrehungen, falsche Assertionen, mit unerhörter Dreistigkeit, angewandt, ja angehäuft, werden sogar [...] der Vernunft unmittelbare, übersinnliche

Erkenntnisse, – also angeborene Ideen, – angedichtet, oder richtiger an-
gelogen; Alles einzig und allein um Theologie herauszubringen: nur
Theologie! nur Theologie! um jeden Preis, Theologie!" (S. 210)

In der Hinwendung zur Theologie verfehlt die Philosophie aber für
ihn ihr grundlegendes Ziel. Denn das Ziel einer Philosophie, die sich
rühmt eine Wissenschaft zu sein, liegt für Schopenhauer nicht darin
„was geglaubt werden darf, oder soll, oder muß; sondern bloß damit,
was sich wissen läßt" (S. 161), also in der Realisierung epistemischer
Ziele. Die Philosophie ist für Schopenhauer eben keine Kirche und
auch keine Religion. In jener soll das „kleine Fleckchen" (S. 211) sein,
wo nur die Wahrheit und die philosophische Einsicht herrschen. Geschieht dies aber im Rahmen der Universitätsphilosophie nicht, dann
wird auch diese zu einer „*remora* [Hemmnis] der Wahrheit" (S. 212,
H.i.O.). Das Streben nach der Wahrheit, und nichts außerdem, ist für
Schopenhauer ohnehin ein „metaphysisches Bedürfnis" (S. 166) und
nichts, was ohne Mühen und schnell zu erfüllen ist. Die Befriedigung
dieses Bedürfnisses ist, wie erwähnt, das Ziel jener Denker, die *reine*
Philosophie betreiben. Da die akademischen Denker seiner Epoche jedoch primär aus pragmatischen Gründen Philosophie betreiben, betreiben sie Philosophie eben nicht als *reine* Philosophie und vertreten
auch keinen Begriff von „Wahrheit" als Wahrheit *sensu proprio*. Solche
Denker verwenden die Philosophie für Schopenhauer deshalb nur als
Mittel für die Realisierung genuin nicht-philosophischer Ziele. Diese
liegen zum Beispiel darin ein regelmäßiges Auskommen für sich und
die Familie, Honorare sowie die Reputation unter Fachkollegen und
Vorgesetzten zu erwerben, abzusichern oder zumindest nicht zu gefährden. Und dies ist eben nur möglich, indem sie im Einklang mit der
herrschenden Obrigkeit „Philosophie" betreiben. Doch dies macht sie
für Schopenhauer gerade zu falschen Philosophen. Den Unterschied
zwischen einem solchen und einem echten Philosophen drückt er
auch folgendermaßen aus:

„Den Einen ist sie der Zweck, zu welchem ihr Leben das bloße Mittel ist,
den Andern das Mittel, ja die lästige Bedingung zum Leben, zum Wohl-
seyn, zum Genuß zum Familienglück, als in welchen allein ihr wahrer
Ernst liegt." (S. 168)

„[...] weil die Leute, die von der Philosophie leben wollen, höchst selten eben Die seyn werden, welche eigentlich für sie leben [...]." (S. 200)

Wenn die Philosophie für einen Denker nur einen pragmatischen Wert hat, dann behalten diese für Schopenhauer ihren *Zweck* – der zwar primär im Gelderwerb liegt, aber gerade deshalb auch die Bedürfnisse und Interessen von Zeitgenossen, Arbeitgebern, Fachkollegen und Machthabern berücksichtigt – stets im Hinterkopf. Und gewinnt „die Absicht [...] Uebergewicht über die Einsicht", dann werden für ihn aus „angeblichen Philosophen bloße Parasiten der Philosophie" (S. 174). Für Schopenhauer waren und sind aus diesem Grund nur wenige Professoren Philosophen und nur wenige Philosophen Professoren. Ohnehin gibt es für ihn nur ganz selten *echte* Philosophen und diese sind nur ganz selten Professoren der Philosophie.[16] Falsche Philosophen üben aber nicht nur *angewandte* Philosophie aus und kontrollieren als vom Staate besoldete Philosophen den „philosophischen Markt", sondern bedienen sich darüber hinaus auch noch den Mitteln des „Präsentierens" und der Täuschung, falls sie diese brauchen, um ihre Ziele zu erreichen:

„[V]ielmehr finde ich sie alle, wenn auch nicht immer mit deutlichem Bewußtseyn, auf den bloßen Schein der Sache, auf Effektmachen, Imponiren, ja, Mystificiren bedacht und eifrig bemüht, den Beifall der Vorgesetzten und nächstdem der Studenten zu erlangen; wobei der letzte Zweck immer bleibt, den Ertrag der Sache, mit Weib und Kind, behaglich zu verschmausen." (S. 170)

Für Schopenhauer kann sich ein Denker, der solch ein Ziel im Auge hat, auch überhaupt nicht der Wahrheit widmen, weil diese immer die Gefahr mit sich bringt, die Verwirklichung seiner rein pragmatischen Ziele zu gefährden oder gleich zu vermiesen, beispielsweise indem die Wahrheit als „unwillkommener Gast" (S. 171) für Machthaber und Staatsdiener angesehen wird. Verleugnung und Verstellung, Heuchelei und Augenwischerei sind deshalb unentbehrlich für diesen Typus falscher Philosophen.

---

[16] Als Ausnahme sieht Schopenhauer Immanuel Kant (vgl. S. 159, 169).

Psychologische und charakterliche Defizite

Neben einer falschen Auffassung von *Philosophie* (oder zumindest
ihrer Umsetzung) sowie des Begriffs der *Wahrheit*, bringt Schopenhauer auch einen kognitionspsychologischen Aspekt vor, indem er
einerseits meint, dass das Schlimmste, was jenen akademischen Denkern in ihrer Lage widerfährt, darin liegt, dass jeder ihrer Gedanken
bereits immer mit der Sorge im Hinterkopf auftritt, wie dieser „zu den
Absichten hoher Vorgesetzten passen würde" (S. 169), und dies ihr
Denken so *lähmt*, dass abweichende Gedanken in ihnen überhaupt
nicht mehr auftreten (können). Oder wie Schopenhauer meint: „[D]aß
schon die Gedanken selbst nicht mehr aufzusteigen wagen" (S. 169).
Es geht Schopenhauer also nicht bloß um eine soziale und pragmatische Relation, wenn er die bereits erwähnte Befangenheit und den
Mangel an Freiheit der akademischen Philosophen kritisiert. Die „Kathederphilosophen" können vielmehr bereits psychologisch nicht
mehr vorurteilsfrei über die Wahrheit eines Sachverhaltes nachdenken, weil die ihnen übergeordnete Instanz bereits einen *Splitter* in ihrem Denken (wenn es überhaupt noch ein *Denken* ist, wie Schopenhauer meint) verankert hat, der dafür verantwortlich ist, dass von der
Norm abtrünnige Gedanken psychologisch unterdrückt werden. Die
Ausrichtung des Philosophierens in Richtung der *Übereinstimmung*
mit der Norm (Landesreligion) wurde zum „kognitiven Gerüst" bzw.
zur mentalen Struktur der Universitätsphilosophen. Schopenhauer
verweist hier auf das bereits angeführte und für ihn nicht-kompatible
Zusammenspiel zwischen unserer Wahrheitssuche und unseren sons-
tigen Absichten, *wenn* erstere nicht unabhängig von letzteren agiert
(wie dies bei den akademischen Philosophen für ihn der Fall ist):

> „Dazu kommt noch, daß ihr Intellekt seiner natürlichen Bestimmung, im
> Dienste des Willens zu arbeiten, getreu bleibt; wie dies eben normal ist.
> Darum aber liegt ihrem Treiben und Denken stets eine Absicht zum
> Grunde: sie haben allezeit Zwecke und erkennen nur in Bezug auf diese,
> mithin nur Das, was diesen entspricht. Die willensfreie Aktivität des In-
> tellekts, welche die Bedingung der reinen Objektivität und dadurch al-
> ler grosser Leistungen ist, bleibt ihnen ewig fremd, ist ihrem Herzen
> eine Fabel. Für sie haben nur Zwecke Interesse, nur Zwecke Realität:
> denn in ihnen bleibt das Wollen vorwaltend." (S. 196f.)

Es geht also nicht nur darum, dass sich die „Rockenphilosophen" *de facto* nicht auf die Suche nach der reinen Wahrheit machen, sondern, dass sie dies psychologisch auch überhaupt nicht mehr *können*, weil sie keine *absichtsfreien* Gedanken und Positionen mehr denken können.

Schopenhauer erwähnt auch einige charakterliche Defizite der „Kathederphilosophen." Zum Beispiel, dass deren Philosophie *zahm* und *ungefährlich* ist; sie also überhaupt nicht den Mut aufbringen, andere Positionen als jene, die dem Staat willkommen sind, ernsthaft in Betracht zu ziehen bzw. zu veröffentlichen. Ein solches Verhalten könnte nämlich ihre Anstellung gefährden. Oder, dass sie die überlieferten Überzeugungen, die ihnen bereits in der Kindheit „eingepflanzt" wurden, auch als akademische Philosophen im Erwachsenenalter unhinterfragt vertreten und weitergeben. Oder, dass sie „fremde" Positionen, die von nicht-akademischen Denkern stammen, von vornherein *widerlegen* wollen, weil sie eben „fremd" sind (darauf komme ich zurück). Es mangelt den Universitätsphilosophen folglich auch an zahlreichen epistemischen und philosophischen Tugenden. Neben dem für Schopenhauer offensichtlichen Mangel an *Wahrhaftigkeit*, fehlt es ihnen auch an einer *skeptischen* und *infragestellenden* Haltung gegenüber ihren eigenen sowie an *Mut, Risikobereitschaft* und *Aufgeschlossenheit* gegenüber neuen und vielleicht sogar ungewöhnlichen Positionen, die andere Denker vertreten.

Auch der Charakterzug, dass für die „Kathederphilosophen" die Philosophie etwas *Ernstes* ist, schließt sich für Schopenhauer aus, wenn er sie oftmals als „Spaßphilosophen" bezeichnet:

> „[...] hingegen das tiefbewegte Gemüth eines wirklichen Philosophen, dessen ganzer und großer Ernst im Aufsuchen eines Schlüssels zu unserm, so räthselhaften wie mißlichen Daseyn liegt, von ihnen zu den mythologischen Wesen gezählt wird [...] Denn daß es mit der Philosophie so recht eigentlicher, bitterer Ernst seyn könne, läßt wohl, in der Regel, kein Mensch sich weniger träumen, als ein Docent derselben." (S. 159)

Ebenso denkt ein falscher Philosoph *für andere*, während ein echter für sich selber denkt (vgl. S. 171). Letzterer betreibt für Schopenhauer Philosophie, um sich die Welt aus einem starken inneren Be-

gehren *verständlich* zu machen, aber nicht um zu schwätzen und sie
bloß anderen zu lehren. Philosophieren ist für echte Philosophen also
nicht nur ein metaphysisches, sondern auch ein persönliches Bedürfnis, dessen Ausleben und Auswirkungen eine tiefe und ernsthafte Bedeutung für den Denker selbst voraussetzt. Falsche Philosophen haben hingegen „eigentlich [...] nur auf Wissen und Gelehrsamkeit zum
Weiterlehren hingearbeitet" und sollten deshalb für Schopenhauer
„nicht die Philosophen spielen" (S. 179). Denn aus dem persönlichen
Bedürfnis heraus, entwickelt ein echter Philosoph für Schopenhauer
allmählich eine „feste zusammenhängende Grundansicht, die zu ihrer
Basis allemal die anschauliche Auffassung der Welt hat, und von der
Wege ausgehn zu allen speciellen Wahrheiten, welche selbst wieder
Licht zurückwerfen auf jene Grundansicht" (S. 179).

Bereits erwähnt habe ich die Haltung der „Katherpuppen" Kants
Einsichten in Gottesfragen zu ignorieren. An einer anderen Stelle
wirft Schopenhauer jenen zusätzlich noch vor, dass sie sich zwar auch
sonst nicht mehr oder nur oberflächlich mit Kant beschäftigen, aber
dennoch zum Einen einige seiner Begriffe verwenden – dies für Schopenhauer freilich nur salopp, weil „sie so gelehrt klingen" (S. 192),
sowie auch nicht richtig verstanden –, und zum Anderen so tun als
wären sie über die philosophischen Errungenschaften Kants bereits
hinausgewachsen. Für Schopenhauer liegt in der nicht-vorhandenen
oder mangelhaften Beschäftigung mit Kant aber sowohl die Ursache
als auch ein Ausdruck des philosophischen Verfalls. Falsche Philosophen schmücken sich also mit den Leistungen und dem Ruhm großer
und echter Denker, um ihre eigenen eher flachen Gedanken zu ka-
schieren. Haben sich solche „Philosophen" auf den Universitäten verbreitet, wie für ihn die bereits erwähnten Hegel und Fichte, aber auch
Friedrich W. Schelling (1775-1854), Friedrich Schleiermacher (1768-
1834) oder Johann F. Herbart (1776-1841), dann kann dies dazu führen, dass diese Denker „sogar Die seyn können, welche versteckter-
weise *gegen* sie [die Philosophie] machinieren" (S. 200, H.i.O.) und damit zur Entstellung der Philosophie beitragen:

> „Vor Allem jedoch werden solche Universitätsphilosophen bestrebt
> seyn, der Philosophie diejenige Richtung zu geben, welche den ihnen

am Herzen liegenden, oder vielmehr gelegten Zwecken entspricht, und
hiezu, erforderlichen Falls, sogar die Lehren der ächten frühern Philosophen modeln und verdrehen, zur Noth sogar verfälschen, nur damit
herauskomme was sie brauchen." (S. 201)

Der Makel des schlechten Denk- und Schreibstils

Schopenhauer bezieht sich in seiner Kritik besonders auf die zu seinen Zeiten populären Philosophen Hegel, Fichte und Schelling, welche
er allesamt als Sophisten bezeichnet. Was deren und all den philosophischen Schriften seiner Epoche für ihn eigen ist, liegt im „Schreiben,
ohne eigentlich etwas zu sagen zu haben" (S. 182). Die meisten Denker, die als Philosophen auf den Universitäten arbeiten, hält Schopenhauer, wie jene, nur für „gewöhnliche Köpfe", und diese „philosophie-
rend zu vernehmen, ist unerträglich" (S. 177). Da diese aber nicht als
gewöhnliche Köpfe gelten, sondern als originelle Denker, als echte
Philosophen scheinen wollen, bedienen sie sich für ihn eines „Appa-
rates" von langen Wörtern, Floskeln, Phrasen oder neuen, abstrakten
Ausdrücken – das „alles zusammen dann einen möglichst schwierigen
und gelehrt klingenden Jargon abgiebt" (S. 178). Die akademischen
Philosophen in Schopenhauers Zeit sagen für ihn jedoch nichts Tiefgründiges, denn sie hegen das „Interesse, daß das Flache und Geistlo-
se für etwas gelte" (S. 179).

Einer seiner zentralen Kritikpunkte hierbei ist, dass diese „Philosophen" vor ihren Lesern durch ihre Schriften *vorgeben*, etwas zu
sein, was sie *nicht* sind. Sie sind also Dilettanten, aber auch Poser, die
ihre Stümperhaftigkeit maskieren. Dadurch offenbaren solche Denker
eine ähnliche Haltung zur Philosophie wie die Sophisten in der Antike
– der Täuschung mittels Scharlatanerie. Doch während die Sophisten
primär mittels rhetorischer Raffinesse täuschten, täuschten die Universitätsphilosophen seiner Zeit mittels unklarer, vager, weitschwei-
figer und für Schopenhauer nichtssagender, abstrakter Sprache und
„Philosophie". Als Beispiele hierfür bringt er (vermutlich) Hegels Aussagen „die Welt ist das Daseyn des Unendlichen im Endlichen", „der
Geist ist der Reflex des Unendlichen im Endlichen" (S. 178) oder „die
Natur ist die Idee in ihrem Andersseyn" (S. 194) vor. Diese für Scho-

penhauer seltsamen und unklaren Formulierungen sind für die Philosophen seiner Zeit allerdings nötig, weil sie

> „[...] sich hüten müssen, die Erde zu berühren, als wo sie, auf das Reale,
> Bestimmte, Einzelne und Klare stoßend, lauter gefährliche Klippen an-
> treffen würden, an denen ihre Wort-Dreimaster scheitern könnten.
> Denn statt Sinne und Verstand fest und unverwandt zu richten auf die
> anschaulich vorliegende Welt, als auf das eigentlich und wahrhaft Ge-
> gebene, das Unverfälschte und an sich selbst dem Irrthum nicht Ausge-
> setzte, durch welches hindurch wir daher in das Wesen der Dinge ein-
> zudringen haben, – kennen sie nichts, als nur die höchsten Abstraktio-
> nen, wie Seyn, Wesen, Werden, Absolutes, Unendliches, u.s.f., gehn
> schon von diesen aus und bauen daraus Systeme, deren Gehalt zuletzt
> auf bloße Worte hinausläuft, die also eigentlich nur Seifenblasen sind,
> eine Weile damit zu spielen, jedoch den Boden der Realität nicht berüh-
> ren können, ohne zu platzen." (S. 183)

Diese Art zu philosophieren bildet für Schopenhauer einerseits die
Welt nicht adäquat ab, weil die akademischen Philosophen ihre Sinne
und ihren Verstand überhaupt nicht auf die Welt richten, wenn sie
„philosophieren", sondern bloß auf Worte und deren Gehalt. Darin
drückt sich der Makel aus, philosophischen Zielen nicht *angemessen*
nachzugehen. Andererseits schreiben jene „Rockenphilosophen" für
Schopenhauer aber auch deshalb so unklar, weil sie zum Einen, wie
erwähnt, ihren eigenen *Mangel* an tiefen und einsichtigen Gedanken
verbergen, bei ihrem Publikum jedoch den Eindruck tiefer Gedanken
erwecken möchten, und zum Anderen, weil sie den Makel, dass ihre
Reden und Schriften nicht verstanden werden, auf ihr Publikum ver-
lagern wollen. Ihre Leser lassen sich durch den Status „Akademischer
Philosoph" hierbei auch täuschen, weil sie davon ausgehen, dass *aufgrund dessen* jene Schriften etwas Tiefgründiges enthalten (müssen),
auch wenn sie diese überhaupt nicht verstehen oder gerade, *weil* sie
diese überhaupt nicht verstehen. Für Schopenhauer liegt die Ursache
eines nicht-vorhandenen Verständnisses jedoch primär nicht bei den
Lesern, sondern den Verfassern, die sich so unklar, verschroben, dun-
kel und sich mit „höchst abstrakten, allgemeinen und überaus weiten
Begriffen" (S. 183) schmückend ausdrücken, dass ihre Schriften *de
facto* kaum verständlich sind. Diesen Makel möchten sie jedoch ver-

bergen und ihr Publikum lässt sich aus dem genannten Grund auch an der Nase herumführen. Dass nichtssagende Schriften überhaupt das Interesse wecken, sie lesen zu wollen, ist für Schopenhauer deshalb auch unbegreiflich:

> „Freilich ist auch die Geduld des Publikums unbegreiflich, welches das, Jahr aus, Jahr ein, fortgesetzte Gerätsche geistloser Philosophaster liest, ungeachtet der marternden Langweiligkeit, die wie ein dicker Nebel darauf brütet, eben weil man liest und liest, ohne je eines Gedankens habhaft zu werden, indem der Schreiber, dem sonst nichts Deutliches und Bestimmtes vorschwebte, Worte auf Worte, Phrasen auf Phrasen häuft und doch nichts sagt, weil er nichts zu sagen hat, nichts weiß, nichts denkt, dennoch reden will und daher seine Worte wählt, nicht je nachdem sie seine Gedanken und Einsichten treffender ausdrücken, sondern je nachdem sie seinen Mangel daran geschickter verbergen." (S. 180)

„Rockenbruderschaft" und „Verschwörung" gegen Andersdenkende

Die Beziehung und die Einstellung der akademischen Philosophen zur Philosophie zeigt sich für Schopenhauer aber nicht nur durch ihr Verhalten zum Staat und zur Bevölkerung, sondern, wie bereits angeführt, auch in ihrem Verhalten gegenüber „fremden" Denkern, welche möglicherweise über neue und richtige, aber mit ihnen und der herrschenden Lehre nicht konforme Ansichten verfügen. Denn für Schopenhauer haben jene den „Markt in Besitz genommen" und sorgen dafür, dass „hier nichts gelte, als was sie gelten lassen" (S. 166). Deshalb wird jeder, der nicht gemäß ihren Anschauungen philosophiert, von ihnen als Rivale und Verderber angesehen, der ihnen ihr „Vasallendasein" ruinieren könnte:[17]

> „Sie werden dich ansehn als Einen, der den Geist des Spieles nicht gefaßt hat und dadurch es ihnen allen zu verderben droht; mithin als ihren gemeinsamen Feind und Widersacher. Wäre was du bringst nun auch das größte Meisterstück des menschlichen Geistes; vor ihren Augen könnte es doch nimmermehr Gnade finden. Einem Philosophieprofessor fällt es gar nicht ein, ein auftretendes neues System darauf zu

---

[17] Ein Schicksal, das ihm selbst zuteil wurde, wie Schopenhauer in seinem Text anmerkt (vgl. Fußnote S. 207).

prüfen, ob es wahr sei, sondern er prüft es sogleich nur darauf, ob es mit den Lehren der Landesreligion, den Absichten der Regierung und den herrschenden Ansichten der Zeit in Einklang zu bringen sei. Danach entscheidet er über dessen Schicksal. Wenn es aber dennoch durchdränge, wenn es, als belehrend und Aufschlüsse enthaltend, die Aufmerksamkeit des Publikums erregte und von diesem des Studiums werth befunden würde; so müßte es ja in demselben Maaße die kathederfähige Philosophie um eben jene Aufmerksamkeit, ja, um ihren Kredit und, was noch schlimmer ist, um ihren Absatz bringen." (S. 167)

Doch welche Reaktion zeigen die „Katherpuppen", wenn ihre Popularität, ihr Kredit und ihr Absatz in Gefahr kämen? Schopenhauer fragt sich, wie „Philosophen", die den Staatszwecken frönen, sich gegenüber jenen Denkern *verhalten*, die mit reinem Herzen nach der Wahrheit gesucht haben und ihre „Früchte jetzt anböte[n]"? Falls philosophisches Gedankengut, welches nicht von den Universitätsphilosophen stammt und nicht mit ihnen übereinstimmt, also tatsächlich in die Öffentlichkeit gelangt, dann verbünden sich diese zu philosophisch homogenen Gruppen und verschwören sich gegen die abweichenden Denker, um deren unliebsamen Positionen und Argumenten den Garaus zu machen. Eine solche Haltung und Vorgehensweise ist für Schopenhauer aber ohnehin keine Überraschung, sondern Ausdruck einer generellen Aversion schlechter Denker gegenüber guten Denkern:

> „Denn darüber täusche man sich nicht, daß, zu allen Zeiten, auf dem ganzen Erdenrunde und in allen Verhältnissen, eine von der Natur selbst angezettelte Verschwörung aller mittelmäßigen, schlechten und dummen Köpfe gegen Geist und Verstand existirt." (S. 184)

Ein solches Verhalten drückt somit nur den alten „Kampf Derer, die für die Sache leben, mit Denen, die von ihr leben, oder Derer, die es sind, mit Denen, die es vorstellen" aus (S. 168).

Zu den Mitteln, zu denen die „Rockenphilosophen" greifen, um Abweichler zum Schweigen zu bringen, gehören zum Beispiel, dass sie deren Gedanken und Thesen als unbedeutend und nicht der Debatte wert betrachten oder indem sie selbst *Gegen*argumente vorbringen und damit einen „echten" philosophischen Diskurs mit den „Abweichlern" führen; dies für Schopenhauer in Wahrheit jedoch nur, damit „die Sachen in der Welt für Das gelten, was sie scheinen und heißen,

nicht für Das, was sie sind" (S. 168). Letzteres scheint eine Art kontrollierte Opposition sein, die aus den Reihen der akademischen Philosophen selbst hervorgeht, damit keiner außerhalb ihrer Gilde diese
Funktion übernimmt. Die Unterdrückung und Herabsetzung von Andersdenkenden gehört für Schopenhauer zu den ersten von drei negativen *Folgen*, die aus der Tatsache entstehen, dass die Universitätsphilosophen den philosophischen Markt beherrschen. Die zweite liegt
darin, dass sie durch ihre „Bruderschaft" eine Institution aufbauen,
die auf dem Irrtum gründet (Schopenhauer nennt diese den „Tempel
des Irrtums", S. 185); und in dieser bekommt die nächste Generation
sodann „Philosophie" gelehrt. Doch für ihn werden der Jugend dadurch nicht nur irrtümliche philosophische Ansichten vermittelt, sie
wird auch ihrer „Vernunft beraubt"[18], ihrer „Geisteskräfte verdorben"
und an ihrem Geiste kastriert. Sukzessive wird sie die Fähigkeit verlieren, Worte von Gedanken zu unterscheiden sowie eigene Gedanken
hervorzubringen, sie wird keine Liebe zur Wahrheit ausbilden und
„Absurditäten für große Gedanken" halten. (vgl. S. 193). Diese Übel
sind für Schopenhauer einerseits schwer wieder gutzumachen, darüber hinaus aber auch eine unvermeidliche Folge der Universitätsphilosophie, weil diese „von Hause aus ein Staatsmittel ist" und demzufolge nicht von „freien Leuten" (S. 187) betrieben wird. Die dritte
Konsequenz liegt für ihn darin, dass sowohl die Philosophen der
Nachbarländer als auch der Nachwelt eine solche Philosophie und
ihre Vertreter verachten werden.

Schlussbemerkung

Für den Philosophen als Staatsdiener gilt für Schopenhauer stets nur
die Losung: *„primum vivere, deinde philosophari* [zuerst leben, dann
philosophieren]" (S. 166, H.i.O.). Sein Urteil über die Unphilosophie
der akademischen Philosophen seiner Zeit ist deshalb auch vernichtend. Doch wie sieht das Verhältnis der (akademischen) Philosophen

---

[18] Hierbei referiert Schopenhauer speziell auf Hegel und meint: „[W]ährend andere Sophisten, Scharlatane und Obskuranten doch nur die Erkenntniß verfälschten und verdarben, Hegel sogar das Organ der Erkenntniß, den Verstand selbst verdorben hat" (S.
194).

zum Staate *heute* aus? Sind diese gegenwärtig keine Staatsvasallen,
also Erfüllungsgehilfen, Torwächter oder „Gefälligkeitsphilosophen" –
um einen Terminus des deutschen Philosophen Hans Blumenberg
(1920-1996) hierfür heranzuziehen (vgl. 2005, S. 18-35) – für nicht-
philosophische Instanzen der Macht? In Schopenhauers Zeit bildete
die Religion das ideologische Zentrum der Staatsmacht, weshalb diese
sich auch nach jener richtete. Gewiss, zumindest in der westlich ge-
prägten Philosophengemeinschaft philosophieren die akademischen
Philosophen heute kaum noch dahingehend, dass sie mit theologisch-
en Inhalten *konform* gehen (wollen). Dies bedeutet aber keineswegs,
dass sie *nicht* mehr staatskonform philosophieren, d.h. dass sie keine
Staatsdiener mehr sind. Eine diesbezügliche auf die philosophischen
Positionen bezogene Konformität der heutigen (nicht nur) akademischen Philosophen könnte darin liegen, wirtschafts-, medien- oder
wissenschafts-konform[19] zu philosophieren, weil der moderne Staat
mit diesen Bereichen eng verwoben ist. Welche „Philosophie" oder
Doktrin der Staat vertritt, ist somit heute zwar anders als damals,
doch, dass der Staat auch heute noch ein Interesse daran hat, nur
solche Philosophen auf den Universitäten werkend zu wissen, die in
Forschung, Lehre und „Öffentlichkeitsarbeit" zumindest keine staats-
abträglichen Ansichten entwickeln und verbreiten, versteht sich von
selbst. Ebenso, dass die Philosophen ihren Arbeitgeber nicht in Miss-
kredit bringen *möchten* (und auch nur selten werden). Für die einen
geht es also um die Erhaltung oder Ausbreitung ihres Machtgefüges,
für die anderen um ihr eigenes Gefüge, dass mit jenem Machtgefüge
nicht nur zusammenhängt, sondern mit diesem auch stehen und fallen könnte. Wer weiß, ob dieselben Philosophen auf den Universitäten noch Philosophie betreiben *könnten*, wenn die Staatsmacht eine
andere wäre. Die Corona-Krise hat manche der Makel, die Schopenhauer vor mehr als 150 Jahren beschrieb, auch bei den zeitgenössischen Philosophen offen zu Tage gebracht und teilweise sogar be-
kräftigt, wenn man bedenkt, wie schnell und vehement die (akademischen) Philosophen, welche sich in der Öffentlichkeit zu Corona (z.B.

---

[19] In dem Sinne, dass die Institution *Wissenschaft* ein mit dem Staat verbundener Macht-
faktor sein kann bzw. ist (vergleiche hierfür: Bogner, 2021).

in Zeitungen oder Büchern) geäußert haben, mit dem Narrativ und den Interessen der Staatsvertreter und Machthaber *konform* gingen. Vielleicht nicht mit all ihren Entscheidungen übereinstimmten, doch grundsätzlich auf jener Bahn zu denken pflegten, die ihnen „von oben" vorgegeben wurde. Auch ihr Verhalten und ihre philosophische Argumentationsweise gegenüber „Dissidenten" entsprechen jenem Bild, welches Schopenhauer zu seiner Zeit beobachtete. Die Analyse der modernen Philosophen und ihr Verhältnis zum Staat und den Mächtigen ist gewiss eine eigene ausführliche Betrachtung wert – die von dem einen oder anderen Denker in den nächsten Jahren gewiss kommen wird –, hier möchte ich deshalb fürs Erste nur noch abschließend anmerken, dass zwar die Theologie nicht mehr das Denken der meisten (akademischen) Philosophen strukturiert und anleitet, ihr Denken aber deshalb noch längst nicht unter dem Bann der Wahrheit steht.

Der Falsche Philosoph und seine Eigenschaften

Aus der Charakterisierung Arthur Schopenhauers über die Universitätsphilosophen lassen sich folgende Merkmale eines falschen Philosophen anführen:

1. Hat kein Interesse an der Wahrheit *um* der Wahrheit willen.
2. Besitzt nur ein *sozial-pragmatisches* Interesse an der Philosophie.
3. Die Suche nach Wahrheit und die Tätigkeit des Philosophierens sind für ihn kein *persönliches* Bedürfnis und nichts *Ernstes*.
4. Unterwirft sich einer nicht-philosophischen Machtinstanz (Autorität) → <u>Folgen</u>:
   a) Interessiert daran, der Instanz *gemäß* zu philosophieren.
   b) Philosophiert befangen und voreingenommen.
   c) Betrachtet und akzeptiert nur dasjenige als „wahr", das den Ansichten der Instanz entspricht.
   d) Beurteilt abweichende oder „fremde" philosophische Positionen nicht nach ihrem Wahrheitsgehalt, sondern nur nach ihrer *Konformität* mit den Ansichten jener Instanz.
   e) Diffamiert Andersdenkende.
   f) Hat keine eigene Weltanschauung oder Lehre, sondern gibt mit eigenen Worten nur jene der Instanz wieder.
   g) Gibt bloß vor, nach Wahrheit und Erkenntnis zu streben.
   h) Kann (im Laufe der Zeit) nicht (mehr) außerhalb jener Inhalte und Strukturen *denken*, welche die Instanz vorgibt.
   i) Trägt zur Entstellung und zum Verfall der Philosophie bei.
5. Setzt sich mit den Phänomenen und Gegenständen der Welt nicht *direkt* auseinander, sondern nur mit dem Vergleichen und Abwägen der Worte anderer Denker über jene.
6. Beschäftigt sich (höchstens) *oberflächlich* mit den philosophischen Positionen und Argumenten abweichender, selbst bedeutsamer Denker.
7. Konstruiert und formuliert die eigenen philosophischen Positionen unklar, undurchsichtig, verworren und schwer verständlich – mit dem Ziel, als origineller Denker bzw. echter Philosoph zu *gelten*.
8. Gebraucht keine epistemischen Tugenden, wie beispielsweise Skepsis, Mut oder Offenheit gegenüber den eigenen, neuen oder von der herrschenden Instanz abweichenden Ansichten.

Der Philosoph als „Abstraktum"
Friedrich Nietzsches Kritik an unpersönlichen Philosophen

> „Alles, was Philosophen seit Jahrtausenden gehandhabt haben,
> waren Begriffs-Mumien; es kam nichts Wirkliches
> lebendig aus ihren Händen."
> Friedrich Nietzsche

Schopenhauer sah einen wahren Philosophen darin, dass er unbefangen und unkompromittiert nach Wahrheit und Erkenntnis strebt, weil diese einen Wert an sich für jenen ausmachen. Das „intrinsisch" motivierte und nicht (zwangsläufig) darüber hinausgehende Streben nach der Erfüllung epistemischer Ziele ist für Schopenhauer ausreichend, um ein echter Philosoph zu sein. Und „Philosophen", welche nicht danach streben und stattdessen andere Interessen mit der Ausübung der Philosophie verfolgen, sind für ihn keine echten Philosophen. Der deutsche Philosoph Friedrich W. Nietzsche (1844-1900) lässt das bloße Streben nach Wahrheit und Erkenntnis für die Festlegung und Charakterisierung eines echten Philosophen jedoch nicht gelten. Einerseits sind zwar auch für ihn jene Denker keine echten Philosophen, welche nur vordergründig an der Wahrheit interessiert sind; beispielsweise, weil sie zwar philosophieren, aber nur, um ihre eigenen sozial-pragmatischen Interessen realisieren zu können. Dies sahen wir als eines der zentralen Merkmale falscher Philosophen bei Platon, Aristoteles und Schopenhauer. Andererseits sind für Nietzsche aber auch jene Denker keine echten Philosophen, welche *nur* an Wahrheit und Erkenntnis interessiert sind. Für Nietzsche kommt noch ein Merkmal *hinzu*, über das sich besonders Schopenhauer scheinbar keine Gedanken machte, wenn es um die Frage echter Philosophen bzw. genuinen Philosophierens geht. Bevor ich mich jedoch dezidiert mit den Philosophen selbst beschäftige, werde ich ohne diesen Bezug erst einmal über jenes Merkmal, welches hinzukommt, sprechen – eines, welches stark mit der gesamten nietzscheanischen Philosophie und

Nietzsches wichtigsten Konzeptionen des *Übermenschen* und des *Willens zur Macht* verknüpft ist –. Dies wird zum besseren Verständnis beitragen, da Nietzsche bei der Beurteilung falscher und wahrer Philosophen einen anderen *Gebrauch* von Wahrheit und Erkenntnis voraussetzt, als jenen, diese bloß zu finden und zu besitzen.

Im Allgemeinen lässt sich Nietzsches Kritik an falschen und seine eigene Auffassung echter Philosophen zumeist nicht so eindeutig auf einzelne Texte zurückführen, wie dies bei jenen drei Autoren zuvor der Fall ist. Zu den Schriften, in denen er mehr oder weniger dezidierte und ausführlichere Aussagen darüber macht, was für ihn einen echten und was einen falschen Philosophen ausmacht, gehören neben „Schopenhauer als Erzieher" auch seine kurzen Abhandlungen „Von den Vorurteilen der Philosophen" und „Wir Gelehrten" aus *Jenseits von Gut und Böse*. Andere, vereinzelte Gedanken zum Verhältnis eines echten Philosophen zu anderen Denkern, zu den akademischen Philosophen, zur Wissenschaft, Wahrheit, zum Staat und zu sich selbst, finden sich in Form von Aphorismen und Textstellen verstreut in seinen zahl- und umfangreichen Schriften.[20] Wie erwähnt, beginne ich jedoch mit Nietzsches Auffassung darüber, was, in Bezug auf echte und falsche Philosophen, Wahrheit und Erkenntnis sein sollte.

Nietzsches pragmatische Lesart von Wahrheit und Erkenntnis

Welche Position Nietzsche in epistemologischen Fragen generell aufweist, lässt sich meines Erachtens kaum auf eine einzige festlegen. Es gibt in seinen Schriften zahlreiche Stellen, welche eine pragmatische, konstruktivistische oder realistische Lesart von Wahrheit und Erkenntnis nahe legen. Da ich innerhalb der nietzscheanischen Philosophie jedoch Merkmale echter und falscher Philosophen beschreiben möchte, werde ich folglich nur jene Textstellen verwenden, die Nietzsches Verknüpfung des Wahrheits- und Erkenntnisbegriffs im

---

[20] Die Frage, welche Texte und Textstellen für meine Ausgangsfrage relevant sind, erschwert sich noch zusätzlich durch die Tatsache, dass Nietzsche manchmal über „Gelehrte" als Philosophen und manchmal als Wissenschaftler spricht, wie auch über „freie Geister" manchmal als Philosophen und manchmal nur als „Denker", sodass eindeutige Stellen hinsichtlich des Bezugs zu Philosophen in seinen Schriften nicht immer klar ersichtlich sind.

weitesten Sinne zu den Merkmalen jener Philosophen herstellt. In diesem Kontext ist Nietzsches Verwendung epistemischer Begriffe zumeist *pragmatischer* Natur. Wobei er durch seinen pragmatischen Impetus in Erkenntnisfragen nicht behauptet, dass der Wahrheitsgehalt eines Sachverhaltes *durch* pragmatische Eigenschaften *festgelegt* wird, sondern, dass die pragmatischen Eigenschaften „der" oder „einer" (Un)Wahrheit für uns und unser Leben die tragende Rolle spielen und nicht ihre epistemischen Eigenschaften alleine. Denn aus pragmatischer Sicht sind Wahrheit, Erkenntnis, Irrtum, Illusion und Trugschluss für Nietzsche nichts, das von unserem Leben und unserer Wirklichkeit abstrahiert, d.h. rein als Begriff und Begriffsansammlung existiert, sondern etwas, das mit unseren Interessen, Zielen, Gefühlen, Wünschen, Entscheidungen, Wertschätzungen und Willensäußerungen stark verwoben ist, oder sogar, in einem stärkeren Sinne, von diesen Zuständen aus erst erstrebt oder nicht erstrebt, akzeptiert oder nicht akzeptiert wird. Für Nietzsche gibt es einen „Willen zur Wahrheit" ohnehin nur in jener Hinsicht, dass er ein *Typ* des Willens zur Macht ist. Demzufolge steckt für ihn hinter dem Streben nach Wahrheit und Erkenntnis, welches echte Philosophen selbstverständlich (auch) für ihn charakterisiert, genuin kein epistemischer, sondern ein psychologischer „Antrieb." Die pragmatischen Aspekte epistemischer Sachverhalte oder philosophischer Positionen stehen bei Nietzsche jedoch in Beziehung zu der Frage, welchen *Wert* deren Wahrheit oder Falschheit für uns hat, und damit zu dem Wert, die (Un)Wahrheit zu *wollen*, wie er im 1. Aphorismus in *Jenseits von Gut und Böse* zum Ausdruck bringt:

> „Was in uns will eigentlich ‚zur Wahrheit'? – In der That, wir machten lange Halt vor der Frage nach der Ursache dieses Willens, – bis wir, zuletzt, vor einer noch gründlicheren Frage ganz und gar stehen blieben. Wir fragten nach dem *Werthe* dieses Willens. Gesetzt, wir wollen Wahrheit: warum nicht lieber Unwahrheit? Und Ungewissheit? Selbst Unwissenheit?" (KSA 5, S. 15, H.i.O.)

Denn für Nietzsche liegt es in keinster Weise auf der Hand, dass Wahrheit und Erkenntnis oder das Streben nach ihnen *per se* etwas Gutes sind oder mit sich bringen; etwas, dass Philosophen für ihn scheinbar generell glauben bzw. voraussetzen. Deshalb erwähnt er an

zahlreichen Stellen besonders die (mögliche) „Negativität" von epistemisch wahren Sachverhalten sowie den (möglichen) positiven Nutzen
von Schein und Illusion. So schreibt er unter anderem:

> „Wo der Baum der Erkenntniss steht, ist immer das Paradies': so reden
> die ältesten und die jüngsten Schlangen." (KSA 5, S. 99)

> „Wille zur Wahrheit' – das könnte ein versteckter Wille zum Tode sein."
> (KSA 3, S. 576)

> *Gegen die Tyrannei des Wahren.* – Selbst wenn wir so toll wären, alle
> unsere Meinungen für wahr zu halten, so würden wir doch nicht wollen,
> daß sie allein existierten –: ich wüßte nicht, warum die Alleinherrschaft
> und Allmacht der Wahrheit zu wünschen wäre; mir genügte schon, daß
> sie eine *grosse Macht* habe. Aber sie muß *kämpfen* können und eine
> Gegnerschaft haben, und man muß sich von ihr im Unwahren ab und
> zu *erholen* können – sonst wird sie uns langweilig kraft- und ge-
> schmacklos werden und uns eben dazu auch machen." (KSA 3, S. 297,
> H.i.O.)

Die grundlegende Frage, die Nietzsches pragmatische Perspektive in
Erkenntnisfragen leitet, liegt also nicht darin, was wahr ist oder wie
die Wahrheit zu finden sei, sondern darin, welchen *Wert* Wahrheit
und Erkenntnis (und deren Gegenteil) für uns hat. Wichtig zu unterscheiden ist, dass die pragmatischen Aspekte eines Sachverhaltes für
Nietzsche (generell) nicht *über* den epistemischen stehen oder als
einzige eine Bedeutung haben (wie dies bei den Sophisten oder den
akademischen Philosophen bei Schopenhauer der Fall ist), sondern,
dass die pragmatischen Aspekte *von* epistemischen Aspekten im Mittelpunkt stehen – eben der *Wert* der (*Un*)Wahrheit.

Wenn es um die Wertfrage bzw. um die „Pragmatik" epistemischer
Aspekte geht, dann ist diese bei Nietzsche meines Erachtens durch
zwei zentrale Merkmale charakterisiert, welche den *Rahmen* seines
pragmatischen Wahrheitsverständnisses bilden. Beide möchte ich mit
kurzen Äußerungen Nietzsches einführen, da sie die Richtung jenes
Wahrheitsverständnisses gut wiedergeben. Das erste Merkmal drückt
Nietzsche markant in *Also sprach Zarathustra* aus, indem er meint:
„Ich beschwöre euch, meine Brüder, *bleibt der Erde treu* und glaubt
denen nicht, welche euch von überirdischen Hoffnungen reden!" (KSA

4, S. 15, H.i.O.).[21] Diese Aussage spiegelt Nietzsches überwiegend *empirische* Haltung in den pragmatischen Fragen des Lebens, der Moral und der Erkenntnis wider. Eine Haltung, welche sich besonders in seiner Kritik am Christentum, aber auch an jenen Philosophen zeigt, die *nicht* auf die erfahr- und erlebbare Welt bezogen denken. Das zweite Merkmal lässt sich, ebenso markant, in seiner frühen Schrift „Vom Nutzen und Nachteil der Historie für das Leben" finden, in der Nietzsche meint: „[K]einer wagt mehr seine Person daran, sondern maskiert sich [...]"[22] (KSA 1, S. 280). Auch eine weniger kritische Stelle in seiner *Morgenröte* kennzeichnet das zweite Merkmal: *„Die persönlichsten Fragen der Wahrheit. – ‚Was ist Das eigentlich, was ich thue? Und was will gerade ich damit?'* [...]" (KSA 3, S. 170, H.i.O.). Diese Fragen und jene Äußerungen beziehen sich, wie wir gleich noch sehen werden, besonders auf Nietzsches Problem mit dem reinen, nur auf *objektive* Erkenntnis ausgerichteten Geist, sowohl der Philosophen, aber auch generell eines jeden Menschen, der beabsichtigt danach zu streben.

Den Rahmen von Nietzsches pragmatischen Wahrheitsverständnisses bildet somit einerseits die *Forderung*, sich nicht von der empirischen Wirklichkeit abzuwenden, sowie andererseits auch in epistemischen Angelegenheiten explizit einen *persönlichen* Bezug aufzuweisen. Ein paar weitere Textstellen und Aphorismen, die exemplarisch dienen sollen, werden diese beiden Merkmale deutlicher erkennen lassen. Eine erste Stelle, die *beide* Merkmale inkludiert, findet sich in Zarathustras Rede „Von der unbefleckten Erkenntnis", in der Nietzsche

---

[21] Diese Stelle erwähnt Nietzsche zwar im Rahmen seiner Konzeption des *Übermenschen*, da für ihn jedoch auch ein Philosoph ein Übermensch sein kann, gilt seine Forderung meines Erachtens ebenso für diesen.

[22] Nietzsche kritisiert diese Unpersönlichkeit – in jenem Textabschnitt, in dem dieser Satz auftritt – jedoch nicht *nur* bei Philosophen, sondern bei allen Menschen seiner Epoche, ob Gelehrte oder Politiker; welche sich jedoch z.B. als Gelehrte oder Politiker maskieren und deshalb zu *abstractis*, wie Nietzsche diesen Umstand nennt, degradiert sind, da es ihnen an jeglichem *Ernst* für ihre Sache fehlt. Vergleiche auch seine Aussage: „[...] wie bei den Neueren [Philosophen] auch das Persönlichste sich zu Abstraktionen sublimirt" (KSA 1, S. 815).

meint:

> „Und das heiße mir aller Dinge *unbefleckte* Erkenntnis, daß ich von den
> Dingen nichts will: außer daß ich vor ihnen daliegen darf wie ein Spie-
> gel mit hundert Augen.'" (KSA 4, S. 157, H.i.O.)

Nietzsche schreibt diese Rede in einem kritischen Ton und drückt
hierin sein Unverständnis mit dem Streben nach Erkenntnis rein *um
der Erkenntnis willen* aus. Ein solches Verständnis von „Erkenntnis",
welches er den Philosophen generell zuschreibt und welches einzig
und allein nur darin besteht, „das Erkannte" zu besitzen und zu betrachten, welches aber ansonsten weder eine darüber hinausgehende
Verbindung mit den erkannten Gegenständen, noch mit den Eigenschaften des „Erkennenden" aufweist, ist für Nietzsche nichts Erstrebenswertes. Auch im 327. Aphorismus seiner *Morgenröte* kritisiert
Nietzsche anhand der hypothetischen Figur des „Don Juan der Erkenntnis" die philosophische Ambition „reine" Erkenntnis erwerben
zu wollen:

> „*Eine Fabel.* – Der Don Juan der Erkenntniss: er ist noch von keinem
> Philosophen und Dichter entdeckt worden. Ihm fehlt die Liebe zu den
> Dingen, welche er erkennt, aber er hat Geist, Kitzel und Genuss an Jagd
> und Intriguen der Erkenntniss – bis an die höchsten und fernsten Ster-
> ne der Erkenntniss hinauf! – bis ihm zuletzt Nichts mehr zu erjagen üb-
> rig bleibt, als das absolut *Wehethuende* der Erkenntniss, gleich dem
> Trinker, der am Ende Absinth und Scheidewasser trinkt. So gelüstet es
> ihn am Ende nach der Hölle, – es ist die letzte Erkenntniss, die ihn *ver-
> führt*. Vielleicht, dass auch sie ihn enttäuscht, wie alles Erkannte! Und
> dann müsste er in alle Ewigkeit stehen bleiben, an die Enttäuschung
> festgenagelt und selber zum steinernen Gast geworden, mit einem
> Verlangen nach einer Abendmahlzeit der Erkenntniss, die ihm nie mehr
> zu Theil wird! – denn die ganze Welt der Dinge hat diesem Hungrigen
> keinen Bissen mehr zu reichen." (KSA 3, S. 232, H.i.O.)[23]

Diesem hypothetischen „Don Juan der Erkenntnis" fehlt für Nietzsche
insbesondere „die Liebe zu den Dingen, welche er erkennt", weil er

---

[23] Etwas sehr Ähnliches schreibt Nietzsche auch im 81. Aphorismus in *Jenseits von Gut
und Böse*: „Es ist furchtbar, im Meere vor Durst zu sterben. Müsst ihr denn gleich eure
Wahrheit so salzen, dass sie nicht einmal mehr – den Durst löscht?" (KSA 5, S. 88)

eben nur die Erkenntnis von den Dingen sowie das Streben nach dieser liebt. Für Nietzsche wird dieser, wenn er den höchsten Gipfel der Erkenntnis erklommen hat, nicht „im Glücke baden", einerseits, weil es für ihn epistemisch nun nichts mehr zu jagen und zu erklimmen gibt, dies jedoch sein einziger Antrieb ist, und andererseits, weil die Dinge in der Welt ihn nicht nähren (können), sondern nur die *Erkenntnis* von den Dingen, welche nun aber vollständig gesättigt ist. So wird für Nietzsche die *Enttäuschung* möglicherweise zum letzten mentalen oder emotionalen Zustand jenes „Liebhabers" der Erkenntnis. In dieser kurzen „Fabel" zeigt sich stark die *pragmatische* Verbindung, die Nietzsche zwischen unserem Leben und (dem Streben nach) „reiner" Erkenntnis herstellt; eine Verbindung, die für ihn für jeden Menschen auf die eine oder andere Weise stets zugegen ist, weshalb auch die Philosophen faktisch niemals nur nach „reiner Erkenntnis" und nichts außerdem streben, selbst, wenn sie *glauben*, dass sie dies tun.

Was Nietzsche bei einer Auffassung von Erkenntnis als „Erkenntnis um ihrer selbst willen" fehlt, ist zum einen der *persönliche* Bezug des nach Erkenntnis Strebenden. Ein Bezug, welcher für ihn aber zum anderen stets mit den *konkreten* Dingen in der Welt auf die eine oder andere Weise in Kontakt steht – letzteres ist im pragmatischen Sinne meines Erachtens Nietzsches zentraler Punkt innerhalb seiner Forderung: „bleibt der Erde treu" –. Ein mentaler Zustand, der einen Sachverhalt zwar epistemisch wahr ausdrückt, aber ansonsten keinen persönlichen Bezug zu den konkreten Gegenständen des wahren Sachverhaltes aufweist, kann sich für Nietzsche letztlich sogar negativ äußern, d.h. einen negativen *Wert* für uns haben. Nietzsche meint nicht, dass Fragen der Erkenntnis nur persönlich sind, sondern, dass sie *stets auch* persönlich sind; zum Beispiel die *Wahrheit* des eigenen Verhaltens und der eigenen Motive hinsichtlich dessen herauszufinden – wie in jenem, bereits angeführten 196. Aphorismus der *Morgenröte* –. Ich könnte Nietzsche hier zuschreiben, dass es ihm also (auch) um jene Wahrheit(en) geht, die wir durch *Selbsterkenntnis* eruieren. Doch auch diese darf nicht so verstanden werden, dass wir uns „selbst erkennen" und sodann bei dieser Erkenntnis verweilen, sondern, dass

auch diese Teil unserer Emotionen, Interessen, Gebärden und unseres
Lebensvollzugs sein muss. Kritik an „reiner Selbsterkenntnis" äußert
Nietzsche explizit im 80. Aphorismus in *Jenseits von Gut und Böse*:

> „Eine Sache, die sich aufklärt, hört auf, uns etwas anzugehn. – Was
> meinte jener Gott, welcher anrieth: ‚erkenne dich selbst'! Hiess es viel-
> leicht: ‚höre auf, dich etwas anzugehn! werde objektiv!'" (KSA 5, S. 88)

Doch wie sieht für Nietzsche ein persönlicher Bezug zu epistemischen
Aspekten *konkreter* aus? Nietzsche erwähnt hierbei zahlreiche zumeist psychologische, aber auch anthropologische sowie kulturelle
Merkmale. Manche sind sowohl der psychologische Impuls selbst als
auch der eigentliche (wiederum psychologische) Zweck nach Wahrheit und Erkenntnis zu streben sowie bestimmte philosophische Positionen, Meinungen, Lehren und Urteile als wahr anzunehmen und andere als falsch abzulehnen. Diese möchte ich noch kurz anführen.

Die psychologischen Merkmale liegen für Nietzsche zum Beispiel
im „Widersprechen gegen das Gültige oder im Verlangen nach Ruhe
oder Alleinbesitz oder Herrschaft" (KSA 3, S. 470), sowie in der Angst
mit der „üblichen Meinung über die Dinge" (KSA 3, S. 399) *nicht* konform zu gehen, also in der Angst der sogenannten „Öffentlichen Meinung" zu widersprechen.[24] Aber auch in einem *Gefühl* der Sicherheit,
welches für ihn eintritt, wenn wir etwas Neues und demnach Frem-
des „erkennen", weil wir dieses auf etwas Bekanntes zurückgeführt,
d.h. auf etwas, dass wir *bereits* kennen, ausgelegt haben, sodass es uns
„nicht mehr beunruhigt" (KSA 3, S. 594). Ebenso erwähnt Nietzsche
das *Interesse* von anderen nicht getäuscht zu werden sowie andere
nicht zu täuschen.

Wichtiger für die Bestimmung der Eigenschaften von echten und
falschen Philosophen sind jedoch seine anthropologischen bzw. auf
die Kultur bezogenen Aussagen über Wahrheit und Erkenntnis. So
fragt er sich, wie *stark* oder *schwach* die Wahrheit im Vergleich zu der
Kraft der Unwahrheit für den Menschen und das menschliche Leben
ist. Für ihn kann die Wahrheit sogar „die unkräftigste Form der Er-

---

[24] Ein Denker, der letztere Eigenschaft aufweist oder sich diesbezüglich verhält, ist für
Nietzsche aber ohnehin nicht für das Streben nach Wahrheit und Erkenntnis geeignet
(vgl. KSA 3, S. 399).

kenntniss" (KSA 3, S. 469) sein, wenn sie nicht mit dem Leben der Menschen verflochten ist, weil dieses (schon lange) auf Irrtümern beruht, wie er explizit im 110. Aphorismus seiner *Fröhlichen Wissenschaft* vermerkt. Deshalb schließt Nietzsche diesen mit der Frage: „Inwieweit verträgt die Wahrheit die Einverleibung?" (KSA 3, S. 471). Inwieweit ist die oder eine Wahrheit folglich lebbar, lebenserhaltend, lebensfördernd oder lebensverneinend für den Einzelnen[25] und eine ganze Kultur? In der Haltung zu und der Beantwortung dieser Frage liegt letztlich Nietzsches Diktum, wer ein echter und wer ein falscher Philosoph ist. Bevor ich über die Eigenschaften falscher Philosophen spreche, werde ich über jene echter Philosophen sprechen. Denn aufgrund seines hier ausführlich beschriebenen pragmatischen Wahrheitsverständnisses sehen diese bei Nietzsche ein wenig anders aus als bisher. Alsdann wird im Anschluss klarer werden, inwiefern zum Beispiel sogar Immanuel Kant für Nietzsche kein echter Philosoph war.

Nietzsches Verständnis echter Philosophen

Wir haben gesehen, dass ein persönlicher Bezug sowie eine Verbindung mit den konkreten Gegenständen der empirischen Wirklichkeit, Nietzsches pragmatisches Wahrheitsverständnis kennzeichnet, d.h. für die Beantwortung der Frage, welchen (Un)Wert epistemische Aussagen haben, entscheidend ist. Für ihn ist nun ausschlaggebend, dass ein echter Philosoph nicht nur einfach nach Wahrheit und Erkenntnis strebt und dabei stehen bleibt, sondern, dass er eine *Antwort* auf die Frage nach dem (Un)*Wert*, den eine Wahrheit oder Erkenntnis *für ihn* persönlich hat, gibt. Für Nietzsche hat ein echter Philosoph, der philosophische Genius, das Dasein tiefer durchdrungen als „normale Denker", denn er hat, wie Nietzsche es ausdrückt, die „Versöhnung von Erkennen und Sein" (KSA 1, S. 358) gesehen. Dies ist ein zentrales Merkmal von echten Philosophen bei Nietzsche, denn für ihn ist die unter Philosophen scheinbar „normale" Gegenüberstellung oder rigo-

---

[25] Beachte hierfür auch Nietzsches kurze Anmerkung: „Wie viel Einer aushält von der Wahrheit?" (KSA 12, S. 55).

rose *Trennung* zwischen (der Suche nach) Wahrheit und Erkenntnis
auf der einen und Aspekten der eigenen Persönlichkeit und des eigenen Lebens auf der anderen Seite, kein Ausdruck echter Philosophen.
Ein echter Philosoph ist für ihn jemand, der diese Trennung „aufhebt",
der eine Wahrheit immer auch als Mensch ausdrückt – der sie „durch
Miene, Haltung, Kleidung, Speise, Sitte mehr als durch Sprechen oder
Schreiben" (KSA 1, S. 350) *verkörpert*. Ein echter Philosoph zeigt sich
also primär nicht dadurch, dass er über seine philosophischen Einsichten bloß Bücher schreibt oder Reden hält, sondern dadurch, dass
er (s)eine Wahrheit *lebt*. Zugespitzt formuliert Nietzsche dies in seiner Abhandlung „Die Philosophie im tragischen Zeitalter der Griechen":

> „Zwischen ihrem Denken und ihrem Charakter herrscht strenge Noth-
> wendigkeit." (KSA 1, S. 807)

Zu dieser Verkörperung gehört auch, philosophische Tugenden wie
etwa Wahrhaftigkeit und Redlichkeit zu praktizieren. Schopenhauer
und der „Schopenhauerische Mensch" – jener, der die Philosophie und
Persönlichkeit Schopenhauers teilt –, sind deshalb für Nietzsche echte
Philosophen, weil sie das „freiwillige Leiden der Wahrhaftigkeit auf
sich" (KSA 1, S. 371) nehmen und in ihrem „Erkennen voll starken
verzehrenden Feuers und weit entfernt von der kalten und verächtli-
chen Neutralität des sogenannten wissenschaftlichen Menschen [...]"
(KSA 1, S. 372) sind. Solche Philosophen haben für Nietzsche auch
deshalb immer etwas „Boshaftes" an sich, weil sie die geltenden Ansichten der Epoche, in der sie leben, aufgrund ihres Dranges nach
Wahrhaftigkeit und Redlichkeit verneinen (müssen); aber auch an
dieser Verneinung leiden können, weil sie den Ansichten jener Menschen, die sie lieben, vielleicht entgegenstehen. Ein solcher Philosoph
setzt sich dadurch einem Risiko aus, womit er für Nietzsche „*das
schlimme Spiel*" (KSA 5, S. 133, H.i.O.) spielt. Leiderfahrungen sind
deswegen bei echten Philosophen für Nietzsche nahezu unvermeidbar. Es versteht sich fast von selbst, dass für Nietzsche echte Philosophen oftmals einsam und verzweifelt sind, weil sie mit den etablier-

ten Positionen in Konflikt geraten und deshalb von den Menschen, die diese vertreten, abgelehnt werden.[26]

Kommen wir aber zu jener *zentralen* Eigenschaft echter Philosophen, wodurch sich Nietzsches Position von den bislang beschriebenen Autoren unterscheidet (auch wenn es durchaus Überschneidungen mit den antiken Positionen gibt). Schauen wir uns hierfür zuerst ein paar Äußerungen von Nietzsche selbst an:

> „Ich mache mir aus einem Philosophen gerade so viel als er im Stande ist ein Beispiel zu geben. Dass er durch das Beispiel ganze Völker nach sich ziehen kann, ist kein Zweifel [...]." (KSA 1, S. 350)

> „Denken wir uns das Auge des Philosophen auf dem Dasein ruhend: er will dessen Werth neu festsetzen. Denn das ist die eigenthümliche Arbeit aller grossen Denker gewesen, Gesetzgeber für Maass, Münze und Gewicht der Dinge zu sein." (KSA 1, S. 360)

> „Der Philosoph, wie *wir* ihn verstehen, wir freien Geister –, als der Mensch der umfänglichsten Verantwortlichkeit, der das Gewissen für die Gesammt-Entwicklung des Menschen hat." (KSA 5, S. 79, H.i.O.)

> *„Die eigentlichen Philosophen aber sind Befehlende und Gesetzgeber*: Sie sagen ‚so *soll* es sein!', sie bestimmen erst das Wohin? und Wozu? des Menschen und verfügen dabei über die Vorarbeit aller philosophischen Arbeiter, aller Überwältiger der Vergangenheit – sie greifen mit schöpferischer Hand nach der Zukunft, und alles, was ist und war, wird ihnen dabei zum Mittel, zum Werkzeug, zum Hammer. Ihr ‚Erkennen' ist *Schaffen*, ihr Schaffen ist eine Gesetzgebung." (KSA 5, S. 145, H.i.O.)

Ein echter Philosoph hat für Nietzsche das Bestreben, die Aufgabe sowie die Verantwortung Werte, Normen, Ideale oder Gesetze für das menschliche Leben festzulegen, d.h. zu sagen, was gut und was schlecht ist, worin der Zweck des Daseins liegt oder wohin sich der Mensch entwickeln soll – und damit normativ (oder zumindest evaluativ) und nicht (nur) deskriptiv zu philosophieren. Wobei diese Normativität (Evaluation) eines echten Philosophen nicht *per se* auf die Erfüllung epistemischer Werte Bezug nimmt, sondern darauf, wie im vorherigen Kapitel beschrieben, dass epistemische Werte hinsichtlich pragmatischer Werte normativ (evaluativ) gedeutet werden. Und

---

[26] Einsamkeit ist für ihn jedoch ohnehin eine Eigenschaft echter Philosophen: „Einsam die Straße zu ziehn gehört zum Wesen des Philosophen." (KSA 1, S. 833)

diese Deutung mit der Persönlichkeit eines echten Philosophen deshalb so eng verwoben ist, weil er, wie Nietzsche es ausdrückt: „von
seinen eignen Gedanken wie von Aussen her, wie von Oben und Un-
ten her, als von *seiner* Art Ereignissen und Blitzschlägen getroffen
wird; der selbst vielleicht ein Gewitter ist, welches mit neuen Blitzen
schwanger geht" (KSA 5, S. 235, H.i.O.). Die Gesamtdeutung des Daseins ist mit dem Leben und den Erfahrungen eines Philosophen eng
verknüpft. Deshalb und weil ein echter Philosoph mit den philosophischen Positionen seiner Zeit stets in Konflikt gerät, folgt für Nietzsche, dass jener „[...] die meiste Belehrung aus sich nehmen muss und
[...] sich selbst als Abbild und Abbreviatur der ganzen Welt dient"
(KSA 1, S. 410). Werturteile, Ideale, Normen und Prinzipien, wie oder
wonach zu leben sei, die ein *echter* Philosoph aufstellt, sind folglich
Ausdruck der Persönlichkeit des Philosophen selbst. Hier zeigt sich
Nietzsches enge Verbindung von „Erkenntnis" und persönlichem Leben, ein Umstand, der für ihn, wie erwähnt, nicht zu trennen ist.

Die Forderung eines echten Philosophen lautet für Nietzsche aber
nicht nur: „dies ist das Bild alles Lebens", sondern auch: „und daraus
lerne den Sinn deines Lebens" (KSA 1, S. 357). Wir sehen hier jenen
wesentlichen Unterschied, den Nietzsche zwischen allgemein gültigen, „objektiven" Aussagen und daraus abgeleiteten individuellen
Aussagen macht, da erstere für ihn nicht *automatisch* auch für letztere gelten. Nietzsche möchte das Persönliche (oder Individuelle) eines Menschen nicht auflösen, indem dieser die aufgestellten Ideale
oder Normen einfach eins zu eins befolgt, denn dadurch würde er sich
selbst, seine Individualität außen vor lassen. Stattdessen sollen diese
nur eine Richtschnur, ein Ideal, das „erzieht" (KSA 1, S. 376) sein. Ein
wahrer Philosoph ist für die Menschen bzw. eine Kultur ein *Weg-
weiser*, „dem man ohne weiteres Besinnen gehorchen könnte, weil
man ihm mehr vertrauen würde als sich selbst" (KSA 1, S. 342), jemand, der „einen über das Ungenügen [...] hinausheben könnte" (KSA
1, S. 346). Diese Aufgabe von echten Philosophen vertrat Nietzsche jedoch nicht nur für gesellschaftliche Zeiträume, wo man sich Fragen
der Kultur und der individuellen Entwicklung unbekümmert widmen
könne, denn er sah Mitte des 19. Jahrhunderts jene politischen Kon-

flikte, Kriege und Revolutionen des 20. Jahrhunderts bereits kommen
und fragte sich deshalb: „Wer wird das *Bild des Menschen* aufrichten?"
(KSA 1, S. 368, H.i.O.). Nietzsche würde antworten: Wer Ideale oder
Menschenbilder kreiert, aus denen „ein neuer Kreis von Pflichten zu
gewinnen" (KSA 1, S. 376) ist. Pflichten, die für einen wahren Philosophen einen gemeinsamen Gedanken und Zielpunkt haben: Die Gestaltung der Kultur. Darin liegt für Nietzsche letztlich die eigentliche Aufgabe wahrer Philosophen; wofür Wertschätzungen und Werturteile
und nicht nur die Erfassung von Wahrheiten nötig sind.

Wie bereits erwähnt, ist bei Nietzsche ein Denker, welcher der
Wahrheit nicht nachgeht, ebenso wenig ein echter Philosoph, wie jener, der *nur* an der Wahrheit interessiert ist. Sowohl die (Un)Wahr-
heit als auch der Wert der (Un)Wahrheit liegen für ihn somit im Interesse echter Philosophen. Dennoch liegt ihr Fokus eindeutig auf ihrem
Wert, welcher sich *durch* ihr Leben ausdrückt – oder wie Nietzsche es
kurz und knapp formuliert:

> „Das Product des Philosophen ist sein Leben (zuerst, vor seinen Wer-
> ken)." (KSA 7, S. 712)

Es liegt nach dieser ausführlichen Charakterisierung echter Philosophen selbstverständlich nahe, zu schlussfolgern, dass alle philosophischen Denker, die jene Eigenschaften nicht aufweisen oder erfüllen,
für Nietzsche falsche Philosophen sind. Und dies ist vollkommen richtig. Deshalb wird die nun anschließende Beschreibung falscher Philosophen eine mehr ins Detail gehende Darstellung sein, *auf welche
Weise* sie sich bei Nietzsche konkret zeigen und was sie daran hindert,
echte Philosophen zu werden und zu sein.

Der „Unpersönliche" als Typus eines falschen Philosophen

Nietzsches Kritik an falschen Philosophen schließt zwar an jene Schopenhauers an (besonders in seiner Schrift „Schopenhauer als Erzieher"), betrifft folglich ebenso die Universitätsphilosophen und ihr
Verhältnis zum Staat, wird aber trotz einiger Gemeinsamkeiten weit
darüber hinausgehen und einen eigenen Weg einschlagen. Überwiegend aus dem Grunde, weil Nietzsches Kritik, wie erwähnt, mehr an-
thropologischer und psychologischer Art ist und sich stärker auf die

Kultur bezieht. Bevor ich näher darauf eingehe, möchte ich kurz
Nietzsches an Schopenhauer anschließende Betrachtung der Beziehung zwischen dem Staat und den akademischen Philosophen illus-
trieren.

Auch für Nietzsche ist bereits der Umstand, dass die Philosophie
auf staatlichen Universitäten gelehrt wird, mit Problemen für die Philosophen behaftet. Zwar ermöglicht der Staat den Philosophen von
ihrer Philosophie zu leben, dieser Tatbestand ist für Nietzsche aber
kein Ausdruck der Freiheit, sondern bloß eines Amtes, dass jene
nährt.[27] Der Philosoph als „Staatsphilosoph" hat nämlich nur eine
sehr eingeschränkte Freiheit, weil der Staat nach seiner Einstellung
unter anderem bestimmt, wann, wo, wie, wodurch und wofür Philosophie betrieben wird. Im Gegensatz zu Schopenhauer ist es für Nietzsche allerdings nicht die Staatsanstellung an sich, die einen falschen
Philosophen zur Folge hat, weil für das Streben nach Wahrheit und
Erkenntnis „[a]lles auf Art und Güte des einzelnen Menschen ankommt" (KSA 1, S. 414). Ob die Beschäftigung beim Staat also der
(Suche nach) Wahrheit abträglich ist, hängt vom Philosophen selbst
ab. Als positives Beispiel für einen solchen Charakter nennt Nietzsche
u.a. Schopenhauer; Kant als negatives Beispiel, weil dieser dem Staate
gegenüber unterwürfig war (darauf komme ich zurück). Wie Schopenhauer, so meint auch Nietzsche, dass der Staat Philosophen wie
zum Beispiel Platon nicht einstellen würde, weil jener die Philosoph-
en grundsätzlich fürchtet und sie deshalb, wenn er sie schon in seine
Dienste nimmt, auf seiner Seite haben möchte. Aus diesem Grund wäre ein Denker, welcher sich mit seiner philosophischen Position gegen
die Staatsauffassungen richtet, ein Feind oder zumindest eine Bedrohung für den Staat. Für Nietzsche muss es ein Universitätsphilosoph
demzufolge

> „ertragen, von ihm [dem Staat] so angesehen zu werden, als ob er da-
> rauf verzichtet habe, der Wahrheit in alle Schlupfwinkel nachzugehen.
> Mindestens solange er begünstigt und angestellt ist, muss er über der
> Wahrheit noch etwas Höheres anerkennen, den Staat. Und nicht bloss

---

[27] Freiheit ist ebenso für Nietzsche ein zentraler Faktor, nicht nur um ein wahrer Philosoph zu *werden*, sondern auch um diesen ausleben zu können.

den Staat, sondern alles zugleich, was der Staat zu seinem Wohle heischt." (KSA 1, S. 414)

Auch für Nietzsche geht es den akademischen Philosophen bzw. den philosophischen Gelehrten, wie er sie zumeist bezeichnet, deshalb nicht darum, einfach nur die Wahrheit zu finden (geschweige denn ihre Kultur zu gestalten). Ihre Motive liegen stattdessen in zahlreichen psychologischen Faktoren und ihren zumeist pragmatisch-ausgerichteten Interessen, welche die Suche nach *genuiner* Wahrheit nur zum Vorwand haben. So schreibt er, Schopenhauer sehr ähnlich, in seiner *Götzen-Dämmerung*:

> „Auch bei den Philosophen [...] bringt es das ganze Handwerk mit sich, daß sie nur gewisse Wahrheiten zulassen: nämlich solche, auf die hin ihr Handwerk die *öffentliche* Sanktion hat – Kantisch geredet, Wahrheiten der *praktischen* Vernunft. Sie wissen, was sie beweisen *müssen*, darin sind sie praktisch – sie erkennen sich untereinander daran, daß sie über die ‚Wahrheiten' übereinstimmen." (KSA 6, S. 144, H.i.O.)

Ein zentrales Problem der akademischen Philosophen liegt also ebenso für Nietzsche darin, dass sie sich einer primär nicht-philosophischen Obrigkeit unterwerfen. Hat sich ein Universitätsphilosoph jedoch über diese ihn einschränkende Lage niemals ein klares Bild gemacht, so ist er für Nietzsche genauso wenig ein Freund der Wahrheit, wie jener, der sich seine Lage zwar bewusst gemacht hat, aber dennoch in dieser verbleibt. Solche Denker scheinen für Nietzsche keine epistemischen Fähigkeiten oder Tugenden zu haben oder nicht umzusetzen. Dieser Makel macht die akademischen Philosophen gewiss nicht zu wahren Philosophen. Doch die eigentliche und umfassende Kritik an falschen Philosophen betrifft andere Eigenschaften.

Die charakterlichen Makel der Gelehrten

Nietzsche bespricht im Verlauf seiner Schrift „Schopenhauer als Erzieher" vier Faktoren, die zur Förderung der Kultur und der Entstehung des Genius (Philosophen, Künstler, Heilige) beitragen, wovon ein Faktor die Wissenschaften und deren Vertreter, die Gelehrten betrifft. Letztere wiederum beschreibt er anhand von *siebzehn*, vier primären und dreizehn sekundären Charaktereigenschaften bzw. Verhaltensweisen.[28] Interessant an seiner Darstellung dieser ist, dass er den meisten zwar sowohl etwas positives als auch etwas negatives abgewinnen kann, sie aber dennoch nicht als Ausdruck *echter* Philosophen betrachtet. Er betrachtet sie mehr als „unreines Metall" (KSA 1, S. 394). Auch wenn Nietzsche fast alle Eigenschaften eingehend beschreibt, möchte ich sie hier nur kurz aufzählen. Sie sollen mehr das psychologische *Profil* der (philosophischen) Gelehrten, die Nietzsche als falsche Philosophen sieht, zur Geltung bringen.

Primäreigenschaften der (philosophischen) Gelehrten:
1. Haben ein besonders starkes Interesse an *neuen* und *seltenen* Erkenntnissen – eine Art „Sucht nach Abenteuern der Erkenntnis" (KSA 1, S. 394).
2. Die Lust am Suchen und Aufspüren *einfallsreicher* Gedanken treibt sie an, „so dass nicht eigentlich die Wahrheit gesucht, sondern das Suchen gesucht wird" (KSA 1, S. 394).
3. Der „Trieb" zur Entgegnung, Auseinandersetzung, zum Widersprechen und *persönlichen* Sieg ist ihnen eigen, weshalb die Suche nach der Wahrheit nur ein Vorwand ist.
4. Weisen eine *untertänige* Haltung gegenüber Herrschenden, Autoritäten und deren Meinungen auf.

Nietzsche sieht diese Merkmale bei jenen besonders stark ausgeprägt.

Sekundäreigenschaften der (philosophischen) Gelehrten:
1. Neigen engstirnig dazu, speziell das *Einfache* zu schätzen, weshalb sie „gewohnte" Meinungen bevorzugen.
2. Haben ein scharfes Auge für das Naheliegende, aber nicht für das Entfernte und Allgemeine (das „Ganze").[29]

---

[28] Nietzsche verwendet für die Einteilung jener Eigenschaften nicht die Begriffe „primär" und „sekundär." Als Kriterium seiner Unterscheidung dieser führt er nur die *Regelmäßigkeit* ihres Auftretens an (vgl. KSA 1, S. 395), wobei „primäre" für ihn bei Gelehrten regelmäßiger zu finden sind als „sekundäre."

[29] Nietzsche scheint hier solche Denker zu beschreiben, welche ein *atomistisches* Verständnis der Eindrücke, die sie von der Welt haben, aufweisen. Deshalb können sie ihre Eindrücke von der Welt nicht verbunden und zusammengehörend, sondern nur „nach einigen Stücken oder Sätzen [...]" (KSA 1, S. 396) „wahrnehmen."

3. Sind hinsichtlich ihrer persönlichen „Neigungen und Abnei-
    gungen" nüchtern; neigen nicht zu Extravagantem; sehen in
    den Dingen nur das, was bereits bekannt ist, weswegen sie
    kein Gespür für ungewöhnliche und außergewöhnliche Phä-
    nomene haben.
4. Sind gefühlsarm und gefühlskalt.
5. Haben einen niedrigen Selbstwert und sind deshalb sehr be-
    scheiden.
6. Sind jenen Lehrern und Autoritäten pflichtbewusst und treu
    ergeben, welche ihren Einlass in die Wissenschaft überhaupt
    erst ermöglichten (dies schließt für Nietzsche auch deren
    Hang, ihre „Mentoren" zu *imitieren*, mit ein).
7. Bleiben der Gewohnheit treu, weshalb sie auf der einmal ein-
    geschlagenen Bahn emsig verharren und ihren „Wahrheits-
    sinn" auch nach dieser ausrichten.
8. Haben den Drang, der Langeweile zu entfliehen (mit der sie
    nichts anfangen können); dazu lesen sie solche Bücher, die ihr
    Weltbild bestätigen und sie nicht aufwühlen.
9. Das *Motiv* ihres „Wahrheitsstrebens" liegt im Broterwerb,
    weshalb sie einer „Wahrheit" nur dienen, um ein Einkommen
    oder die Gunst derer zu erhalten, die ein Einkommen bereit-
    stellen können.
10. Haben ein starkes Interesse, bei Kollegen geachtet zu werden;
    sowie eine starke Angst vor deren Missachtung.
11. Tendieren dazu, ein Forschungsgebiet aus Eitelkeit ganz für
    sich und *alleine* in Besitz zu nehmen, weswegen absichtlich
    ein kurioses gewählt wird.
12. Vielleicht ist ihnen auch eine Art *Spieltrieb* zur Lösung von
    „Rätseln" in der Wissenschaft eigen; wobei sie sich hierbei
    keinen tieferen Themen widmen, um das *Gefühl* des *Spiels*
    nicht zu verlieren („das Tiefe" beinhaltet für Nietzsche, wie
    erwähnt, nämlich stets Leiderfahrungen).
13. Sind Gelehrte, weil sie nach *Gerechtigkeit* streben – kommen
    für Nietzsche allerdings nur selten vor.

Weitere Eigenschaften der Gelehrten beschreibt Nietzsche im 206. Aphorismus in *Jenseits von Gut und Böse*:
- Sie wollen geachtet werden und einen „guten Namen" haben.
- Sie fügen sich arbeitsam in Reih und Glied ein.
- Sie blicken neidisch und missgünstig auf Menschen mit größerem Talent und streben bei ihren eigenen Fähigkeiten und Bedürfnissen danach, Maß zu halten.

Diese resultieren für Nietzsche schlussendlich in den Makel, philosophisch höchstens *Mittelmaß* zu sein; ein Makel, welcher für Nietzsche der schlimmste von allen ist.

Aufgrund all dieser zahlreichen Persönlichkeitseigenschaften hat Nietzsche dahingehend Bedenken, ob die philosophischen Gelehrten und Denker überhaupt (noch) Philosophie betreiben:

> „Das Wort Philosophie, auf deutsche Gelehrte und Schriftsteller angewendet, macht mir neuerdings Beschwerde: es scheint mir unpassend. Ich wollte, man vermiede es und spräche fürderhin, deutsch und kräftig, nur noch von Denkwirthschaft." (KSA 7, S. 739)

Der Makel, reine Begriffsphilosophie zu betreiben

Für Nietzsche sind auch so manche „Größen der Philosophiegeschichte", wie die erwähnten Kant und Hegel, aber (in Nietzsches späteren Schriften) auch Sokrates und Platon, keine wahren Philosophen. Ein weiterer Grund hierfür liegt darin, dass sie für Nietzsche Verfallserscheinungen der Philosophie kennzeichnen, weil sie nur eine solche Philosophie praktizierten und lehrten, die auf Begriffsanalysen und begrifflichen „Wahrheiten" beruhten – eine Verfahrensweise, die weder Platon, Aristoteles noch Schopenhauer an sich kritisierten –. Besonders zu letzteren meint Nietzsche:

> „[...] Alles, was Philosophen seit Jahrtausenden gehandhabt haben, waren Begriffs-Mumien; es kam nichts Wirkliches lebendig aus ihren Händen. Sie töten, sie stopfen aus, diese Herren Begriffs-Götzendiener, wenn sie anbeten – sie werden allem lebensgefährlich, wenn sie anbeten." (KSA 6, S. 74)
>
> „Die einzige Kritik einer Philosophie, die möglich ist und die auch etwas beweist, nämlich zu versuchen, ob man nach ihr leben könne, ist nie auf

Universitäten gelehrt worden: sondern immer die Kritik der Worte über Worte." (KSA 1, S. 417)

Wir sehen auch hier wieder Nietzsches Kritik an jenen Philosophen, die ein Trennung von Erkenntnis und Sein vollziehen, d.h. eine Trennung zwischen ihren philosophischen (begrifflich eruierten und ausgedrückten) Positionen und ihrem eigenen Leben, da erstere für sie kein Ausdruck von letzterem sind, sondern unabhängig von diesem als reine Begriffskonstruktionen und Begriffssammelsurien, als „Druckerschwärze" in ihren Schriften ihr Dasein fristen. Besonders Sokrates und Kant kritisiert Nietzsche diesbezüglich vehement.

Sokrates kennzeichnet für Nietzsche einen Philosophen, der Wertefragen negativ oder pessimistisch beantwortet – so kritisiert er Sokrates in seiner *Götzen-Dämmerung*, indem er ihn sagen lässt: „leben – das heisst, lange krank sein [...]" (KSA 6, S. 67). Sokrates gibt also durchaus Antworten auf Wertefragen, jedoch befand er sich in einem (für Nietzsche *physiologischen*) Zustand – im Zustand der Dekadenz –, der die Ursache dafür war, dass seine Antworten auf Wertefragen eine bestimmte Eigenschaft inkludierten, in der sich die Verfallserscheinung der Philosophie und Philosophen offenbarte. Und diese liegt für Nietzsche in einer „Überborderung" der Vernunft, d.h. in der Eigenschaft *„absurd-vernünftig* zu sein" (KSA 3, S. 72, H.i.O.). Es stimmt selbstverständlich, dass Sokrates (und auch Platon) sowohl nach der Wahrheit strebten als auch Positionen zu Wertefragen hatten. Meines Erachtens fehlt jenen spätantiken Philosophen für Nietzsche nicht der persönliche Bezug an sich. Nietzsche möchte vielmehr darauf hinaus, dass dieser verzerrt oder gestört war, wodurch Sokrates Antworten auf Wertefragen nicht lebens*bejahend* oder *-fördernd* gegeben hat. Die Verfallserscheinung der Philosophie zeigt sich für Nietzsche jedoch mehr darin, dass Sokrates (Platon) nur nach *allgemeinen* Begriffswahrheiten über den Wert des Daseins strebte, weil er eine philosophische Position nur mittels der Methode der dialektischen (begrifflichen) Beweisführung als gerechtfertigt und gültig ansah. Dieser extreme Hang zur rationalen Begriffsphilosophie nennt Nietzsche die „Superfötation des Logischen" (KSA 3, S. 69). Da wir für Nietzsche jedoch *den* Wert des Daseins objektiv überhaupt nicht ab-

schätzen können, zeigte sich in Sokrates' Hang, philosophische Wahrheiten nur durch begriffliche Analysen allgemein bestimmen zu *wollen* (bzw. nur dieses Vorgehen als philosophisch legitim anzusehen),
nur sein ganz eigenes und deshalb subjektives Werturteil. Ein Werturteil, welches für Nietzsche aber aus einer Art von Selbstverleug-
nung stammte, da Sokrates (begriffliche) Objektivität nur dadurch erreichen konnte, indem er seine persönlichen Gefühle, Antriebe, Regungen und Wertschätzungen ablehnte oder zumindest hintanstellte.
Oder, wie Nietzsche es am Ende dieses Abschnitts in der *Götzen-Dämmerung* zur Beschreibung von Sokrates markant ausdrückt:

> „Die Instinkte bekämpfen *müssen* – das ist die Formel für décadence: so-
> lange das Leben *aufsteigt*, ist Glück gleich Instinkt." (KSA 6, S. 73, H.i.O.)

Der Makel, nur „Erkenntnisphilosophie" zu betreiben

Nietzsche wird weiters auch nicht müde die Philosophen dahingehend zu kritisieren, dass sie sich *nur* mit Erkenntnis beschäftigen
oder zuletzt bei der Suche nach bloßer Erkenntnis landen. So schreibt
er zum Beispiel:

> „Es hat bis jetzt noch keinen Philosophen gegeben, unter dessen Hän-
> den die Philosophie nicht zu einer Apologie der Erkenntniss geworden
> wäre." (KSA 2, S. 28)

> „Philosophie auf ,Erkenntnistheorie' reduziert, tatsächlich nicht mehr
> als eine schüchterne Epochistik und Enthaltsamkeitslehre: eine Philoso-
> phie, die gar nicht über die Schwelle hinwegkommt und sich peinlich
> das Recht zum Eintritt *verweigert* – das ist Philosophie in den letzten
> Zügen, ein Ende, eine Agonie, etwas, das Mitleiden macht." (KSA 5,
> S.131f., H.i.O.)

Hierzu gehört auch seine vereinzelt auftretende Kritik an den atomis-
tisch- und positivistisch-denkenden Philosophen, weil erstere keinen
Blick für „das Ganze" haben, und letzere den „Qualm einer gewissen
pessimistischen Verdüsterung" (KSA 3, S. 582) mit sich tragen – wir
erinnern uns, dass bloße Tatsachen („Wahrheiten") für Nietzsche
nicht bereits etwas Gutes beinhalten –. Aber auch ganz generell findet
Nietzsche, dass sich die Philosophen seiner Zeit den empirischen Wissenschaften *untergeordnet* haben – falls sie sich überhaupt mit ihnen
beschäftigen, wie er meint – und sich nicht, wie Nietzsche es für echte

Philosophen verlangt, *über* diese heben. Doch nicht nur dies, so haben jene auch nicht einmal mehr den *Anspruch*, sich über die Wissenschaften zu stellen und glauben auch nicht einmal mehr daran, das Recht sowie die Pflicht zu haben, Werte festzulegen, d.h. Tatsachenerkenntnisse zu *bewerten*. Mit solch einer Einstellung werden die Philosophen für Nietzsche jedoch höchstens *Aufpasser* der Wissenschaft:

> „Die Philosophen wollen der Wissenschaft entfliehen: von ihr werden sie gejagt. Man sieht, worin sie schwach ist [sic]. Sie geht [sic] nicht mehr voran: weil sie selbst nur Wissenschaft ist [sic], allmählich nur Grenzwächterschaft." (KSA 7, S. 744)

Für Nietzsche ist die Beschäftigung mit „reiner Erkenntnis" aber nicht nur aufgrund der Vernachlässigung jener primären philosophischen Aufgabe und Pflicht ein Problem. Bloße Erkenntnisphilosophie zu betreiben, drückt auch den bereits angeführten, *unpersönlichen* und rein objektiven Geist aus. Deshalb ist es auch nicht überraschend, dass „Erkenntnisphilosophen" den Wert von Tatsachen nicht mehr bestimmen wollen, weil Tatsachen *für sie* keinen darüber hinausgehenden Wert haben. Die eigentliche Aufgabe und Pflicht eines echten Philosophen tragen sie damit jedoch zu Grabe:

> „Die Philosophie rein zur Wissenschaft zu machen [...] heisst die Flinte in's Korn werfen." (KSA 7, S. 710)

Im Grunde ist die Eigenschaft, die Welt objektiv erkennen zu wollen, eine, die ebenso echte Philosophen, welche die Wahrheit suchen, auszeichnet. Doch für Nietzsche ist, wie wir gesehen haben, das reine, *unpersönliche* Erkennen von Tatsachen zwar wertvoll, aber kein Selbstzweck. Ein Philosoph, der folglich *nur* passiver Akteur ist, der also auf das Erkennen sozusagen „wartet" und es bloß aufnimmt (wie jener „Don Juan der Erkenntnis"), damit aber aktiv nichts weiter unternimmt – weil er eben nur einen nach objektiver Erkenntnis ausgerichteten Geist hat –, ist kein echter Philosoph. Denn, wie erwähnt, er selbst, also ein Mensch mit Gefühlen, Präferenzen, Wünschen, Zielen und Willensregungen, ist am Erkenntnisgegenstand nur insoweit beteiligt, dass er danach mittels allgemeinen Begriffsanalysen *strebt* und ihn als Begriffsansammlung sodann *besitzen* möchte, allerdings ohne einen persönlichen Bezug zu jenem aufzuweisen. Für Nietzsche ist ein solcher „selbstloser" Mensch, jemand „ohne Gehalt und Inhalt" (KSA 5, S. 137), weshalb er weder eine Richtschnur für das Dasein liefern, noch eine sein kann.

Wie im vorherigen Abschnitt ausführlich beschrieben, liegt Nietzsches Fokus im *Wert* der (Un)Wahrheit und nicht nur im Auffinden und Besitzen der (Un)Wahrheit. Was für Nietzsche in seiner Kritik an den Philosophen seiner Zeit entscheidend ist, liegt also nicht nur in ihrem radikalen Streben nach bloßen Tatsachenwahrheiten, sondern auch darin, dass sie aufgrund ihrer Charaktereigenschaften, wie Nietzsche es nennt: *„unfruchtbar"* (KSA 1, S. 399, H.i.O.) sind. Diese „Unfruchtbarkeit" besonders der akademischen Philosophen zeigt sich in Nietzsches Texten meines Erachtens auf vielfache Weise. Ein Merkmal zeigt sich durch deren Beziehung und Verhalten gegenüber den empirischen Wissenschaften. Einerseits meint Nietzsche hierbei, dass jene sich aus deren Ergebnissen „etwas zusammen rührten", andererseits möchten sie den Wissenschaften entfliehen und „in irgend einer ihrer Lücken und Unaufgehelltheiten ein dunkles Reich [...] gründen" (KSA 1, S. 419). Hier sehen wir auch wieder die bereits bei Schopenhauer vorgebrachte Kritik, dass Philosophen scheinbar nicht verstanden werden wollen, weil sie ihre Philosophie „verdunkeln." Aber auch, dass sich die philosophischen Gelehrten den Wissenschaften nur deshalb bedienen, um „wenigstens öffentlich so [zu] thun, als ob sie sich wissenschaftlich beschäftigen" (KSA 1, S. 421). Die Eigenschaft, welche den akademischen Philosophen nach Nietzsche hierbei fehlt, und die wir bereits bei der Kritik Schopenhauers sahen, ist *Mut*. Bei den akademischen, nach bloßer Erkenntnis strebenden Philosophen offenbart sich Mutlosigkeit für Nietzsche auf folgende Weise:

> „Nun, wenn [...] Denker gefährlich sind, so ist freilich deutlich, weshalb unsre akademischen Denker ungefährlich sind; denn ihre Gedanken wachsen so friedlich im Herkömmlichen, wie nur je ein Baum seine Aepfel trug: sie erschrecken nicht, sie heben nicht aus den Angeln; und von ihrem ganzen Tichten und Trachten wäre zu sagen, was Diogenes, als man einen Philosophen lobte, seinerseits einwendete: ‚Was hat er denn Grosses aufzuweisen, da er so lange Philosophie treibt und noch Niemanden *betrübt* hat?' Ja, so sollte es auf der Grabschrift der Univer-

sitätsphilosophie heissen: ‚sie hat Niemanden betrübt.'" (KSA 1, S. 426f., H.i.O)

Im Gegensatz zu echten Philosophen sind falsche Philosophen gegenüber der herrschenden Ordnung angepasst, gemütlich, anspruchslos sowie ungefährlich und *können* deshalb überhaupt keine großen philosophischen Leistungen vollbringen, weil ihr „Muth, eine Philosophie zu leben, gebrochen [ist]" (KSA 7, S. 710).

Für Nietzsche sind all diese einzelnen Charaktermerkmale und Gebärden weitere Charakteristika falscher Philosophen, die dazu führen, dass die Philosophie letztlich „zu einer lächerlichen Sache" (KSA 1, S. 421) werde.

Der Makel, nur noch in vorgegebenen Bahnen denken zu *können*

Ein *akademischer* Philosoph, der philosophische Gelehrte, ist für Nietzsche niemals ein wahrer Philosoph, sondern bloß ein „philosophischer Arbeiter" (KSA 5, S. 144), „Arbeiter des Geistes" (KSA 2, S. 626) oder „akademischer Wiederkäuer" (KSA 6, S. 320), ein „Nach- und Überdenker, vor allem aber gelehrter Kenner aller früheren Denker" (KSA 1, S. 417). Diese starren für ihn nämlich nur die „Gedanken an, die andre gedacht haben [...] Gleich Mühlwerken arbeiten sie und Stampfen" (KSA 4, S. 140). Doch war für Nietzsche die

„gelehrte Historie des Vergangnen [...] nie das Geschäft eines wahren Philosophen [...]; und ein Philosophieprofessor muss es sich, wenn er sich mit solcherlei Arbeit befasst, gefallen lassen, dass man von ihm, besten Falls, sagt: er ist ein tüchtiger Philolog, Antiquar, Sprachkenner, Historiker: aber nie: er ist ein Philosoph." (KSA 1, S. 416f.)[30]

Jene, im vorherigen Abschnitt erwähnte Fruchtlosigkeit dieser „Verwalter der Philosophie" führt uns zu einem für Nietzsche gravierenden Makel falscher Philosophen. Denn für einen echten Philosophen verlangt Nietzsche etwas, das auch (oder vor allem) heute innerhalb der akademischen Philosophie nie oder kaum mehr praktiziert wird.

---

[30] Wobei Nietzsche mit dieser Aussage stärker auf jene akademischen Philosophen referiert, die durch den Staat verpflichtet werden, hauptsächlich *Geschichtsphilosophie* zu betreiben; etwas, das sie anschließend fleißig und pflichtbewusst auch zu tun gedenken.

Nämlich zu philosophieren *ohne* innerhalb eines bereits vorgegebenen Rahmens – dieser kann die bereits existierenden Argumente, Thesen, Begriffe, Kategorien, Modelle, Theorien u.v.m. anderer Denker umfassen – für oder gegen eine Position zu argumentieren; gleichsam wie eine Jungfrau auf ein Phänomen das erste Mal zu blicken und anschließend, wie Nietzsche es ausdrückt: „mit neuen Blitzen schwanger geh[en]" (KSA 5, S. 235). Doch dies kann ein akademischer Philosoph für Nietzsche prinzipiell nicht – denn:

> „Der Gelehrte, der im Grunde nur noch Bücher ‚wälzt' [...] – verliert zuletzt ganz und gar das Vermögen, von sich aus zu denken. Wälzt er nicht, so denkt er nicht. Er *antwortet* auf einen Reiz (– einen gelesenen Gedanken), wenn er denkt, – er reagirt zuletzt bloss noch. Der Gelehrte giebt seine ganze Kraft im Ja und Neinsagen, in der Kritik von bereits Gedachtem ab, – er selber denkt nicht mehr...Der Instinkt der Selbstvertheidigung ist bei ihm mürbe geworden; im andren Falle würde er sich gegen Bücher wehren. Der Gelehrte – ein décadent. – Das habe ich mit Augen gesehn: begabte, reich und frei angelegte Naturen schon in den dreissiger Jahren ‚zu Schanden gelesen', bloss noch Streichhölzer, die man reiben muss, damit sie Funken – ‚Gedanken' geben." (KSA 6, S. 292f., H.i.O.)
> „Wer zwischen sich und die Dinge Begriffe, Meinungen, Vergangenheiten, Bücher treten lässt, wer also, im weitesten Sinne, zur Historie geboren ist, wird die Dinge nie zum ersten Male sehen und nie selber ein solches erstmalig gesehenes Ding sein [...] Wenn einer sich vermittelst fremder Meinungen anschaut, was Wunder, wenn er auch an sich nichts sieht als – fremde Meinungen! Und so sind, leben und sehen die Gelehrten." (KSA 1, S. 410)

Was Nietzsche hier kritisiert geht psychologisch tiefer als einfach nur einen Mangel an eigenen Gedanken auszudrücken, mutlos zu denken oder – wie bei Schopenhauer – keine absichtsfreien Gedanken zu haben (was auch bereits schlimm genug ist). Nietzsche möchte darauf hinaus, dass „jedes" Buch und „jeder" Text, den wir lesen, kognitiv bereits den Rahmen (die Struktur, den Kontext u.v.m.) festlegt, Sachverhalte, Ereignisse oder Phänomene zu *betrachten* und wir anschließend nur noch *innerhalb dieses Rahmens* über sie nachdenken oder sie nur noch innerhalb dessen als wahr bzw. plausibel ansehen (zum Beispiel, weil wir sodann bestimmte Begriffe oder Kategorisierungen verwenden oder uns vielleicht sogar ausschließlich auf diese beziehen und andere überhaupt nicht mehr in Betracht kommen). All die Schriften, die Philosophen lesen, legen in ihnen also eine Denkschablone, ein „Weltbild" an, das jedwede philosophische Beschäftigung mit einem Sachverhalt sodann *umrandet* und als eine Art kognitiver Filter wirksam ist. „Philosophen" sehen jenen dann nur mehr durch eine bestimmte Matrix und denken auch nur mehr innerhalb dieser.

Diese „abgerichteten Philosophen" nehmen somit stets auf bereits gedachte Gedanken Bezug, welche philosophisch jedoch zur Gänze falsch sein *könnten* oder von Anfang an in eine falsche Richtung führten. Falsche Philosophen sind deshalb *unfähig*, das zu sein oder zu werden, was für Nietzsche ein echter Philosoph ist: Ein „furchtbare[r] Explosionsstoff, vor dem Alles in Gefahr ist" (KSA 6, S. 320).

Der Makel, für die Kultur keine Rolle zu spielen

Es ist zwar erstaunlich, obgleich nicht überraschend, dass im Gegensatz zu Schopenhauer für Nietzsche Immanuel Kant, trotz seiner philosophisch herausragenden Leistungen, kein echter Philosoph war. Und dies aus mehreren Gründen. Zum einen aufgrund der Tatsache, dass Kant Universitätsprofessor war. Denn dadurch war er für Nietzsche nicht nur Untertan der Regierung und damit unfrei, sondern *musste* auch mit Kollegen und Studenten verkehren, was ihn philosophisch ebenso einschränkte. Zum anderen, weil Kant den „Schein eines religiösen Glaubens" aufrechterhielt, weil er an der Kirche niemals Kritik übte. Es mangelte Kant für Nietzsche notwendigerweise an Freiheit und philosophischer Redlichkeit. Ein weiterer Grund liegt darin, dass Kant (wie für Nietzsche auch Hegel) nur ein „grosser Kritiker" (KSA 5, S. 144) war. Im Grunde haben solche Philosophen für Nietzsche bloß die Aufgabe „alles bisher Geschehene und Geschätzte übersichtlich, überdenkbar, faßlich, handlich zu machen, alles Lange, ja ‚die Zeit' selbst abzukürzen und die ganze Vergangenheit zu *überwältigen*" (KSA 5, S. 145, H.i.O.). Philosophen, welche sich nur als Kritiker sehen, etwa als „Grenzwächter und Aufpasser der Wissenschaften" (KSA 1, S. 419), sind für Nietzsche jedoch falsche Philosophen. Denn Kritiker sind für Nietzsche nur *Werkzeuge* echter Philosophen, oder haben, etwa im Wege solche zu werden, den Kritiker erlebt und ausgelebt, sind dabei aber nicht stehen geblieben. Als bloßer Kritiker fehlt es einem Denker, wie es Kant für ihn war, nämlich an einer Eigenschaft, welche für einen echten Philosophen zentral ist, und diese hatte Kant Zeit seines Lebens für Nietzsche nicht inne gehabt. Diese liegt in der Tatsache, dass Kant bzw. die kantische Philosophie zu keinen großen und revolutionären Umbrüchen und Veränderungen *innerhalb der Kultur* seiner Zeit führte. Kant war für Nietzsche also kein Ereignis von *kultureller* Bedeutung. Nietzsche stimmt zwar zu, dass seine eigene Epoche glaubt, dass Kant auf allen geistigen Gebieten revolutionär war – er selbst ist davon aber nicht überzeugt. Denn wenn dies so gewesen wäre, dann hätte dies die Menschen in ihrem „Innersten" schwer erschüttert und sie wären an der Wahrheit, die Kant verkündete, verzweifelt. Doch dies geschah nicht. Am Beispiel Immanuel Kants zeigt sich, was für Nietzsche epistemische und philosophische Positionen sind bzw. sein sollten – etwas, dass mit den Menschen und ihrem Leben tief verbunden ist; und dies gilt auch für die Philosophen und deren Leben. Wahre Philosophen drücken ihre Wahrheit und ihre Philosophie, wie erwähnt, auch immer persönlich, durch ihre Art zu leben aus, und dies hat für ihn weder Kant getan, noch tun dies die akademischen Philosophen. Sein Urteil ist deshalb eindeutig:

> „Ein Gelehrter kann nie ein Philosoph werden; denn selbst Kant vermochte es nicht, sondern blieb bis zum Ende trotz dem angebornen Drange seines Genius in einem gleichsam verpuppten Zustande. Wer da glaubt, dass ich mit diesem Worte Kanten Unrecht thue, weiss nicht, was ein Philosoph ist, nämlich nicht nur ein grosser Denker, sondern auch ein wirklicher Mensch; und wann wäre je aus einem Gelehrten ein wirklicher Mensch geworden?" (KSA 1, S. 409f.)

Dieser letzte große Makel falscher Philosophen kann durchaus als „Ergebnis" der anderen Drei angesehen werden. Denn Denker, welche *nur* „Erkenntnisphilosophie" betreiben, beschäftigen sich nicht mit ihrem Wert oder Unwert. Denker, die *nur* objektiv gültige Begriffsphilosophie praktizieren bzw. als legitim ansehen, „unterdrücken" bei der Entwicklung oder Beurteilung ihrer philosophischen Positionen mehr oder weniger ihre persönlichen Empfindungen. Und Denker, die nur in vorgefertigten Schemen denken *können*, sind nicht fähig, ihrer Kultur, besonders wenn sie es braucht, eine *neue* Richtung zu geben.

Schlussbemerkung

Nietzsches Konzeption des Übermenschen schwingt bei seiner Schilderung echter und falscher Philosophen stets mit. Dies erklärt auch, weshalb seine Forderungen an echte Philosophen die bislang stärksten und umfangreichsten sind und weshalb meiner Ansicht nach nur wenige Denker diese jemals erfüllt haben oder erfüllen werden (geschweige denn überhaupt können). An diesem Punkt möchte ich Kritik an Nietzsche üben, weil sein Kriterium, dass ein Philosoph nur dann ein *echter* Philosoph ist, wenn er Eigenschaften eines Übermenschen hat, zu viel verlangt (zumindest, wenn dies bedeutet, dass er ein kulturelles oder weltliches Ereignis *á la* Napoleon oder Mozart sein *muss*; worin Nietzsche Übermenschen sieht). Denn nimmt man dieses Kriterium in seiner vollen Pracht für bare Münze, dann war (zumindest kurz- und mittelfristig) kaum ein Philosoph jemals ein echter Philosoph. Manche Philosophen haben auf die Welt durch ihre Schriften und ihre philosophische Tätigkeit, wie Nietzsche selbst, gewiss einen Einfluss ausgeübt. Doch dies geschah eher „mit Taubenfüßen", wie er dies beschreiben würde, also „leise", langsam, langfristig und weniger durch einen „Knall" und große Umwälzungen. Möchte man also Philosophen (der Geschichte und Gegenwart) die Eigenschaft zuschreiben, echte Philosophen (gewesen) zu sein, dann muss man dieses Kriterium (zumindest) etwas abschwächen.

Ein anderer Kritikpunkt ist jedoch nicht nur plausibler für die Zuschreibung mancher Denker als echte Philosophen, sondern für jeden Philosophen auch umsetzbar – die *Aufhebung* der Trennung von „Leben-Erkenntnis-Philosophie." Diese „Dreifaltigkeit" kennzeichnet erst gemeinsam in einer Art *Symbiose* echte Philosophen nietzscheanischer Prägung. Weder darf ein Philosoph einem oder zwei dieser drei *keine* Beachtung schenken, noch darf er alle drei nur separat als getrennte Sphären seines philosophischen Daseins auffassen. Denn beides macht ihn zu einem *falschen* Philosophen. Und die Aufhebung dieser nur historisch gewachsenen Aufspaltung zentraler Merkmale der philosophischen Existenz ist bestimmt nichts, das ein philosophischer Denker nicht erfüllen kann.

Der Falsche Philosoph und seine Eigenschaften

Aus der Charakterisierung Friedrich Nietzsches über unpersönliche Philosophen lassen sich folgende Merkmale eines falschen Philosophen anführen:

1. Trennt Leben, Philosophie und Erkenntnis.
2. Unterwirft sich einer nicht-philosophischen Instanz.
3. Betrachtet die Philosophie primär als Werkzeug zur Erfüllung pragmatischer Zwecke und psychologischer Antriebe.
4. Sieht die Philosophie höchstens als Mittel zur Realisierung *epistemischer* Ziele → <u>Folgen</u>:
   a) Sein Fokus liegt auf „Erkenntnisphilosophie."
   b) Hat kein Interesse, sich mit den *Werten* und der *Bewertung* epistemischer Aussagen zu beschäftigen.
   c) Vertritt die Auffassung, dass die Philosophie bloß Aufpasser bzw. Kritiker der Wissenschaften ist.
5. Ist überzeugt davon, dass nur *Begriffs*philosophie echte Philosophie ist.
6. Ist überzeugt davon, dass nur der „objektive Geist" philosophisch legitim ist – <u>Kennzeichen</u>:
   a) Überbetont Rationalität und Logik.
   b) Betrachtet Unpersönlichkeit sowie Allgemeingültigkeit als *notwendige* Kriterien genuiner Philosophie.
   c) Hat auch für die *Gültigkeit* der eigenen philosophischen Positionen einen unpersönlichen Bezug.
   d) Im schlimmsten Fall weist er sogar gegenüber seinem eigenen *Leben* eine unpersönliche Haltung auf.
7. Ist nur „Verwalter" der Philosophie.
8. Philosophiert nicht über „das Ganze."
9. Hat kein Interesse, die Richtung der Kultur zu bestimmen.
10. Ist nicht daran interessiert, den Menschen Anleitungen für ihr Leben zu geben.
11. Philosophiert mutlos und angepasst; gemäß den herrschenden Ansichten.
12. Denkt und *kann* nur innerhalb eines bereits vorgegebenen Rahmens denken – deshalb können aus ihm keine *großen* philosophischen Leistungen entstehen.

Der Philosoph als Reaktionär
Georg Lukács' Kritik an irrationalen Philosophen

> „Das Sinken des philosophischen Niveaus ist [...] ein
> Wesenszeichen der Entwicklung des Irrationalismus."
> Georg Lukács

Wenn Nietzsche die „Überborderung" der Vernunft als Kennzeichen einer Verfallserscheinung der Philosophen deklariert, dann liegt ein solches Kennzeichen für jenen Autor, zu dem ich nun komme, im exakten Gegenteil. Denn für den ungarischen Philosophen Georg B. Lukács (1885-1971) drücken gerade Nietzsche sowie manche Philosophen vor ihm und nach ihm aufgrund ihres *Mangels* an vernunftbasierter Philosophie eine Verfallserscheinung der Philosophen aus. Bevor ich jedoch zu seiner Haltung gegenüber den Philosophen komme, noch ein paar Worte über Lukács selbst. Als Literat, Kulturkritiker und Vertreter einer marxistisch und sozialistisch ausgerichteten Philosophie, wurde er besonders durch seine Schriften *Theorie des Romans* (1916) sowie *Geschichte und Klassenbewusstsein* (1923) bekannt; in letzterem entwickelte er Aspekte der Theorie Karl Marx' entscheidend weiter und übte einen bedeutsamen Einfluss auf spätere Denker der sogenannten Kritischen Theorie aus. Ebenso verfasste er mit *Der junge Hegel* (1938) eine philosophiehistorische Schrift über Hegel, dessen philosophische Methode der *Dialektik* Lukács ebenso vertrat. Ich werde mich hier jedoch ausschließlich mit seinem über 700 Seiten umfassenden Werk *Die Zerstörung der Vernunft* aus dem Jahre 1954 beschäftigen.[31] In diesem, welches primär eine geschichtsphilosophische Abhandlung ist, zeichnet Lukács unter einem bestimmten Analysekontext eine historische Entwicklung in der Philosophie nach, die sich für ihn ausgehend von Schelling bis zu den Phi-

---

[31] Wenn nicht anders angegeben, beziehen sich alle im Folgenden angeführten Zitate und Seitenangaben auf Lukács' Werk: „Die Zerstörung der Vernunft" (1962).

losophen der Nachkriegszeit, wie zum Beispiel Karl Jaspers oder Martin Heidegger (1889-1976) vollzieht. Sein Bezugspunkt in jenem, welcher gleichzeitig sein Analysegegenstand ist, sind jene von ihm bezeichneten *reaktionären, bürgerlichen* Philosophen, die ihre ganze Philosophie aus seiner Sicht nur als negative, weil bürgerliche *Reaktion* auf die gesellschaftlichen und politischen Veränderungen, auf die ökonomischen Klassenkämpfe ihrer jeweiligen Epoche entwickelten.[32] Deshalb nennt er jene manchmal auch polemisch „dekadente Intellektuelle" (S. 268) oder „parasitäre Intellektuellenschicht" (S. 275). Für Lukács liegt in einer *bestimmten Art und Weise* der philosophischen Reaktion auf gesellschaftliche Veränderungen und Entwicklungen das Kennzeichen falscher Philosophen. Während Nietzsche primär in (sozial)psychologischen und anthropologischen Bedürfnissen sowie Antrieben die „Ursachen" für die Entwicklung oder Akzeptanz philosophischer Positionen sieht, so ist dies für Lukács primär aufgrund von sozio-ökonomischen und gesellschaftlich-bedingten Faktoren der Fall. Als bekennender Marxist und Vertreter eines historisch-dialektischen Materialismus sind solche Deutungsmuster und Zuschreibungen allerdings nicht überraschend. Doch unabhängig der Gültigkeit soziologischer und ökonomischer Faktoren für den philosophischen *Gehalt* einer philosophischen Position, liegt die für mich ausschlaggebende Frage hierbei jedoch darin, *wie* sich jene Reaktion zeigt und weshalb deren Vertreter *aus diesem Grund* keine echten Philosophen sind, wie Lukács behauptet. Deshalb werde ich hier nur jene Argumente und Aspekte von Lukács' Werk vorbringen, durch die er Philosophen die Eigenschaft abspricht, mehr oder weniger echte Philosophen zu sein. Seine historischen Rekonstruktionen sowie sein Bezug zu den Ideologien des 19. und 20. Jahrhunderts werden von mir nicht berücksichtigt. Bevor ich jedoch explizit beginne, noch ein paar Worte über Lukács generelle Auffassung von Philosophie und der Aufgabe, die seiner Meinung nach Philosophen haben.

---

[32] Nicht nur Klassenkämpfe spielen für Lukács hierbei eine Rolle, sondern auch philosophische *System*kämpfe, zum Beispiel zwischen dem Materialismus und Idealismus. Auf diese metaphysischen Konflikte geht er in seiner Schrift jedoch kaum ein, sondern setzt den Materialismus als Primat der *richtigen* Weltanschauung voraus.

Die Aufgabe der Philosophie und Merkmale echter Philosophen

Jede Philosophie ist für Lukács Teil und Ausdruck eines gesellschaft-lichen Zustandes sowie ihrer Entwicklung und kann diese fördern oder hemmen. Die Philosophen tragen für den Inhalt, die Form und die Methodik ihrer philosophischen Positionen sowie die damit zu-sammenhängende Möglichkeit ihrer gesellschaftlichen Umsetzung für ihn eine Verantwortung, weil es keine, wie er es bezeichnet: „'un-schuldige' philosophische Stellungnahme" (S. 34) oder „Weltanschau-ung" (S. 10) gibt. Manche „Philosophen", besonders des 19. aber auch des 20. Jahrhunderts, sind aus seiner Sicht deshalb auch für die Ent-stehung des Faschismus und Nationalsozialismus zur Rechenschaft zu ziehen. Denn auch wenn dessen faktische *Umsetzung* nicht explizit in das Gebiet der Philosophen fällt, so schaffen sie für ihn doch die *geis-tige* Atmosphäre hierfür. Daraus ergibt sich bereits eine erste Eigen-schaft, die Lukács echten Philosophen zuschreibt – nämlich für die eigene philosophische Position die *Verantwortung* zu tragen. Eine sol-che Verantwortung drückt ein Merkmal aus, welches bei den anderen Autoren zuvor noch nicht explizit zur Sprache kam; jedoch steht die-ses bei Lukács weder im Vordergrund seiner Analyse, noch geht er ausführlicher darauf ein.[33] Ein anderer Aspekt, welcher bei Lukács je-doch auch in Bezug zu Verantwortung eine bedeutsamere Rolle ein-nimmt und der ebenfalls noch nicht explizit Erwähnung fand, ist jener der *Weltanschauung*. Die Verbindung von Weltanschauung und Ver-antwortung drückt sich in folgenden Warnungen aus:

> „Eine Warnung, daß es keine ‚Unschuldige', keine bloß akademische Philosophie gibt, daß immer und überall objektiv die Gefahr vorhanden ist, daß irgendein Weltbrandstifter aus dem philosophischen Gehalt ‚unschuldiger' Salongespräche, Kaffeehausunterhaltungen, Katheder-vorträgen, Feuilletons, Essays usw. wieder ein verzehrendes Feuer á la Hitler entfacht." (S. 82)

---

[33] Lukács meint mit *Verantwortung* scheinbar etwas anderes als zum Beispiel bei Nietz-sche implizit enthalten ist. Lukács geht es um jene Verantwortung, welche sich durch *nachträgliche* Schuldzuschreibungen kenntlich macht, weil eine Philosophie zu nega-tiven Konsequenzen in der Welt führte. Man könnte Verantwortung bei Lukács also als eine moralische Schuld der Philosophen sehen, wenn ihre Philosophie einen Bei-trag zu der Entwicklung oder Umsetzung negativer Handlungen bzw. Zustände führte.

„Aus der Lektion, die Hitler der Welt gab, sollte jeder Einzelmensch wie
jedes Volk versuchen, etwas für sein eigenes Heil zu lernen. Und diese
Verantwortung besteht besonders zugespitzt für die Philosophen, die
verpflichtet wären, über Existenz und Entwicklung der Vernunft nach
Maßgabe ihres realen Anteils an der gesellschaftlichen Entwicklung zu
wachen [...]" (S. 83)

Mit der Äußerung, dass ein Philosoph hinsichtlich seiner Weltanschauung schuldig oder unschuldig sein kann, scheint Lukács implizit
zu meinen – da er die Ideologien des 19. und 20. Jahrhunderts im
Kontext der aufgetretenen Konflikte und Kriege bewertet –, dass es
hinsichtlich des Gefahrenpotentials erstens schlechte und gute Weltanschauungen gibt, und zweitens ein Philosoph in der Lage war, ihre
philosophische Konstruktion zu verhindern. Dies hört sich erst einmal seltsam an, denn selbstverständlich kann ein Philosoph die Entstehung einer von ihm entwickelten Weltanschauung verhindern, da
er sich diese ja selbst „ausdenkt" und dies auch unterlassen könnte.
Doch Lukács möchte auf etwas anderes hinaus. Wie wir noch sehen
werden, betrachtet er jene Philosophen als „schuldig", welche eine
Ideologie entwickeln, die aus seiner Sicht eines *Philosophen*, also *philosophisch* unwürdig ist. Nicht in der Entwicklung einer Weltanschauung an sich liegt der Fokus seiner Kritik; im Gegenteil, sind doch die
Philosophen für ihn sogar dazu „gezwungen, an die prinzipiellen, an
die die Weltanschauung berührenden Fragen heranzutreten, einerlei,
wie ihre Antworten ausfallen" (S. 91). Es geht ihm vielmehr darum,
wovon eine Weltanschauung handelt und *wie* sie zustande kam, d.h.
was ihr *Inhalt* ist und auf welchem Entstehungs*prozess* dieser beruht.

Doch auch wenn das gesellschaftliche oder politische Gefahrenpo-
tential eine Rolle spielt, so liegt das entscheidende Merkmal, ob ein
Philosoph überhaupt Philosophie betreibt, für Lukács dennoch nicht
explizit in diesem. Das entscheidende und in seinem Buch zentrale
Analysemerkmal liegt am Ende des zweitens Zitates. Denn in diesem
meint er, dass die Philosophen die Pflicht haben, darüber zu wachen,
dass die *Vernunft* in der Gesellschaft „existiert" und einen bestimmten
Anteil einnimmt. Und dieser Anteil hat mit dem Anteil der Vernunft
innerhalb der Philosophen bzw. ihrer Philosophie zu tun. So meint er
bereits am Beginn seiner Schrift: „[D]ie Stellungnahme pro oder con-

tra Vernunft entscheidet zugleich über das Wesen einer Philosophie als Philosophie" (S. 10f.). Lukács Verständnis echter Philosophen, also solchen, die genuine Philosophie betreiben, beruht folglich darauf, dass ihre philosophischen Erkenntnisse und Positionen vernünftig sind. Wir werden noch sehen, dass „vernünftige Philosophie" sich für ihn primär auf die *Methode* des Philosophierens bezieht; dass sich philosophische Positionen also *aus der Vernunft* ergeben und folglich rational entstanden sind. Das zentrale Merkmal guter bzw. schlechter philosophischer Positionen liegt für Lukács somit darin, ob diese Ausdruck einer *rationalen* oder *irrationalen* Philosophie sind. Lukács' ganzes Buch rekonstruiert wie erwähnt eine historische Entwicklung in der Philosophie. Eine Entwicklung, die sich für ihn dadurch kennzeichnet, dass sich die Philosophen immer radikaler und umfangreicher vom Pfad der Vernunft entfernten, deshalb sukzessive an philosophischem Niveau einbüßten sowie im Laufe der Zeit philosophisch immer irrationaler wurden. Bevor ich jedoch dazu komme, ist es meines Erachtens erst einmal wichtig, zu beschreiben, was Lukács unter Rationalität in der Philosophie genau versteht.

Lukács' Verständnis rationaler Philosophen

Wie erwähnt, ist für Lukács nur ein *rationaler* Philosoph ein echter Philosoph, weil nur dieser wirklich Philosophie betreibt. Es sticht in seinem Buch klar heraus, dass für ihn jedoch nur jene Philosophen rational philosophieren, welche sich einer spezifischen und heute eher weniger gebräuchlichen Methode des Philosophierens bedienen – der *hegelschen* Dialektik. Jener früher populären philosophischen Denk- und Rechtfertigungsmethode, welche aus der begrifflichen Analyse von (scheinbaren) kategorialen *Gegensätzen* – z.B. Werden oder Sein; Freiheit oder Determinismus; subjektive Wahrnehmung (Geist) oder objektive Wirklichkeit (Materie); das Absolute oder das Relative; Denken oder Handeln – zu der Wahrheit einer dieser beiden oder einem neuen Verständnis über das dahinter liegende philosophische Problem kommen möchte; zum Beispiel, was das Grundprinzip der Welt (Werden oder Sein) oder das Primat des Daseins (Geist oder Materie) ist, oder ob Freiheit überhaupt existieren kann. Diesem Verständnis von Dialektik entspricht die auf Hegel zurückgehende Triade: These-Antithese-Synthese. Diese Art von Dialektik, die stets mit einer Analyse von *metaphysischen* Kategorien einhergeht, ist für Lukács nicht willkürlich gewählt, weil für ihn echte Philosophen zum einen stets *systematisch* philosophieren:

> „Einerlei, ob dieser systematische Zusammenhang eine annähernd richtige Widerspiegelung des Wirklichen ist oder eine klassenmäßig, idealistisch usw. verzerrte, ein solcher systematische Zusammenhang ist bei jedem Philosophen, der diesen Namen überhaupt verdient, vorhanden." (S. 283)

Zum anderen, weil sie stets wissenschaftlich und durch (dialektische) *Begriffsanalysen* philosophieren:

> „Das echte wissenschaftliche dialektische Denken enthält immer, gerade weil es die richtige Spiegelung der Gegenstände der wirklichen Welt ist, die begriffliche Verbindung, die begriffliche Analyse von Gedanken." (S. 373)

Ein Philosoph, der nicht das „Spiel" von *begrifflicher* Behauptung und Gegenbehauptung, von Argument und Gegenargument innerhalb metaphysisch-ausgerichteter Analysen spielt – um *dadurch* die philosophischen und logischen Irrtümer einer Position sukzessive herauszufinden, auszubessern oder aufzulösen –, und auf diese Weise sein philosophisches System aufbaut und begründet, ist für Lukács kein rationaler und folglich kein echter Philosoph. Denn für ihn ist der fehlende Rückgriff auf die dialektische Methode nicht nur einfach ein Ausdruck einer *anderen*, aber ebenso auf Vernunft basierenden Philosophie, sondern gerade ein Ausdruck von Unvernunft und „Nicht-Philosophie." Scheinbar ist für ihn jede andere philosophische Methode sodann auch irrational und kein Ausdruck echter Philosophie. Auch wenn seine strikte Forderung, dass nur die hegelsche Form der Dialektik echtes Philosophieren kennzeichnet, zu hinterfragen ist, so sind die *einzelnen* Merkmale, welche für Lukács die nicht auf die Dialektik zurückgreifenden Philosophen zu falschen Philosophen macht, durchaus plausibel. Drei Eigenschaften charakterisieren für Lukács also die Methodik echter Philosophen: Dialektisches (scheinbar nur im hegelschen Sinne), begriffliches und systematisches Denken – wobei diese drei für ihn eine methodische Einheit bilden.

Wie erwähnt meint Lukács, dass die philosophischen Ansichten mancher Philosophen der Philosophiegeschichte irrational sind und dass die philosophischen Vorboten der Entstehung jener Ansichten ebenso bereits eine irrationale Philosophie charakterisieren. Irrationale philosophische Positionen werden für ihn nicht aus der Vernunft gewonnen und dies konstituiert für ihn einen *qualitativen* Unterschied der Philosophen.

Lukács hat in seinem Text aus meiner Sicht in vielen Dingen unrecht[34], doch für meine hier zu erörternde Frage geht es weniger darum, ob er mit der Zuschreibung, dass etwa Nietzsche ein irrationaler Philosoph ist, richtig liegt oder nicht, sondern, *welche* Merkmale er anführt, die einen aus seiner Sicht irrationalen und damit falschen Philosophen ausmachen. *Wodurch* zeigt sich Lukács' Ablehnung von Vertretern beispielsweise der Lebensphilosophie, wie des französischen Philosophen Henry Bergson (1859-1941), des Existentialismus, wie des dänischen Philosophen Sören Kierkegaard (1813-1855), des Pragmatismus, wie des US-amerikanischen Philosophen William James (1842-1910), oder von Schopenhauer und Nietzsche?

Der irrationale Philosoph als falscher Philosoph

Innerhalb seines monumentalen Werkes beschreibt er die Irrationalität der Philosophen meines Erachtens primär auf drei Ebenen.[35] Auf jener des *Inhaltes*, der *Methode* und der (sozialen oder politischen) *Folgen* einer Philosophie; obwohl letztere sich für ihn aus den ersten beiden ergeben (können). Wie erwähnt, werde ich über die Folgen, die für ihn unter anderem im Nationalsozialismus und Faschismus, also in der Umsetzung von mehr oder weniger philosophischen Positionen in der Gesellschaft liegen, hier nicht sprechen, weil jene zumeist, wie Lukács auch selbst anführt, nicht den eigentlichen Gegen-

---

34 Zum Beispiel, weil er Nietzsche unterstellt, dass die pragmatischen Aspekte den *Wahrheit*sgehalt eines Sachverhaltes festlegen (Nützlichkeit = Wahrheit), oder indem er die Existentialisten bereits aufgrund ihrer Themen, die von subjektiven Erlebniszuständen wie Tod und Angst handeln, als irrational beurteilt, oder indem er Ethikern, die theoretisch philosophieren, bereits deshalb ein Desinteresse an der Gesellschaft attestiert.

35 Er selbst erwähnt kurz die Merkmale „Inhalt, Form, Methode, Ton usw." (S. 14).

standsbereich eines Philosophen ausmacht. Im Folgenden werde ich
also Lukács' Merkmale irrationaler Philosophen in Bezug auf die Methode und den Inhalt ihrer Philosophie schildern.

Ein irrationaler Philosoph zeigt sich für Lukács dadurch, dass sich
seine Philosophie, sowohl inhaltlich als auch methodisch, durch andere Eigenschaften als jene, die der dialektischen Vernunft entsprech-
en oder aus ihr gewonnen wurden, ausdrückt. Zu diesen gehören für
Lukács Merkmale wie die Intuition, der Wille, das Gefühl, Interessen
und Zwecke oder ein Mythos.[36] Deshalb erklärt er beispielsweise den
Existentialismus, die Phänomenologie oder die Lebensphilosophie als
irrationale Philosophien. Im Allgemeinen spiegeln für ihn irrationale
Philosophien zum Beispiel folgende Merkmale wider:

> „Willkürlichkeit, Widersprüchlichkeit, Unfundiertheit der Grundlagen,
> sophistische Argumentationen [...]" (S. 13)

> „Herabsetzung von Verstand und Vernunft, kritiklose Verherrlichung
> der Intuition, aristokratische Erkenntnistheorie, Ablehnung des gesell-
> schaftlich-geschichtlichen Fortschritts, Schaffen von Mythen [...]" (S. 15)

In diesen beiden Zitaten zeigen sich die ersten (methodologischen)
Eigenschaften irrationaler und damit für ihn falscher Philosophen:

- Hang zu Willkür und Widersprüchen.
- Weisen schwache philosophische Grundlagen auf.
- Argumentieren unphilosophisch (z.B. pragmatisch)
- Degradieren die Vernunft.
- Würdigen übertrieben die (Methode der) Intuition.
- Lehnen bestimmte Formen des Fortschritts ab.
- Entwickeln Mythen.
- Vertreten eine „Aristokratische Erkenntnistheorie."

---

[36] Als Marxist, der sich mit der Analyse von ökonomischen und politischen Systemen beschäftigt, sowie als Vertreter einer materialistisch ausgerichteten Metaphysik, überrascht es nicht, dass Lukács Eigenschaften, welche mit Subjektivität und Individualität
zusammenhängen oder diese ausdrücken, philosophisch ablehnt, wie er in seinem
Text auch nicht müde wird zu erwähnen. Seine Abwertung und Herabsetzung jener
Philosophen, die sich damit auseinandersetzen, ist meines Erachtens stellenweise jedoch selbst unphilosophisch, bloß weil deren Themen und Bezugspunkte eben nicht
jene *seines*, eines marxistisch ausgerichteten „Denkmilieus" sind. Dies soll hier jedoch
nicht weiter vertieft werden.

Nicht alle Eigenschaften davon sind für Lukács *per se* Ausdruck irrationalen Philosophierens, und nicht auf alle geht er ausführlich ein. Für ihn ist offensichtlich, dass es sogar innerhalb einer sich der Vernunft bedienenden Philosophie zum Beispiel zu Widersprüchen kommen kann. Entscheidend für ihn ist jedoch eine *bestimmte* philosophische *Reaktion* des Philosophen etwa auf einen Widerspruch. Folgende Reaktion kennzeichnet für ihn beispielsweise einen irrationalen Philosophen:

> „Es sind [...] die Fragen, die sich aus den Schranken und Widersprüchen des bloß verstandesmäßigen Denkens ergeben. Das Anstoßen an solche Schranken kann für das menschliche Denken [...] Ausgangspunkt der Weiterentwicklung des Denkens, der Dialektik werden. Der Irrationalismus dagegen [...] macht gerade an diesem Punkt halt, verabsolutiert das Problem, läßt die Schranken des verstandesmäßigen Erkennens zu Schranken der Erkenntnis überhaupt erstarren, ja mystifiziert das auf diese Weise künstlich unlösbar gemachte Problem zu einer ‚übervernünftigen‘ Antwort. Das Gleichsetzen von Verstand und Erkenntnis von Schranken des Verstandes mit Schranken der Erkenntnis überhaupt, das Einsetzen der ‚Übervernünftigkeit‘ (der Intuition usw.) dort, wo es möglich und notwendig ist, zu einer vernünftigen Erkenntnis weiterzuschreiten – das sind die allgemeinsten Kennzeichen des philosophischen Irrationalismus." (S. 86)

Dabei ist das „Hinabgleiten" in einen philosophischen Irrationalismus für Lukács nicht bei jedem Philosophen Absicht, sondern „die notwendige Folge" (S. 164) der philosophischen Methodik, der sich ein irrationaler Philosoph bedient. Doch schauen wir uns einzelne, der angeführten Facetten irrationaler Philosophen genauer an.

Der Makel, wissenschaftlich-rationales Denken herabzusetzen

Die Beziehung der irrationalen Philosophen zur Vernunft und zum wissenschaftlichen Denken liegt für Lukács auf einem historischen oder philosophischen *Kontinuum*. Manche jener akzeptierten die Vernunft einfach nicht als die einzige Instanz der Erkenntnis, andere nicht als die höchste, manche haben ihr Vertrauen in sie verloren, und manche einen radikalen Bruch mit ihr vollzogen. Je nachdem, welche Position Denker hierbei einnahmen, führte dies für Lukács zu mehr

oder weniger radikalen philosophischen Konsequenzen, d.h. zu mehr
oder weniger Unvernunft in ihrer Philosophie. Hierfür gehört für ihn
zum einen, dass die Philosophen begonnen haben, die Psychologie zu
stark in die Philosophie einzubauen, woraus sich folgende Konsequenzen für die Philosophie ergaben:

> „[...] das Verwischen der Grenzen zwischen Erkenntnistheorie und Psy-
> chologie [gehört] zu den wesentlichsten Kennzeichen des modernen Ir-
> rationalismus." (S. 106)

> „[...] da nämlich die klassische Grundfrage der Erkenntnistheorie, die
> Beziehung des Bewußtseins zum Sein, sich allmählich zu der Fassung:
> Verstand (mit Verstand gleichgesetzte, auf Verstandesmäßigkeit redu-
> zierte Vernunft) versus begriffenes Sein verzerrte und verdünnte [...]"
> (S. 358f.)

Eine solche Entwicklung (die „Auflösung" philosophischer Grenzen)
in der Philosophie führte für ihn zum anderen auch immer stärker zu
einer Art „modernen Agnostizismus" (S. 27).[37] Lukács' Kritik richtet
sich hier an jene Philosophen, die nicht mehr *nur* mit begrifflich-phi-
losophischen Mitteln, wie es sich für ihn für einen echten Philosophen
gehört, Philosophie betrieben, sondern psychologische Merkmale als
wesentliche Bestandteile in ihre Philosophie einbauten oder aus jenen ihre Philosophie aufbauten und rechtfertigten. Ausdruck dieser
Entwicklung ist für Lukács besonders die Lebensphilosophie, zu denen der erwähnte Bergson der prominenteste Vertreter ist, welcher
für ihn dazu beitrug, das Vertrauen in die Vernunft und den Fortschritt zu untergraben sowie gegenüber Mythen leichtgläubig zu werden. Doch hat die Lebensphilosophie Bergsons für Lukács zwar die
Vernunft und das wissenschaftliche Denken degradiert, diese aber
noch als *eine* unter vielen Spielarten erkenntnisgenerierender Methoden gesehen, denn Bergson und seine Anhänger haben die Wissenschaft nicht gänzlich abgelehnt. Auch dies ergab sich für Lukács erst im

---

[37] An anderer Stelle nennt Lukács dies auch die „Erkenntnistheorie des Agnostizismus"
(S. 93). Damit ist für ihn aber keine agnostische Position in Gottes-, sondern in erkenntnistheoretischen Fragen gemeint, d.h. dass Wahrheit prinzipiell *nicht erkennbar*
ist. Dieser Agnostizismus führte für ihn in der Geschichte der Philosophie sukzessive
zu der Ausbildung von Mythen.

Laufe der Zeit:

> „Die neue Etappe der Lebensphilosophie besteht im wesentlichen darin,
> daß die bisherige, teils halbbewußte, teils diplomatisch verhüllte Degra-
> dation der Wissenschaftlichkeit, die vorerst nur neben den bestehen-
> bleibenden, sachlich unangetasteten Einzelwissenschaften einen Raum
> für die intuitiv-irrationalistische Weltanschauung der Lebensphiloso-
> phie erkämpfen wollte, nun zu einem offenen Angriff gegen den Geist
> der Wissenschaft überhaupt, gegen die Kompetenz der Vernunft, wich-
> tige Menschheitsfragen adäquat zu behandeln, übergeht." (S. 403)

Letzteres sah er besonders in der Philosophie des deutschen Philosophen Oswald Spengler (1880-1936) verkörpert.

Nach Lukács' Auffassung zeigt sich der *radikale* philosophische Irrationalismus, der sich für ihn besonders in der Zeit des Imperialis-
mus und Faschismus offenbarte, bei manchen Denkern dadurch, dass
Wissenschaftlichkeit und Weltanschauung *zusammenfallen*, d.h. dass
es keinen prinzipiellen Unterschied mehr zwischen diesen beiden
gibt. So meint er beispielsweise im Kontext der (späten) Lebensphilosophie oder der *Weltanschauugslehre* des deutschen Philosophen
Wilhelm Dilthey (1833-1911):

> „Die spätere Lebensphilosophie verwirft im Namen des Irrationalismus
> Wissenschaft und wissenschaftliche Philosophie." (S. 385)

> „Die Rolle der Wissenschaftlichkeit in der Diltheyschen Philosophie
> beschränkt sich [...] darauf, an die Schwelle der Weltanschauung zu
> führen und dort sich aufzuheben." (S. 380)

Die Steigerung der Irrationalität in der Philosophie kann also von einem gleichwertigen Nebeneinander von intuitiven und vernunftbasierten (wissenschaftlichen) Positionen, zu einer Aufhebung der Wissenschaftlichkeit in ihr an einem *bestimmten* Punkt der Argumentation (dort, wo die Weltanschauung beginnt), bis hin zu einer vollständigen Ablehnung jedweden wissenschaftlichen Denkens in der Philosophie führen. Manche Denker, wie Bergson, wollten für Lukács die
Wissenschaft und die Philosophie durch den Einbezug der Intuition
reformieren, andere, wie der britisch-stämmige Philosoph und Ras-
sentheoretiker Houston S. Chamberlain (1855-1927), brachen für Lukács mit der Vernunft und Wissenschaft vollständig und erklärten
dieses Vorgehen „zur neuen Religion" (S. 614).

Intuition, Analogien, Kategorienfehler und epistemische Schranken

Eine der primären philosophischen Methoden oder Werkzeuge von irrationalen Philosophen liegt für Lukács in der *Intuition*. Obwohl es für ihn offensichtlich ist, dass die Intuition kein „Gegenspieler" der Vernunft, sondern eine kognitive (unbewusste) *Vorstufe* vernunftbasierten Denkens ist, so ist für ihn jedoch auch klar, dass für die Vertreter der Intuition ein Gegensatz zwischen diesen prinzipiell besteht. Damit ist für ihn jedoch das Tor zu Subjektivität und philosophischer Willkür geöffnet. So meint er:

> „Die Intuition als ,Organon' der Philosophie kann ja nur dann funktionieren und ein inhaltliches Pseudoweltbild aufzeichnen, wenn die Willkür in der Zusammenfügung der Gegenstände in ihr eine ,methodologische' Unterlage erhält." (S. 137)

Beispielsweise meint Lukács in Bezug auf das philosophische Vorgehen von Schelling, dass dieser durch die „Methode der willkürlichen Zusammenfügung von eigentlich heterogenen Phänomenen mit Hilfe von bloßen Analogien" (S. 137) seine philosophischen „Erkenntnisse" entwickelte. Schellings Merkmal einer irrational-philosophischen Methodik liegt für Lukács in seiner *willkürlichen* Verknüpfung von Phänomenen, die nicht derselben Kategorie angehören, weshalb für Schelling die Verknüpfung bloß intuitiv durch die Verwendung von Analogien plausibel war; und damit nur scheinbar philosophisch gültig. Rational wäre ein solches Vorgehen für Lukács jedoch nur dann gewesen, wenn jene Verknüpfung durch begriffliche Folgerungen entstanden wäre. Ich könnte also sagen, dass Lukács hier auf jene Philosophen referiert, die einen Kategorienfehler begehen bzw. als Resultat ihres methodischen Vorgehens erhalten. Er verweist allerdings auch auf das durchaus konträre Vorgehen irrationaler Denker, indem sie Sachverhalte „künstlich" isolieren, also eine Verknüpfung *auflösen*, um aus ihnen ein intrinsisches und nicht mehr ein relationales Phänomen zu machen. Doch damit kann für Lukács kein vollständiges, rational begründetes, philosophisches Weltbild entstehen, sondern höchstens eines, das folgende Merkmale enthält:

> „Sie [die Sache] ist nicht total, denn die eigentlichen gesellschaftlichen Zusammenhänge und Bestimmungen verschwinden neben der ,Einzigartigkeit' isolierter Gegenstände, und wo diese verbunden werden, ge-

schieht dies mit Hilfe mythifizierter Abstraktionen und Analogien." (S. 370)

Einerseits zeigen sich die Methoden irrationaler Philosophen also dadurch, dass sie Phänomene „willkürlich" trennen (zum Beispiel aus ihrem gesellschaftlichen oder historischen Kontext „herausreißen"), oder, falls sie Phänomene verbinden, die Verknüpfung auf eine irrationale Art und Weise vollziehen, die nur intuitiv plausibel ist und gerade deshalb für Lukács nicht objektiv gültig sein kann.

Andere Makel der Methoden irrationaler Philosophen zeigen sich dadurch, dass sie „philosophische" Werkzeuge entwickeln oder gebrauchen, die „den Unterschied zwischen wahr und falsch, zwischen notwendig und willkürlich, zwischen wirklich und bloß erdacht verwisch[en]" (S. 422), d.h. Methoden konstruieren, wodurch nicht mehr zwischen essentiell philosophischen Kategorien differenziert werden kann (dies wirft Lukács der Phänomenologie vor). Dies hat zur Folge, dass jede philosophische Behauptung bereits aus dem Grund einen Anspruch auf Wahrheit besitzt, weil sie für einen Denker und seine Vertreter intuitiv als wahr *erlebt* bzw. wahrgenommen wird. Auch das Merkmal, dass „das Zurechtrücken der Tatsachen" (S. 404) als methodische Vorgehensweise quasi „normal" ist, wird von ihm in Bezug auf den bereits erwähnten Oswald Spengler angeführt, welchen er auch als oberflächlichen und leichtfertigen Dilettanten bezeichnet. Denn Spengler ist für ihn ein „Paradebeispiel" für das sukzessive Absinken des philosophischen Niveaus in der Philosophiegeschichte, weil er zum Beispiel „Naturgesetze" oder das Kausalitätsprinzip nur als „historische Erscheinungen bestimmter Epochen" (S. 403) gelten ließ und sie deshalb nicht als *fundamentale* Kategorien des wissenschaftlichen Denkens und Arbeitens akzeptierte. Spengler forderte deshalb die resolute „Loslösung von der Wissenschaftlichkeit" (S. 403) *als Methode*.

Eine weitere für Lukács schwerwiegendere Vorgehensweise irrationaler Philosophen liegt in folgendem Tatbestand, der bereits zu Beginn dieses Abschnittes angemerkt wurde:

> „[Das] Stilisieren der deklarierten Unlösbarkeit zur Antwort und die Prätention, daß in diesem Ausweichen und Abbiegen vor der Antwort, in dieser Flucht vor ihr eine positive Antwort, ein ‚wahres' Erreichen

der Wirklichkeit enthalten sei, ist das entscheidende Merkmal des Irrationalismus." (S. 93)

Lukács verweist hier meines Erachtens sogar auf zwei für ihn entscheidende Defizite: Einerseits wird ein philosophisches Problem von irrationalen Philosophen durch die Offenbarung ihrer eigenen epistemischen Schranke (*ihre* Unlösbarkeit eines philosophischen Problems) als etwas *grundsätzlich* epistemisch nicht zu Überwindendes konstituiert. Ein irrationaler Philosoph unterscheidet scheinbar nicht zwischen den epistemischen Grenzen seines eigenen Denkens und den Grenzen der Erkenntnis *an sich*. Ein solcher scheint für Lukács also zu denken: „Die Grenzen meiner Erkenntnis sind die Grenzen *der* Erkenntnis." Doch nicht nur dies, so geht ein solcher Denker für ihn andererseits aber noch einen Schritt weiter, indem er seine eigenen Grenzen auch nicht einmal überwinden *möchte*, sondern gerade in *seiner* „Unlösbarkeit" die *Antwort* auf ein philosophisches Problem sieht, sie zu einem Mythos erhebt oder darauf einen entwickelt. Er hat, wie Lukács es ausdrückt, aus der „Not eine Tugend" gemacht, indem er seine eigene epistemische Schranke als „höhere Erkenntnis" auffasst. (vgl. S. 89). Lukács resümiert deshalb erschreckt:

> „Aus den weiten Perspektiven von Jahrhunderten erscheint es oft als fast unglaubhaft, wie bedeutende Denker an der Schwelle eines fast gelösten Problems haltmachten ja umkehrten und vor der Lösung in entgegengesetzter Richtung die Flucht ergriffen." (S. 89)

Da Lukács (auch) innerhalb des Irrationalismus einen (jedoch rückwärtsgewandten) „Entwicklungsverlauf" in der Philosophie erkennt, kann es durchaus der Fall sein, dass irrationale Philosophen sich Formen der Dialektik oder sogar der formalen Logik bedienten. In Bezug auf den dänischen Philosophen und Begründer des Existentialismus Sören Kierkegaard meint er beispielsweise:

> „Methodologie [...] hat freilich für die Entwicklung des Irrationalismus eine ausschlaggebende Bedeutung, denn sie zeigt, wie bei jedem Schritt der Konkretisierung der qualitativen Dialektik alle wirklichen dialektischen Kategorien und Zusammenhänge entfernt werden und die Dia-

lektik in eine Metaphysik (Irrationalismus plus formale Logik) zurück-
verwandelt wird." (S. 240)[38]
Kierkegaard (und Schelling) haben die Dialektik für Lukács nur eingeschränkt oder verzerrt verwendet, aber nicht gänzlich abgelehnt, wie
dies Schopenhauer für Lukács getan hat. Kierkegaard hielt dialektisches Denken also nicht für gänzlichen Widersinn, sondern bediente
sich einer *anderen* „Art" dialektischen Philosophierens; eine, die aber
nicht der von Lukács präferierten, materialistisch-ausgerichteten Dialektik entsprach und demnach Kategorien wie beispielsweise Werden, Bewegung, Veränderung, Entwicklung oder die historische Ge-
bundenheit gesellschaftlicher Zustände nicht in die philosophische
Analyse miteinbezog. Dieses seiner Meinung nach der historischen
Entwicklung der dialektischen Methode nicht angemessene Vorgehen
wirft er Kierkegaard besonders vor, weshalb dieser (bezogen auf seine Methodik) für ihn reaktionär philosophierte. Ich möchte hier nicht
weiter darauf eingehen, weil für Lukács der richtige Gang in der dialektischen Entwicklung, und damit in der Philosophie, sich im Anschluss an Hegel vollzieht, und all jene von Lukács angeführten irrationalen Philosophen deshalb rückschrittlich philosophierten. Dieses
Urteil ist indes zu hinterfragen.

Der Makel, subjektive Merkmale zu projizieren und zu objektivieren
Über die Inhalte der zahlreichen philosophisch-irrationalen Positionen möchte ich hier kürzer sprechen als über die Methodik, weil Lukács auf jene, trotz der stattlichen Anzahl von über 700 Seiten, weit
weniger eingeht als auf diese. Meistens ergibt sich für ihn aufgrund
der falschen Methodik ohnehin bereits eine inhaltlich irrationale Phi-

---

[38] Mit der Bezeichnung „qualitative Dialektik" verweist Lukács auf Sören Kierkegaards
Art zu philosophieren. Jedoch meint Lukács, dass diese „nicht eine andere, neue Dialektik [...], sondern ein Leugnen der Dialektik" (S. 228) darstellt. Kierkegaard stellt der
Dialektik Hegels für Lukács nämlich nur „eine primitivere" (S. 228) gegenüber, weshalb sie höchstens eine Pseudodialektik sein kann. Der Terminus „qualitativ" referiert
auf Kierkegaards Existenzial- bzw. Religionsphilosophie, in der ein *qualitativer
Sprung* vonnöten ist, um von einer „Qualität" (der Kategorie des *Nicht-Christen*) zu einer anderen (der des *Christen*) zu gelangen; dies jedoch nicht durch einen Prozess
bzw. eine Entwicklung (quasi „quantitativ") möglich ist.

losophie oder er qualifiziert diese mit der Zuschreibung gewisser Charakteristika polemisch ab. Dies zeigt sich darin, dass er die Inhalte oftmals einfach nur als intuitiv, mystisch, sophistisch, solipsistisch, pseudoobjektiv oder als hohle Konstruktionen, Phantastereien, Pseudogeschichten, als Theologie oder Obskurantismus deklariert. Letztlich sind die Inhalte für ihn nämlich nur der Ausdruck jener bürgerlichen, irrationlen Reaktion, die für ihre Verfasser die Funktion erfüllen soll, gesellschaftlichen Wandel abzuwehren. In seiner Schrift ist nicht leicht zu erkennen, welche Stellen eine methodische und welche eine inhaltliche Kritik wiedergeben. Ich werde hier deshalb und auch nur exemplarisch jene Stellen herausgreifen, die mehr oder weniger explizit auf den Inhalt irrationaler Positionen verweisen.

Für Lukács wird bei Schelling dasjenige Merkmal, welches *ontologisch* über die Vernunft hinausgeht, zu Gott (vgl. S. 164). Die inhaltliche Irrationalität in Schellings Philosophie liegt für Lukács deshalb darin, dass er die Philosophie wieder zu einer Art Theologie machte. Innerhalb von Schopenhauers *atheistischer* Philosophie (ein „religiöser Atheismus", S. 191, wie Lukács vermerkt) sieht Lukács die Irrationalität unter anderem darin, dass jene letztlich eine Art Religionsersatz für Schopenhauers pessimistisches Weltbild wurde, das jeden realen Fortschritt ablehnt, weil sein *Pessimismus* „eine Projektion ins Kosmische ist" (S. 184). Also nicht, weil Schopenhauer beispielsweise gegenüber den eigenen gesellschaftlichen Verhältnissen oder der eigenen Existenz pessimistisch eingestellt war, sondern, weil er „das Pessimistische" als metaphysische Eigenschaft der Existenz konstituierte, d.h. seinen eigenen subjektiven Gefühlszustand als *objektive* Tatsache deklarierte, ist Schopenhauers Philosophie für Lukács unter anderem irrational. In Sören Kierkegaards Philosophie liegen die irrationalen Merkmale für Lukács in dessen *Überbetonung* subjektiver Kategorien, wie z.B. Verzweiflung, Einsamkeit oder Angst, über die Kierkegaard explizit philosophierte. Die Beschäftigung mit solchen Themen ist für Lukács jedoch ebenso Ausdruck einer pessimistischen Weltsicht. In Bezug auf Kierkegaards Ethik wirft Lukács ihm vor, dass er *vermittels dieser* die „Subjektivität als Grundlage der Wahrheit" (S. 242) begründet und letztlich sogar religiös rechtfertigt, weil das religiöse Stadium in Kierkegaards Konzeption das höchste Stadium der menschlichen Existenz ist. In Nietzsches Philosophie zeigt sich dessen Irrationalismus für Lukács unter anderem in der Ausbildung von Mythen bzw. Aspekten eines mythischen Weltbildes, wie zum Beispiel durch seine Konzeption des Willens zur Macht, wodurch für Lukács „alles Belebte und Unbelebte" (S. 331) *dessen* Erscheinung wird. Aber auch in Nietzsches Lehre der *Ewigen Wiederkunft,* die für Lukács nichts weiter als ein Ausdruck von „Pseudowissenschaftlichkeit und wilder Phantastik" (S. 332) ist, weil „das Entstehen eines Neuen ‚kosmisch' unmöglich [wird]" (S. 333). Deshalb leugnet Nietzsche Lukács Meinung nach echten Fortschritt in der Geschichte. Auch drückt sich in Nietzsches Philosophie für ihn eine politische Naivität und ökonomische Unwissenheit aus, weil Nietzsche zu Themen explizit Stellung bezog, mit denen er sich Lukács' Meinung nach nur unzureichend und oberflächlich beschäftigt hat.

Hinsichtlich der Philosophie Bergsons kritisiert Lukács besonders Bergsons *Ablehnung,* dass naturwissenschaftliche Erkenntnisse einen Anspruch auf Objektivität haben, woraus Bergson sein Weltbild entwickelte, welches, wie erwähnt, die „schroffe Gegenüberstellung von Rationalität und irrationalistischer Intuition" (S. 28) inkludiert. Einer der allgemeinen Kritikpunkte von Lukács an der Lebensphilosophie, die stets die Methode der Intuition gebraucht, betrifft den für Lukács offenkundigen Makel, dass sie *Leben* mit *Erleben* gleichsetzt bzw. ersteres durch letzteres identifiziert. Dadurch ergeben sich für Lukács zum einen eine Pseudoobjektivität sowie zum anderen objektivierte Mythen (auch über die Geschichte). Hierfür zitiert er zum Beispiel den bereits erwähnten Dilthey mit dessen Worten:

> „So ist in allem Verstehen ein Irrationales, wie das Leben selber ein solches ist; es kann durch keine Formeln logischer Leistungen repräsentiert werden [...] Leben kann nicht vor den Richterstuhl der Vernunft gebracht werden." (S. 371)

Solche Aussagen können für Lukács von ihren Vertretern aber nur dann als „objektive" (aus seiner Sicht höchstens pseudoobjektive) Aussagen über „das Leben" behauptet werden, wenn *Leben* mit *Erleben* bereits gleichgesetzt wurde. Bei dem ebenfalls bereits erwähnten

Spengler findet sich für Lukács jene Art des philosophischen Denkens wieder, welches mit oberflächlichen Analogien und Relativierungen von objektiven Sachverhalten eine Philosophie kennzeichnet, die jede Objektivität *ad absurdum* führt. Spengler lässt er unter anderem wie folgt zu Wort kommen:

> „Das *Leben* ist das erste und letzte, und das Leben hat kein System, kein Programm, keine Vernunft; es ist für sich selbst und durch sich selbst da, und die tiefe Ordnung, in der es sich verwirklicht, läßt sich nur so schauen und fühlen – und dann vielleicht beschreiben..." (S. 406, H.i.O.)
>
> „*Eine Zahl an sich gibt es nicht und kann es nicht geben.* Es gibt mehrere Zahlenwelten, weil es mehrere Kulturen gibt. Wir finden einen indischen, arabischen, antiken, abendländischen Zahlentypus, jeder von Grund aus etwas Einziges, jeder Ausdruck eines anderen Weltgeschehens ... Es gibt demnach mehr als eine Mathematik." (S. 407, H.i.O.)

Einen Höhepunkt in der Entwicklung des Irrationalismus in der Philosopohie findet sich für ihn bei Spengler, aber auch in der Philosophie des deutschen Philosophen Max Scheler (1874-1928), den er mit folgendem Zitat zu Wort kommen lässt:

> „Nicht also war die *Einrichtung* der Sklaverei eine Einrichtung, die die *Knechtung von Personen* erlaubte ..., sondern umgekehrt: weil der Sklave *sich* selbst ... *nicht* als Person, sondern nur z. B. als Mensch, Ich, psychisches Subjekt usw., d. h. noch als ‚Sache' sich darstellte, darum galt, daß er getötet, verkauft werden durfte usw." (S. 423, H.i.O.)

Auch hier kritisiert Lukács, dass die Behauptung absurd ist, dass subjektive Erlebniszustände (bei Scheler intentionale Akte bzw., wie im Falle des Sklaven, das Fehlen dieser *in ihm selbst*) jene sozio-ökonomische und politische Tatsache (*die* Sklaverei bzw. deren „Rechtmäßigkeit") erst herstellen. Zu Martin Heidegger und Karl Jaspers, die er der Lebensphilosophie zuordnet, meint Lukács, dass deren Philosophie eine Steigerung der aus der Subjektivität gewonnenen Analyse ist, die mit existentiellen Begriffen, wie Verzweiflung und Einsamkeit, eine neue *Intensität* erreicht, weil sie aus dem Gegensatz *Leben* und *Nicht-Leben*, welcher die frühere Lebensphilosophie für Lukács kennzeichnet, den von *Leben* und *Existenz* machten (vgl. S. 431).

Über die Untugenden und die Hybris irrationaler Philosophen

Wie zu Beginn erwähnt, ist für Lukács' Philosophieverständnis offenkundig, dass der philosophische Irrationalismus aus einem Kampf
entsteht; einem Kampf zwischen „Neuem und Altem, zwischen dem
konkret-historischen Vorwärts und Rückwärts" (S. 111). Die Irrationalität der Philosophen ist deshalb für ihn primär soziologisch bzw.
sozial-psychologisch *verursacht* und kennzeichnet sich durch die erwähnte Abwehrhaltung und Abwehrreaktion gegenüber gesellschaftlichen oder politischen Umwälzungen. Deren Verteidigungsmaßnah-
men können sich für ihn unterschiedlich äußern:

> „[...] sehen wir dagegen, daß die bürgerlichen Philosophen bereits un-
> fähig wurden und gar nicht gewillt sind, den Gegner wirklich zu studie-
> ren, den Versuch zu machen, ihn ernsthaft zu widerlegen [...] [J]e ent-
> schiedener der neue Gegner hervortritt [...] ein desto niedrigeres Ni-
> veau erhalten der Wille und die Fähigkeit, gegen den wirklichen und
> richtig erkannten Widersacher mit anständigen gedanklichen Waffen zu
> kämpfen, desto stärker treten Verdrehung, Verleumdung und Demago-
> gie an die Stelle der ehrlichen wissenschaftlichen Polemik." (S. 13)

Für ihn können solche Denker also „unfähig" sein oder kein Interesse
daran haben, sich mit der Thematik oder den Argumenten des „Widersachers" ernsthaft auseinanderzusetzen. Für Lukács hauptsächlich
aus dem Grunde, weil es nicht die Themen und Positionen ihres „philosophischen Milieus" sind. Darüber hinaus legen sie auch noch ein
unphilosophisches Verhalten an den Tag, weil sie mit nicht-philosophischen Mitteln, wie Verleumdung, versuchen, ihre „Gegner" zu diskreditieren, und nicht, indem sie sich dem philosophischen „Spiel"
diskursiv stellen. Diese *ad hominem*-Argumentationsweise sahen wir
bereits bei Schopenhauers Kritik an den akademischen Philosophen,
aufgrund ihres Verhaltens gegenüber „fremden Denkern" – und bei
den Sophisten.

Ein anderes, meines Erachtens durchaus schwerwiegenderes Ele-
ment irrationaler Philosophen liegt für Lukács darin, wenn diese eine,
wie er es bezeichnet, *Aristokratische Erkenntnistheorie* entwickeln
und vertreten. Diese zeigt sich dadurch, dass nur „Auserwählte" oder
„Eingeweihte" tiefgründige Erkenntnisse und wahre Einsichten über
die Welt haben *können*. Dazu gehören für ihn beispielsweise Priester,

Philosophen, Genies oder Führungspersönlichkeiten aller Couleur, aber auch Menschen einer bestimmten gesellschaftlichen Klasse, Gruppe oder Rasse. Folglich ist die Wahrheit prinzipiell *nicht* jedermann zugänglich, selbst wenn die Bedingungen hierfür, wie epistemische oder kognitive Fähigkeiten, vorliegen oder erworben werden können. Man muss ein „Auserwählter" *sein* oder zu einer „hochstehenden", exklusiven Gruppe von Auserwählten gehören, um ohne Zweifel Wahrheiten erfassen zu können. Darin liegt ein weiterer Grund, weshalb Lukács die Intuition als Erkenntnismethode ablehnt, denn ihre Vertreter unterlassen begriffliche Analysen seiner Meinung nach gerade deshalb, weil sie den Rückgriff auf *diese* als das *Fehlen* einer bestimmten Intuition werten – und damit auf das Fehlen der Möglichkeit, bestimmte „Wahrheiten" zu erfassen:

> „Hier wird es für die neue Philosophie zur Lebensfrage, die von der Seite der begrifflichen Analyse ausgehende Kritik um jeden Preis zurückzuweisen [...] Sie stellt sich auf den Standpunkt, daß nicht jedem das intuitive Erfassen der höheren Wirklichkeit gegeben sei. Wer also für die intuitive Anschauung begriffliche Kriterien sucht, der beweist bloß, daß ihm für die intuitive Erfassung der höheren Wirklichkeit jede Fähigkeit versagt ist [...] Die Intuition ist als Organ der höheren Erkenntnis zugleich eine Rechtfertigung dieser Willkürlichkeit." (S. 374)

Intuitiver Methoden in der Philosophie bedienen sich für Lukács, wie erwähnt, besonders Vertreter der *Lebensphilosophie*, der „prinzipiell eine aristokratische Erkenntnistheorie" (S. 362) inhärent ist.

Auch die Methode der Intuition als Methode zu philosophieren hat sich nicht nur immer weiter ausgebreitet, sondern wurde auch immer irrationaler angewandt, indem sie zum Beispiel Teil der „aristokratischen Erkenntnistheorie" wurde. So schreibt er über den bereits erwähnten Chamberlain:

> „Chamberlain dreht hier die Frage um: nicht über Wahrheit oder Unwahrheit eines objektiven Tatbestandes soll die Intuition entscheiden, sondern sie selbst bestimmt die rassenmäßige Qualität dessen, der die Frage stellt; wer diese Intuition nicht hat, erweist sich eben als Mischling, als Bastard [sic!]." (S. 610)

Mittels der Intuition bzw. für Lukács durch die „subjektivistische Willkür als Methode" (S. 610) wird also nicht mehr nur über den Wahrheitsgehalt eines externen Sachverhaltes entschieden, sondern auch darüber, ob ein Mensch zu einer bestimmten Gruppe von Menschen gehört. Für Lukács zeigt sich in dieser Anwendung der Intuition der Gipfel irrationaler Philosophen, da andere Kriterien als das (Nicht)-Auftreten eines subjektiven Gefühls, zur Zuschreibung einer anthropologischen „Zugehörigkeit" nicht mehr herangezogen bzw. als gültig akzeptiert wurden.

Angst vor der Wahrheit und die Komfortzone der Philosophen

Die Ablehnung der Vernunft zeigt sich für Lukács aber nicht nur aufgrund epistemischer oder noetischer Barrieren und in Defiziten ihrer Persönlichkeit, sondern auch aufgrund emotionaler Befangenheiten – als *Angst* vor der Wahrheit. Bereits Schopenhauer und Nietzsche haben die Philosophen als ängstlich und mutlos charakterisiert, jedoch in jener Hinsicht, dass sich diese nicht trauen, der Ansicht einer der Philosophie „übergeordneten" Instanz, dem Staate oder der Kirche, zu widersprechen; und deshalb die Werte und Ziele der Philosophie verraten. Lukács meint hingegen, dass sich Philosophen aus dem Grunde nicht unbefangen und rational der Wahrheit widmen wollen oder können, weil sie einen, wie er es bezeichnet, *Komfort* „auf dem Gebiet der Weltanschauung" (S. 25) suchen. Diese Suche führt sie für ihn zu der Ausbildung und der Akzeptanz von philosophischen Phantasmen, denn für ihn „gehört [es] zum Wesen des bürgerlichen Denkens, ohne Illusionen nicht auskommen zu können" (S. 350). Diese können in der Entwicklung von philosophischen Konzepten wie zum Beispiel einer „vollkommenen Freiheit, persönlichen Selbstständigkeit und der moralischen und intellektuellen Höherwertigkeit" (S. 25f.) liegen, wie er solche bezeichnet, welche auch die Ablehnung des Materialismus für ihn miteinschließt. Letzteres hat zur Folge, dass sich solche Denker *einzig und allein* auf Zustände ihres subjektiven „Innenlebens" zurückziehen und durch diese philosophieren. Hier ist jedoch nicht diese Tatsache relevant, sondern seine Behauptung, dass die irrationalen Philosophen einer rationalen Erkennbarkeit der Wahrheit unter anderem deshalb abschwören, weil sie sich „lieber" solchen philosophischen Positionen hingeben, welche ihnen emotional eine Art Behag-

lichkeit, ein bequemes „Ruhekissen" gegenüber der äußeren Wirklichkeit bieten – kurz: einen Komfort. Diesen sieht Lukács zum Beispiel im „Asketismus" (S. 26) der Philosophie Schopenhauers sowie
Kierkegaards. Auch hierdurch zeigt sich für Lukács die philosophische
Abwehrreaktion der bürgerlichen Philosophen. Wie gleichfalls Nietzsche meint, so führt tiefe Einsicht zu Leiderfahrungen, und wer mit
seinen philosophischen Positionen nur bei solchen verweilt und solche erstrebt, die sich gut, tröstlich oder behaglich anfühlen, der hat es
offenbar auch für Lukács verwirkt ein echter Philosoph zu sein. Denn
um die Wahrheit einer Position scheint es solchen Philosophen nicht
zu gehen, sondern bloß um die Herstellung guter bzw. die Vermeidung negativer emotionaler Zustände.

Der Makel, agesellschaftlich zu philosophieren

Der extreme Fokus auf subjektive Zustände steuert für Lukács aber
noch einen weiteren Makel bei. Denn die Abwehr der „Gefährdung
der eigenen ‚Existenz'" wird für ihn von den bürgerlichen Philosoph-
en auch auf eine Art und Weise vollzogen, dass „daraus keinerlei Verpflichtung entstehe, die eigenen äußeren Lebensbedingungen zu verändern oder gar an der Veränderung der objektiven gesellschaftlich-
en Wirklichkeit mitzuarbeiten" (S. 444). Bei diesem Makel ist weniger
der Umstand ausschlaggebend, dass jene Lukács' Meinung nach nicht
objektiv philosophieren. Er kritisiert sie hierbei vielmehr dahingehend, dass sie kein philosophisches Interesse an den *äußeren*, d.h.
konkreten gesellschaftlichen Verhältnissen haben, sondern sich ihren
inneren, subjektiven Gemütsverfassungen gänzlich ohne Bezug zur
Historie oder ihrer Gesellschaft widmen; dass sie also *agesellschaftlich* oder wie er zumeist meint, *anti*gesellschaftlich philosophieren.
Diese soziale Lage der bürgerlichen irrationalen Philosophen gegenüber ihrer Umwelt, bezeichnet Lukács als *Inkognito*. So meint er zu
Sören Kierkegaard und seiner Philosophie:

> „Wir haben [...] darauf hingewiesen, daß auch die Kierkegaardsche
> Ethik kein gemeinsames Medium, keine wirkliche Gemeinschaft zwi-
> schen den Menschen anerkennt, daß die in ihr wirkenden – in bezug auf
> das ethisch Wesentliche, auf das vom Äußeren schroff abgetrennte In-
> nere – ebenfalls in einem unaufhebbaren Inkognito leben." (S. 248)

„[...] ein ‚existentielles' Handeln, das freilich, wie wir gesehen haben, von allen gesellschaftlichen Bestimmungen ebenso sorgfältig gereinigt ist, das also in Wirklichkeit nur ein Scheinhandeln ist. Allerdings eines, das mit den ‚inneren' Attributen des Handelns versehen ist, dessen gedankliche Beschreibung die verschiedensten seelischen Akte des Handelns enthält, das also ein täuschendes Abbild des Handelns selbst zu sein scheint, obwohl in ihm all das, wodurch das Handeln wirklich zum Handeln wird, nämlich die Objektivität des gesellschaftlichen Lebens, ausgelöscht ist." (S. 263)

Eine Art gesellschaftliche Entwurzelung und eine philosophische Bezugnahme, welche nicht auf die konkreten Menschen der Gesellschaft, sondern auf ihre „Abstraktion" referiert, werden von Lukács hier erwähnt. Besonders relevant für ihn ist, dass der Begriff des *Handelns*, den jene Philosophen verwenden, sich nicht auf die realen Bedingungen des gesellschaftlichen und politischen Lebens bezieht, weshalb er für Lukács mehr eine Art Scheinhandeln kennzeichnet. Solche Denker scheinen einen Begriff von (ethischem) Handeln zu haben, der also nicht auf die extern liegenden Zustände der sozialen Wirklichkeit gerichtet ist, sondern einen, bei dem sie ihre eigenen mentalen Zustände in Bezug auf moralisches Handeln *theoretisieren*. Ich könnte sagen, die von Lukács hierbei kritisierten Philosophen leben ihre ethischen Grundsätze und Taten nur in ihrem Kopf aus. Oder, etwas überspitzter formuliert: Die abstrakte und rein *mentale* Auseinandersetzung mit moralischem Handeln *ist* für sie moralisches Handeln.

Auch ein solches „Fernbleiben" gegenüber der Gesellschaft liegt für Lukács auf einem Kontinuum. So hatte Kierkegaard, wenn auch nur in der Abstraktion, für Lukács wenigstens noch einen Bezug zu seinen Mitmenschen und der Öffentlichkeit. Erst bei Schopenhauer beginnt für Lukács ein radikaler Bezug auf das *Individuum*:

„Bei Schopenhauer ist nicht die geringste Spur einer solchen Beziehung zum öffentlichen Leben vorhanden. Seine ‚Unabhängigkeit' ist die des eigenwilligen, schroff egoistischen Sonderlings, der diese zum völligen Rückzug aus dem öffentlichen Leben, zur Selbstbefreiung von allen ihm gegenüber bestehenden Pflichten verwendet." (S. 178)

„Erst bei Schopenhauer wird das Individuum zum absoluten Selbstzweck aufgebauscht. Seine Tätigkeit löst sich von der gesellschaftlichen

Basis ab, wendet sich rein nach innen, kultiviert die eigenen privaten Eigentümlichkeiten und Velleitäten als absolute Werte." (S. 180)

In seiner Kritik an Schopenhauer geht es Lukács zwar auch um den Menschen Schopenhauer und sein „abgeschiedenes" Leben, jedoch mehr um seine *philosophische* Position des „Auf-sich-selbst Gestellt-sein des Individuums" (S. 187), die nach Lukács für Schopenhauer so-gar Ausdruck der *richtigen* philosophischen Grundausrichtung sein soll, wie er über ihn anmerkt:

> „[...] wirklich ist nur das Individuum, das Menschengeschlecht ist eine leere Abstraktion." (S. 217)

In der Philosophie Karl Jaspers findet die Ablösung von der Gesell-schaft und das Leben im Inkognito für Lukács ihren bürgerlichen Hö-hepunkt:

> „Bei Jaspers steigert sich diese Tendenz zum äußersten Philistertum: nur beim ‚innerlich' gewordenen, rein auf sich gestellten Individuum (im intellektuellen Philister, der jedes öffentliche Leben ablehnt) ist nach seiner Auffassung Wahrheit, Echtheit und Menschlichkeit zu fin-den." (S. 454)

Lukács geht es also zwar auch um das faktisch geführte Leben jener Philosophen, die keine konkrete, sondern nur eine abstrakte Bezie-hung zur Gesellschaft haben und deshalb ein philosophisches *Inko-gnito* praktizieren, aber mehr um den in ihren Philosophien verwen-deten Begriff der *Praxis*. Und dieser ist für Lukács zwangsläufig a- oder antigesellschaftlich, weil sich jene nur mit den ihnen *selbst* zu-gehörigen, emotionalen Zustandsanalysen beschäftigen. Wobei Lu-kács hierbei nicht einfach nur die Ablösung von einer „echten" Inter-aktion mit den Menschen kritisch beäugt, sondern vordergründig die philosophische Fokussierung dieser Philosophen auf eine agesell-schaftliche *Art und Weise* zu philosophieren (beispielsweise über The-men der Existenzialphilosophie wie Einsamkeit, Verzweiflung, Angst, Krankheit und Tod). Er meint also nicht *per se*, dass „seelische Zu-standsbeschreibungen" (S. 438), wie er diese ausdrückt, nicht zutref-fend sein können. Die Aufgabe eines Philosophen liegt jedoch darin, zu analysieren, inwieweit sie der *objektiven* (gesellschaftlichen) Wirk-lichkeit entsprechen. Da sich die bürgerlichen Denker jedoch von der realen Gesellschaft und ihrer Situation philosophisch stark oder vollständig entfernt haben, können ihre Analysen diese für Lukács nicht adäquat beschreiben und erklären.

In den philosophischen Lehren und Positionen der von Lukács kritisierten Denker spiegelt sich für ihn nicht einfach nur eine „gesellschaftliche Passivität" (S. 188) wider, sondern auch eine *Entwertung* des gesellschaftlichen Handelns, zum Beispiel, weil solche Denker davon ausgehen, dass die Gesellschaft ein Werkzeug der Täuschung und des Blendwerks ist, dass den Einzelnen daran hindert, die Wahrheit zu erkennen. Mitmenschen werden dadurch zum Beispiel als Hemmnis für die Realisierung epistemischer Ziele betrachtet. Folglich zeigen die „bürgerlichen Philosophen" für Lukács aus dem Grunde eine irrationale Art zu philosophieren, weil sie Tatsachen der äußeren Wirklichkeit verdrängen oder verleugnen, gesellschaftliche Teilhabe diskreditieren und sich, ohne einen Bezug zu ihren Mitbürgern, nur noch für ihre eigenen privaten Empfindungen interessieren, die sie, wie erwähnt, darüber hinaus auch noch verabsolutieren. All dies wirft Lukács besonders Heidegger und Schopenhauer vor.

Schlussbemerkung

In seinem umfangreichen Werk sticht eine bestimmte, meines Erachtens *reziprok* verlaufende „Dreiecksbeziehung" zwischen sozialem Milieu (Bezugnahme), philosophischer Methodik und philosophischer Position (Inhalt) stark heraus, wenn Lukács die Philosophen analysiert und als irrational verurteilt. Diese Relation sagt bestimmt etwas darüber aus, *warum* Denker sich mit Themen beschäftigen, vielleicht (aber nicht notwendigerweise) *wie* sich mit ihnen beschäftigen, und gewiss auch, *ob* manche philosophischen Positionen für *sie selbst* plausibel sind und von ihnen akzeptiert oder abgelehnt werden. Persönlich angenehme, präferierte oder zweckmäßige philosophische Auffassungen überwiegen gegenüber der Einhaltung philosophischer Standards – dies scheint die Quintessenz seines Buches zu sein. Diese offensichtlich wieder einmal *pragmatische* Ausrichtung der Philosophen hat jedoch nicht nur „externe" Interessen und Ziele im Auge, wie dies bei den Sophisten und den „Verteidigern des Glaubens" bei Schopenhauer der Fall war, sondern hauptsächlich ihre eigenen emotionalen Befindlichkeiten im Angesicht von ihnen möglicherweise nachteilig werdenden gesellschaftlichen Umwälzungen. So zumindest sieht dies Lukács. All dies freilich nicht ohne Folgen. Denn weil die irrationalen Philosophen das Vertrauen in die Vernunft zersetzt, degradiert und während des Nationalsozialismus und Faschismus sogar zerstört haben, entstanden und verbreiteten sich philosophische Positionen (Weltanschauungen), welche zum Beispiel intuitive und mythische Elemente enthielten. Ihren Höhepunkt erreichten die irrationalen Philosophen für Lukács in der Mitte des 20. Jahrhunderts, in der Mythen nicht nur das Grundelement des philosophischen Denkens ausmachten und die Wissenschaft bloß als Ausdrucksform eines Mythos galt, sondern die Philosophie durch die Implementierung von Mythen auch erneuert werden sollte – das Resultat der sukzessiven Degradierung philosophischer Standards. Der stärkste Makel, der diese reaktionären Philosophen für Lukács so ablehnend macht, liegt, so schließt er, darin, dass sie eine un- oder antiwissenschaftliche Philosophie praktizieren – eine „philosophische" Praxis, die für ihn durch die Merkmale jener bürgerlichen Gesellschaftschicht entsteht und gedeiht, in der diese philosophischen Denker ihr Leben verbringen, und die sich durch ihren Hang, jene nicht zu verändern, verstärkt und erhärtet.

Der Falsche Philosoph und seine Eigenschaften

Aus der Charakterisierung Georg Lukács' über irrationale Philosophen lassen sich folgende Eigenschaften eines falschen Philosophen anführen:

1. Philosophiert nicht mittels der dialektischen Methode (Hegels) – Kennzeichen:
   a) Philosophiert nicht streng begrifflich und systematisch.
   b) Philosophiert nicht mit *metaphysischen* Kategorien und Begriffen.
2. Philosophiert *reaktionär*, d.h. nicht gemäß der historischen Entwicklung (in) der Philosophie.
3. Verwendet ausschließlich seine *Intuition* zur Entwicklung seiner philosophischen Positionen → (mögliche) Folgen:
   a) Seine Positionen sind willkürlich, widersprüchlich, unfundiert und argumentativ ungültig.
   b) Verwendet unplausible Analogien.
   c) Begeht Kategorienfehler.
   d) Entwickelt Mythen.
   e) Degradiert die Vernunft und vernünftiges Denken oder lehnt sie zur Gänze ab.
   f) Degradiert die Wissenschaft und wissenschaftliches Denken oder lehnt sie zur Gänze ab.
4. Hat die (unbewusste) Auffassung, dass die Grenzen seines Denkens die Grenzen *des* Denkens sind.
5. Vertritt eine *Aristokratische Erkenntnistheorie*.
6. Verwischt die Grenzen von Philosophie und Psychologie.
7. Gebraucht subjektive Zustände als *Kriterium* für die *äußere* Existenz oder die *objektive* Gültigkeit („Wahrheit") eines Phänomens.
8. Entwickelt seine Philosophie als psychologische und soziologische *Abwehr* gegen gesellschaftliche Veränderungen.
9. Philosophiert *agesellschaftlich* und führt als Philosoph ein agesellschaftliches Leben – Kennzeichen:
   a) Seine philosophischen Positionen haben kaum oder keinen Bezug zur realen Gesellschaft.
   b) Sein Praxisbegriff ist nur als *mentale* Repräsentation existent.
   c) Entwertet das gesellschaftliche Handeln.
10. Entwickelt und akzeptiert philosophische Positionen, die ihm, unabhängig ihres Wahrheitsgehalts, persönlich gefallen und emotional behaglich sind.

Der Philosoph als Fanatiker
Bertrand Russels Kritik an tugendlosen Philosophen

> „Die Hüter des Tempels der Wahrheit haben ihn
> an Götzendiener verraten und waren die ersten
> den Götzendienst zu verkünden."
> Bertrand Russel

Der englische Aristokrat und Philosoph Sir Bertrand Russel (1872-1970) agierte auf fast allen philosophisch möglichen Bühnen. Von der Logik, Mathematik und Erkenntnistheorie im Rahmen analytischer, theoretischer Philosophie bis zu Gesellschaftskritik, Pädagogik, Moralphilosophie, Ökonomie und Politischer Philosophie, um nur einige zu nennen, findet sich ein breites Spektrum an Themen, mit denen er sich ausführlich auseinandersetzte. Und hierbei hat er nicht nur Bedeutsames für das akademische Fach *Philosophie* geleistet, wie zum Beispiel durch sein mit Alfred N. Whitehead (1861-1947) verfasstes Werk *Principa Mathematica*, sondern auch zu aktuellen gesellschaftlichen und politischen Themen seiner Zeit öffentlich Stellung bezogen; letzteres nicht gerade auf eine Art und Weise, die für ihn ungefährlich oder ohne Konsequenzen gewesen war (und hiervon gab es zahlreiche in seinem Leben). Die Gründe für letzteres sind vielfältig, belaufen sich jedoch auf einen gemeinsamen Nenner – *Kritik* an der Obrigkeit. Russel hat sich seit Beginn des Ersten Weltkrieges aus dem gesellschaftlichen und politischen Diskurs weder herausgehalten, noch ging er mit dem herrschenden Narrativ konform. Seine Kritik äußerte er nicht nur schriftlich und mündlich im Rahmen von Texten, Briefen, Vorträgen, TV- und Radiointerviews, sondern auch durch seine Teilnahme an Protestmärschen. Beispielsweise schrieb Russel an die beiden US-Präsidenten Woodrow Wilson und John F. Kennedy, an den damaligen Regierungschef der Sowjetunion Nikita Chruschtschow sowie für zahlreiche Zeitungen. Demonstriert hat Russel beispielsweise gegen den Krieg und den Einsatz von Atomwaffen und setzte sich auf diese Weise für „Zivilen Ungehorsam" ein. Neben der Gründung von Stiftungen, wie zum Beispiel der *Bertrand Russel Peace Foundation* zur Erhaltung des Friedens, erhielt er 1950 für seine moralische Haltung in gesellschaftlichen Angelegenheiten auch den Nobelpreis für Literatur. Doch nicht nur Positives resultierte aus seinem Engagement. Auch Geldstrafen, die Entbindung bzw. Verweigerung (s)einer Professorenstelle sowie damit verbundene immer wieder auftretende Geldprobleme (und dies für einen Aristokraten), auch der Verlust von Freundschaften und ein sechsmonatiger Aufenthalt im Gefängnis finden sich als Konsequenzen seines immensen gesellschaftlichen und politischen Engagements.

Man kann bei Russel durchaus eine akademische wie auch eine außerakademische oder eine sowohl theoretische wie auch eine praktische Ausrichtung seiner philosophischen Tätigkeit erkennen. Doch nur letztere wird in der nun folgenden Darstellung echter und falscher Philosophen eine tragende Rolle spielen. Russel hat zwar keine *spezielle* oder gänzlich eigene Auffassung von genuiner Philosophie, sei es nun bezogen auf ihre Ziele, wie Nietzsche, oder ihre Methode, wie Lukács. Dennoch möchte ich auf ein paar seiner diesbezüglichen Ansichten kurz eingehen, weil sich innerhalb seiner Laufbahn eine starke Verschiebung seiner philosophischen Interessen und thematischen Schwerpunkte offenbart, die sich aufgrund der Konflikte im 20. Jahrhundert für ihn nicht nur zwangsläufig ergab, sondern auch seine Auffassung, was die Sichtweise und die Aufgabe eines echten Philosophen ist, radikal veränderte.

Russels Auffassung echter Philosophen

Russel selbst meint über seinen philosophischen Wandel, der mit Einsetzen des Ersten Weltkrieges für ihn begann, unter anderem folgendes:

> „Beizeiten war ich von Skepsis gelähmt, bisweilen zynisch, manchmal gleichgültig, aber als der Krieg anfing, da hatte ich das Gefühl, die Stimme Gottes zu hören. Ich wusste, dass es meine Aufgabe war zu protestieren, wie vergeblich der Protest auch immer sein möge." (2009, S. 227, e. Ü.)

„Der Krieg von 1914-18 veränderte alles für mich. Ich hörte auf praxis-
fern [*academic*] zu denken und begann ganz andere Bücher zu schreiben. Ich veränderte meine ganze Denkweise über die menschliche Natur [...] Durch den Anblick des Todes erwarb ich eine neue Liebe für das,
was lebendig ist." (2009, S. 247, e. Ü.)

Mit Beginn des Ersten Weltkrieges war seine Auffassung von genuiner Philosophie nicht mehr (nur) der Suche nach unumschränkter
(theoretischer) Gewissheit geschuldet, die er zuvor in der Mathematik glaubte gefunden zu haben. Vielmehr begann er ein auf die Praxis
ausgerichtetes Verständnis über die Aufgaben eines (echten) Philosophen zu entwickeln. Auch wenn Russel dies nicht explizit äußert, so
könnte ich ihm dennoch zuschreiben, dass er bereits die *Verschiebung*
der eigenen philosophischen Interessen und Schwerpunkte auf andere, *wichtige* Themen, als Merkmal eines echten Philosophen deklarieren würde, *wenn* diese Verschiebung aufgrund von lebensrelevanten
Veränderungen (zum Beispiel der sozialen, wirtschaftlichen oder politischen Verhältnisse) „notwendig" bzw. erforderlich wird. Denn besonders mit Einsetzen des Ersten Weltkrieges, aber auch während
der Gefahr eines Atomkrieges nach dem Zweiten Weltkrieg, war sich
Russel, trotz seiner herausragenden, philosophischen Leistungen auf
dem Gebiet der Logik und Mathematik, über die seiner Ansicht nach
eigentliche, weil wichtigste Aufgabe eines Philosophen bewusst, der
er sich ab dato bis zu seinem Tode fast ausschließlich gewidmet hat.
Zumindest würdigt er diesbezüglich seine eigene Wendung von einer
theoretisch- zu einer praktisch-ausgerichteten Philosophie, wenn er
meint:

„Mein wichtigstes Werk ist mein Beitrag zu den ‚Principia Mathematica'
[...] Falls aber die Menschheit überlebt, wird mein diesbezügliches Wir-
ken das Wichtigste sein, was ich getan habe. Die Wahrheit über die Logik ist keinen roten Heller wert, wenn es keinen lebendigen Menschen
mehr gibt, der diese Wahrheit erfährt." (1964, zitiert nach Clark, 1984,
S. 346)

Für einen selbst ernannten Liberalen wie Russel ist eine solche „philosophische Flexibilität" und Neuorientierung allerdings nicht überraschend.

In der Verschiebung der philosophischen Interessen zeigt sich bei Russel ein innerhalb der Philosophie etablierter Unterschied zwischen den Zielen der rein akademischen Theoretischen Philosophie und den Zielen der auf die konkreten Menschen bezogenen Praktischen Philosophie, auf die Russel in seinem Text „Philosophie für Laien" aus seinem Buch *Unpopuläre Betrachtungen* auch selbst eingeht. Die Ziele der Theoretischen Philosophie betreffen für ihn Fragestellungen, welche vorrangig in Fachkreisen diskutiert werden und Russels Interesse vor Einsetzen des Ersten Weltkrieges leiteten. Die Ziele der Praktischen Philosophie werden für ihn von Fragen bestimmt, welche für die *Lebensführung* der Menschen eine tragende Rolle spielen. Für Russel lag es nach Einsetzen des Ersten Weltkrieges, wie erwähnt, auf der Hand, dass ein echter Philosoph, auch wenn dies bislang nicht sein Fachgebiet war, sich Themen der Praktischen Philosophie zuwendet, *weil* diese nun essentiell geworden sind. Durch seine veränderte Einstellung zur Philosophie wollte Russel aber auch anderen Philosophen und Denkern seiner Zeit mitteilen, dass sie, wenn sie Veränderungen in ihrem eigenen Leben haben möchten, ihre Überzeugungen auf dem Feld der Praxis (Politik) zum Ausdruck bringen müssen, und nicht nur auf dem Feld philosophischer Textanalysen und Debatten innerhalb philosophischer Fachkreise. So schreibt er:

> „[...] daß die ethische Überzeugung eines Menschen heute mehr auf der politischen Bühne und weniger im Privatleben zum Ausdruck kommen muß." (1973, S. 47)

Eine Aussage, die sehr gut in Russels gesamte philosophische Tätigkeit passt, welche nicht allein auf dem Schreiben von Texten oder dem Abhalten von Vorträgen basierte. Darin zeigt sich für ihn aber auch die Haltung, dass ein Philosoph, wenn er Verbesserungen haben möchte, in die Öffentlichkeit gehen *muss*. Er muss also anfangen, sich von seinem „Schreibstuhl" zu erheben und aktiv in die Welt eingreifen.

Russels Hinwendung zur Praxis und Praktischen Philosophie manifestiert sich bis zum Ende seines Lebens in einer umfangreichen Literatur, die sich, wie zu Beginn erwähnt, auf zahlreiche Gebiete erstreckt. Die für falsche Philosophen relevanten Eigenschaften verweisen in Russels Literatur meines Erachtens primär auf drei Bereiche:

1. Auf die Erhaltung der Bedingungen *guten* Philosophierens
   bzw. Denkens.
2. Auf den Bereich, *Aufklärung* über gesellschaftliche und politische Missstände zu betreiben.
3. Auf die Gestaltung der „Öffentlichen Meinung."

Im Großen und Ganzen behaupte ich, dass Russel nach Einsetzen des Krieges fast ausschließlich *Aufklärung* im Sinn hatte, denn auch der erste Punkt steht im Kontext seiner Ambition, (auch) den Philosophen und Denkern seiner Epoche quasi den Spiegel vorzuhalten und sie über ihr eines Philosophen unwürdigen Verhaltens aufzuklären. Darin sah er meines Erachtens ebenso seine Aufgabe. Hierzu gehört zum Beispiel, dass der Philosoph den anderen Philosophen wieder in Erinnerung rufen sollte, was genuine Philosophie ist, weshalb sie davon abweichen und wie sie wieder auf den Pfad richtigen Philosophierens zurückkehren können. Denn wenn das Ziel der Praktischen Philosophen darin liegt, herauszufinden, wie die richtige Lebensführung der Menschen aussieht, dann sollten die Philosophen sich dieser Aufgabe so widmen, dass sie drei Aspekte im Auge behalten: Erstens, sie berufen sich auf keine (religiöse oder überlieferte) Autorität, versuchen zweitens keine sektenhafte Vereinigung zu gründen, und legen drittens Wert auf geistige Tugenden; letztere sind für Russel der entscheidende Grund, weshalb (echte) Philosophen Wissen lieben und „das Verweilen im Irrtum" hassen. (vgl. Russel, 1973, S. 47-48). Auch in seinem Kapitel „Der Wert der Philosophie" aus seinem Buch *Probleme der Philosophie* (1967) meint Russel, dass der Wert der Philosophie in den „geistigen Gütern" (S. 136) zu finden sei. Diese werden in der Kritik an falschen Philosophen im Fokus stehen.

Einerseits wendet sich ein echter Philosoph für Russel also wichtigen Thematiken zu und klärt seine Mitmenschen und Berufskollegen darüber auf, (zumindest) *wenn* dies notwendig wird. Dabei hat ein echter Philosoph neben dem Streben nach Wahrheit für Russel auch über jene psychologischen, gesellschaftlichen und politischen Bedingungen aufzuklären, welche die Wahrheit und das Streben nach ihr *gefährden* und *unterminieren* (können); wie dies in seiner Epoche zuhauf der Fall gewesen war. Zu diesen Bedingungen gehören für ihn beispielsweise – wie für viele Philosophen der Geschichte – der Verlust oder die Einschränkung der *Freiheit*. Da diese durch die Kriege und politischen Spannungen in der Zwischen- und Nachkriegszeit auch bei den Philosophen, wie Russel selbst erleben musste, immer wieder der Bedrohung ausgesetzt war, eingeschränkt, kontrolliert oder gänzlich außer Kraft gesetzt zu werden, stand es für Russel außer Frage, für ihre Erhaltung oder Wiedererlangung aufzustehen und sich diesbezüglich zu äußern; wie zum Beispiel durch seinen Text *Free Thought and Official Propaganda*. Zu jenen Bedingungen gehört für Russel aber auch der Einfluss der staatlichen und medialen Propaganda auf den Geist bzw. das Denkvermögen der Menschen und Philosophen, wozu er ebenso durch zahlreiche Texte Stellung bezog.

Andererseits zeigt sich für Russel ein echter Philosoph in jenem oben erwähnten dritten Aspekt – der Anwendung geistiger Tugenden. Diesen hat Russel in seinem eigenen Leben einen elementaren Stellenwert eingeräumt. Vermutlich gerade deshalb sieht er einen echten Philosophen *wesentlich* darin, diese Tugenden, durch Schriften aber auch durch seine Haltung gegenüber der Philosophie und weltlichen Belangen, zum Ausdruck zu bringen. Denn schlechte Philosophie ergibt sich für ihn, konträr zu Lukács, primär aus dem *Mangel* der Philosophen an geistigen Tugenden bzw. ihres Gebrauchs. Eine der Tugenden, die er von sich selbst verlangte und die vielleicht allen anderen vorangeht, ist jene der *Wahrhaftigkeit* und philosophischen *Redlichkeit*. So meint er zum Beispiel in Bezug auf die Möglichkeit, sich von der Kriegspropaganda und -hysterie nicht beherrschen zu lassen:

> „Nur jene Menschen, bei denen der Wunsch, wahrheitsgemäß zu denken, ein leidenschaftliches Gefühl ist, werden diesen Wunsch als passend empfinden, um die Kriegsleidenschaften im Zaun zu halten." (1916, S. 12, e. Ü.)

Ich möchte hier erst einmal nicht weiter auf die Tugenden eingehen, denn im nächsten Abschnitt über falsche Philosophen werden zahlreiche Untugenden dieser beschrieben. Dennoch möchte ich bereits hervorheben, dass die Auffassung von *Tugend* bei Russel eine starke Verknüpfung von epistemischen mit ethischen Merkmalen aufweist bzw. sich auf eine solche Verknüpfung bezieht (zum Beispiel ist der *Zweifel* für ihn eine solche Tugend, weil dieser für Russel *praktische*

Relevanz hat). Deshalb könnte ich Russel zuschreiben, auch wenn er dies meines Wissens nach nicht explizit geäußert hat, dass Wahrheit und Unwahrheit für ihn (auch) ethische oder zumindest ethisch-relevante Gegenstände sind oder sein können, weil, analog zu Lukács (und im weitesten Sinne ebenfalls zu Nietzsche), auch für Russel falsche oder schlechte philosophische Ansichten, Überzeugungen und Systeme, wenn sie in der Welt florieren oder mit Machtfaktoren verknüpft sind, große Gefahren und erhebliche Auswirkungen auf das Leben der Menschen haben können. So meint er zum Beispiel in „Philosophie und Politik" aus seinem Buch *Unpopuläre Betrachtungen*:

> „Ich möchte darauf hinweisen, daß schlechte Philosophie sehr gefährlich werden kann und deshalb den Grad negativen Respekts verdient, den wir etwa dem Blitz oder dem Tiger zollen." (1973. S. 9)

Ich denke, dass Russel in einem echten Philosophen einen solchen Denker sah, dem offenkundig bewusst ist, was die Welt philosophisch gerade braucht, d.h. welche Themen der philosophischen Analyse bedürfen. Wenn Frieden herrscht oder keine großen Katastrophen und Missstände in der Welt walten, ist es keine „Blöße" sich als Philosoph rein theoretischen Fragen zu widmen. Doch wenn große Übel, Notlagen und Fehlentwicklungen auftreten, dann *muss* ein Philosoph sich diesen zuwenden. Zum einen, indem er die Menschen über die Missstände (im weitesten Sinne) aufklärt, und zum anderen, indem er durch seine Philosophie und seine Art zu philosophieren (und sei dies auch nur implizit) geistige Tugenden zum Ausdruck bringt, welche das Gegenstück zu den Untugenden der Miseren darstellen. Schließlich wollte Russel die Bedingungen *echten* Philosophierens aufrechterhalten bzw. wiederherstellen.

Der falsche Philosoph und seine Untugenden

Aufgrund seiner adeligen Herkunft war Russel wohl zu gut erzogen, als dass er sich in seiner Kritik an den Philosophen zu Schimpftiraden oder starken polemischen Äußerungen *à la* Schopenhauer hinreißen ließ. Seine Kritik ist (zumeist) viel subtiler, mehr allgemeiner und auch nur sporadisch an *einzelne* Philosophen gerichtet. In der Auseinandersetzung mit falschen Philosophen, und dies möchte noch einmal hervorheben, sticht ein Aspekt stark heraus – Russel Verbindung von epistemischen mit moralischen (bzw. pragmatischen) Sachverhalten. Zum Beispiel fragt er sich, welche Handlungen wir in unserem praktischen Leben ausführen bzw. welches Kriterium wir hierfür heranziehen sollten, wenn wir unsicheren *Hypothesen* gegenüberstehen.[39] Es geht Russel dabei nicht nur darum, ob bestimmte philosophische Hypothesen oder Positionen wahr oder falsch sind bzw. sein können, sondern was wir tun *sollten*, falls wir beispielsweise nicht sicher wissen (können), ob sie wahr oder falsch sind. Allerdings bezieht sich diese Verbindung in Russels Texten weniger auf unser Verhalten gegenüber Hypothesen, sondern, wie erwähnt, auf die Erhaltung, Förderung und Verbreitung geistiger (zumeist epistemischer) *Tugenden*, weil diese für ihn praktisch und moralisch relevant sind bzw. werden können. Deshalb sieht Russel das charakteristische Merkmal falscher Philosophen darin, dass ihnen solche Tugenden gänzlich fehlen, oder, dass sie diese ignorieren, degradieren bzw. ungenügend umsetzen. Schauen wir uns an, wie sich dies für Russel konkret zeigen kann.

Der Mangel an philosophischer und epistemischer Redlichkeit

Ich beginne mit vereinzelten kritischen Bemerkungen über Philosophen, Intellektuelle, Gelehrte, die sich besonders in Russels 1975 erschienener Autobiographie wiederfinden. In dieser übt er, sowohl im Allgemeinen als auch direkt dem einen oder anderen Berufskollegen gegenüber, Kritik an den Philosophen und seinen intellektuellen Freunden. Besonders prangert er darin deren Einstellung gegenüber dem Krieg, der Atomgefahr sowie den damaligen sozialen und politischen Missständen an, weil jene nicht oder kaum öffentlich Kritik daran geäußert haben. So schrieb er beispielsweise während des Ersten Weltkrieges im Jahre 1916:

> „Ich nahm an, dass die Intellektuellen die Wahrheit oftmals liebten; aber ich fand heraus [...], dass nicht einmal zehn Prozent von ihnen die Wahrheit der Beliebtheit vorziehen." (2009, S. 227, e. Ü)

---

[39] Seine Antwort hierauf lautet: „Handelt man nach einer Hypothese, deren Unsicherheit man kennt, so hat man sein Handeln so einzurichten, daß es nicht *allzu* schlimme Folgen hat, wenn die Hypothese falsch ist." (Russel, 1973, S. 45, H.i.O.)

Auch in einem Brief im August 1918 an die englische Aristokratin Ottoline Morrell (1873-1938), eine der zahlreichen Geliebten Russels, lässt er kein gutes Haar an den Philosophen:

> „Zu den Menschen, denen ich nicht vertraue, gehören die Philosophen [...] Sie betrachten philosophische Forschung als lächerliche Tätigkeit, nur entschuldbar, wenn es sich finanziell lohnt. Vor dem Krieg glaubte ich, dass ziemlich viele von ihnen Philosophie als wichtig erachten; jetzt weiß ich, dass die Meisten von ihnen den Professoren Hanky und Panky in *Erewhon Revisited* ähneln." (2009, S. 305, H.i.O., e. Ü.)[40]

In beiden Zitaten drückt sich besonders jenes Merkmal falscher Philosophen aus, welches in diesem Buch bereits bei allen Autoren zumindest erwähnt wurde – deren Neigung, die Wahrheit, das Streben nach ihr sowie die Philosophie als Werkzeug für sie, pragmatischen Interessen wie Popularität und Geld unterzuordnen.

Ebenso, auch wenn Russel sich dazu kaum explizit äußert, findet sich bei ihm eine kritische Bemerkung zu den Universitätsphilosophen. So meint er beispielsweise im Jahre 1916 zu dem damals 23-jährigen französischen Philosophen Jean Nicod (1893-1924):

> „[I]ch sagte zu ihm, dass Menschen, die gelernt haben zu philosophieren, versuchen sollten die Welt zu verstehen, und nicht nur, wie in den Universitäten, die Systeme früherer Philosophen." (2009, S. 310, e. Ü.)

Russel referiert an dieser Stelle auf ein Merkmal, welches bereits von Schopenhauer und Nietzsche angeführt wurde – nämlich Philosophie fast ausschließlich auf solche Art zu betreiben, dass man sich nur mit den Texten, Thesen und Argumenten anderer Philosophen beschäftigt. Dadurch arbeiten für Russel solche Philosophen aber mehr daran, andere Philosophen sowie deren Positionen und weniger daran (zumindest nicht direkt) die Welt zu verstehen. An anderer Stelle erwähnt er das Fehlen einer bestimmten (zumindest sichtbaren) *Haltung* auf Seiten des einen oder anderen akademischen Philosophen gegenüber einer bestimmten empirischen Tatsache. So kritisiert er den spanischen Philosophen George Santayana (1863-1952), mit dem

---

[40] Die fiktiven Charaktere Hanky und Panky sind Protagonisten des Romans *Erewhon Revisited* des englischen Schriftstellers Samuel Butler (1835-1902) aus dem Jahre 1901. Hanky und Panky repräsentieren darin zwei Professorentypen, die alles Mögliche erzählen und verdrehen, um (scheinbar) materiell wertvolle Güter zu ergattern.

Russel befreundet war und der während des Ersten Weltkrieges in Cambridge lehrte, aufgrund seiner „apathischen" oder vielmehr gelassenen Einstellung gegenüber dem menschlichen Vernichtungsstreben in diesem Krieg. Die philosophische Haltung der Gelassenheit von Santayana – die Russel auf dessen mangelnde Wertschätzung der Menschheit gegenüber zurückführt – fand Russel zwar beruhigend, annehmen mochte er sie aber nicht (vgl. Russel, 2009, S. 228). Es scheint, als wollte Russel sich selbst und anderen nichts vormachen, sondern in seinen Äußerungen und Schriften, seinem Verhalten, aber auch in seinem Gefühlsleben und Denken keine Überzeugungen und Einstellungen haben, die nicht den Tatsachen entsprechen. Hier zeigt sich sehr subtil jener bereits erwähnte „Wunsch, wahrheitsgemäß zu denken." Denn es war Krieg und Russel wollte, offenbar aus solchen Beweggründen, nicht so tun als wäre keiner; zum Beispiel, indem er diesen, wie Santayana, auf eine Art und Weise betrachtet oder eine Haltung gegenüber diesen einnimmt, die „dem Krieg" für Russel nicht angemessen war – nämlich diesbezüglich *gelassen* zu sein.[41]

Jahre später, im Jahre 1931, schrieb Russel über die *Gültigkeit* der philosophischen Behauptungen der Philosophen der Zwischenkriegszeit:

> „Ich für meinen Teil finde im modernsten Denken ein zersetzendes Lösungsmittel für die großen Systeme sogar der jüngeren Vergangenheit, doch glaube ich nicht, dass die konstruktiven Bemühungen der gegenwärtigen Philosophen und Wissenschaftler auch nur annähernd die Gültigkeit haben, die ihrer zersetzenden Kritik beigemessen wird." (2009, S. 376, e. Ü.)

Das Denken dieser Philosophen ist für Russel einerseits darauf ausgerichtet, dass es die großen Denksysteme zersetzen möchte, andererseits kommt der Kritik an diesen, die jene Zersetzung kennzeichnet, jener philosophische Rechtfertigungsgrad nicht zugute, den ein echter Philosoph verlangt. Dennoch dachten die Philosophen seiner Zeit oder verhielten sich für Russel zumindest so, als ob ihre Kritik an den

---

[41] Dass Redlichkeit einen Wert aufweist, drückt Russel explizit auch selbst aus, wenn er über seine Studienzeit in Cambridge resümiert: „Die Geisteshaltung, die von echtem Wert ist und die ich dort erwarb, war jene der intellektuellen Redlichkeit [*honesty*]." (Russel, 2009, S. 63, e. Ü.)

„großen Systemen" philosophisch voll und ganz gerechtfertigt, also gültig sei. In diesem Fall wiesen sie für Russel also Mängel in ihrer Rechtfertigung auf, verhielten sich aber so, als hätten sie hierin keine Mängel. Es fehlte diesen Denkern also an einer philosophischen Tugend; beispielsweise der Tugend der philosophischen *Bescheidenheit*. Hätten sie diese praktiziert, dann hätten sie akzeptiert, dass in ihren Fällen (noch) keine *Gewissheit* über die „Falschheit" der in Frage stehenden philosophischen Positionen bzw. Systeme gegeben ist, weshalb sie diese auch nicht *als widerlegt* gebrandmarkt hätten.

Neben diesen einzelnen Kritikpunkten, die für Russel einen Mangel an epistemischer und philosophischer Redlichkeit bei den Philosophen seiner Zeit markieren, findet sich in seinen Schriften aber auch ein *dominanter* Bezugspunkt, der den Mangel an Redlichkeit und Integrität für ihn noch stärker offenbart. Dieser betrifft das unphilosophische Verhalten der Philosophen zum Krieg bzw. zu den Aussagen der Regierungen, Presse und Machthaber ihrer jeweiligen Länder, die sich in der damals florierenden Propaganda manifestierten. Russel hatte gegenüber sich selbst erst einmal eine klare Meinung dazu:

> „Als Liebhaber der Wahrheit machte mich die nationale Propaganda aller kriegführenden Nationen krank." (2009, S. 228, e. Ü.)

Wir sehen (zumindest) an dieser Stelle eindeutig eine *epistemische* und weniger eine moralische oder politische Haltung Russels gegenüber der kriegstreibenden Propaganda. Er lehnt sie an dieser Stelle also deshalb ab, weil sie nicht wahr ist oder sein konnte. Und genau in dieser Haltung liegt auch seine schärfste Kritik an den Philosophen, Intellektuellen und Gelehrten seiner Zeit; welche sich besonders in seinem Kapitel „Ein Appell an die Intellektuellen Europas", das er 1915 während des Ersten Weltkrieges verfasste, wiederfindet. In diesem unterscheidet er meines Erachtens drei Typen von Philosophen bzw. deren Einstellung und Verhalten gegenüber der Kriegspropaganda.[42] Den Philosophen des ersten Typs wirft er vor, dass sie selbst (nationale) *Vorurteile* hatten – d.h. selbst innerhalb eines nationalen Rahmens philosophierten und diese Vorurteile seiner Meinung nach

---

[42] Russel selbst teilt diese nicht explizit in *Typen* ein, sondern unterscheidet diese einfach aufgrund der drei angeführten Merkmale.

auch noch als unvermeidbar ansahen –, der Wirklichkeit gegenüber blind waren oder mit „spitzfindige[n] Parteinahmen und Geschichtsentstellungen" (1972, S. 95) Philosophie betrieben. Sie philosophierten für Russel also nicht, um Wahrheiten und Erkenntnisse über den Krieg und die Kriegstreiberei herauszufinden, sondern um ihren eigenen „Regierungen jene ausgeklügelten Entstellungen und subtilen Unwahrheiten zu liefern" (1972, S. 95), die diese anschließend verwendeten, um sich selbst alle guten und dem Kriegsgegner alle schlechten Eigenschaften zuzuschreiben. In der Kritik an den Philosophen während des Ersten Weltkrieges zeigt sich für Russel aber nicht nur deren Gebrauch von pragmatischen Merkmalen innerhalb ihrer philosophischen Argumentation, sondern auch ihr partikularistisches „Wahrheitsverständnis" – ein Verständnis, welches Russel 1935 in seinem Text *The Revolt Against Reason*, die Gefahren eines zweiten Weltkrieges vorausahnend, ebenso und zugespitzt formuliert:

> „Die Idee einer universellen Wahrheit wurde aufgegeben; es gibt eine englische, französische, deutsche, montenegrinische und eine Wahrheit des Fürstentums Monaco [...] Zwischen diesen unterschiedlichen ‚Wahrheiten' liegt die einzige Möglichkeit einer Entscheidung, wenn eine auf Vernunft basierende Überzeugungsarbeit aussichtslos ist, im propagandistischen Wahnsinn mittels Krieg und Rivalität." (S. 16, e. Ü.)

Für Russel folgten die Philosophen seiner Zeit nicht der Wahrheit, sondern verzerrten und entstellten diese, indem sie (nationale) „Wahrheiten" konstruierten, um ihren nationalen Regierungen einen Dienst zu erweisen. Aufgrund dieses Vorgehens erwiesen die Philosophen der Menschheit keinen Dienst, den sie aufgrund ihrer Profession und ihren Fähigkeiten für Russel jedoch hätten leisten können und auch sollen. Russel hat hierzu eine dezidierte Meinung:

> „Gelehrte, die es durch ihre tägliche Arbeit gewohnt sein sollten, nach Wahrheit zu streben, hätten zu diesem Zeitpunkt versuchen können, sich zum Sprachrohr der Wahrheit zu machen, sie hätten versuchen können, herauszufinden, wo ihre Seite im Unrecht und wo ihre Gegner im Recht waren. Sie hätten sich mit ihrem Namen und ihrer politischen Unabhängigkeit dafür einsetzen können, die zwischen den einzelnen Nationen erwachsenen Haßgefühle zu beschwichtigen, gegenseitiges Verständnis zu fördern und dafür zu sorgen, daß der Frieden, wenn er kommt, nicht nur aufgrund allgemeiner Kriegsmüdigkeit mehr oder we-

niger ein Stillstand sein wird, sondern eine brüderliche Versöhnung, geboren aus der Erkenntnis, daß der Streit eine törichte Verblendung war. Doch sie haben sich entschieden, nichts von alledem zu tun. Sie fühlen sich dem Vaterland mehr verpflichtet als der Wahrheit. Das Denken ist nicht mehr Herr sondern Sklave des Instinkts. Die Hüter des Tempels der Wahrheit haben ihn an Götzendiener verraten und waren die ersten, den Götzendienst zu verkünden." (1972, S. 97)

Die Philosophen haben also epistemische Werte verraten, sowohl aufgrund von Eigenschaften, die an sich nicht wahrheitsenthaltend oder -fördernd sind – weil sie Überzeugungen vertraten, die auf ihren ungezügelten Instinkten basierten –, als auch, weil sie einem anderen Merkmal als der Wahrheit Platz machten, denn sie begannen „Götzen", also einer der Philosophie (zumindest fiktional) übergeordneten Instanz zu dienen. Dieser erste Typus hatte für Russel weder eine epistemische noch eine moralische Gesinnung.

Russel fügt jedoch hinzu, dass nicht *alle* Gelehrten seiner Zeit kein moralisches Gewissen (er nennt dieses deren „Gerechtigkeitsinn") gehabt hätten. Jene, die für Russel ein moralisches Gewissen besaßen, bilden den zweiten und dritten Typus, unterscheiden sich jedoch. Der zweite Typ hatte zwar eine moralische Gesinnung, hüllte sich öffentlich jedoch „fast ganz in Schweigen" (1972, S. 96) – leider geht Russel nicht näher auf diesen Typus ein –. Und der dritte Typus hat seine moralischen Bedenken zwar öffentlich geäußert, das für Russel allerdings nur wenige taten, ließ dabei aber „jeglichen intellektuellen Abstand vermissen" (1972, S. 96). Die einen „Philosophen", der erste Typus, den er am heftigsten sowie ausführlichsten kritisiert, waren also philosophisch voreingenommen, andere waren schweigsam, und die letzten – auch wenn Russel leider nicht darauf eingeht, wie sich jener „Abstand" genau zeigte – haben es möglicherweise an *sachlicher* Argumentation, jedoch nicht an moralischer Haltung missen lassen. Allen von ihnen fehlte es jedoch an philosophischer bzw. epistemischer Redlichkeit. Sie hatten kein Interesse daran, genuine Philosophie zu betreiben, um die *Wahrheit* über die Kriegspropaganda herauszufinden oder direkt und ungeschönt zu verkünden.

Der Makel, parteiisch, dogmatisch und fanatisch zu philosophieren

Analog zu Lukács sah auch Russel, wie er hauptsächlich in dem bereits erwähnten Kapitel „Ein Appell an die Intellektuellen Europas" und in seinem Text *The Revolt against Reason* anführt, innerhalb der Philosophie seiner Epoche eine Degradierung der Vernunft. Konträr zu Lukács aber nicht deshalb, weil die Philosophen nicht auf die Dialektik als Methode ihres Philosophierens zurückgriffen oder subjektive Erlebniszustände zum Inhalt ihrer philosophischen Positionen machten. Sondern, weil sie es einerseits zuließen, dass ihr vernunftbasiertes Denken durch ihre Vorurteile und Emotionen negativ beeinflusst und damit *verzerrt* wurde, und andererseits, weil bei ihnen nur negativ besetzte Gefühle, wie beispielsweise Hass und Wut, ihre Gedanken färbten, positive, wie etwa Besonnenheit und Liebe, dagegen nicht. Im Unterschied zu Lukács verortet Russel vernünftiges Denken somit nicht im dialektischen, sondern in einem „epistemisch-liberalen", offenen Denken. Ebenso machen für ihn nicht Gefühle an sich die Philosophen irrational und zu schlechten Philosophen, sondern der unregulierte und einseitige Einfluss bzw. Gebrauch dieser (darauf komme ich zurück). Dieser Einfluss bzw. Gebrauch setzt für ihn nämlich das für die Vernunft besonders kennzeichnende Merkmal der (zumindest *prima facie*) *Unparteilichkeit* außer Kraft, die er bei den Intellektuellen und Philosophen seiner Zeit ganz besonders vermisste. Denn auch wenn dem Menschen eine „göttliche" Perspektive, die eine vollkommene Unparteilichkeit für Russel garantieren würde, grundsätzlich verwehrt bleibt, so ist diese dennoch für Russel *als Ziel* anzustreben. Und *wie* man sich der Realisierung dieses Ziel soweit wie möglich annähern kann, konstituiert für ihn die oberste Pflicht des Philosophen, wie er in seinem Buch *My Philosophical Development* aus dem Jahre 1959 kurz und prägnant ausdrückt:

> „Es ist die höchste Pflicht des Philosophen den Weg zu diesem Ziel aufzuzeigen." (1975, S. 158, e. Ü.)

Eine parteiische Voreingenommenheit der Philosophen zeigt sich für Russel konkret zum Beispiel darin, dass empirischen Tatsachen, die *für* einen politischen „Gegner" sprechen (könnten), kein *Gewicht* in der Argumentation beigemessen wird. Also selbst wenn politische

oder philosophische „Kontrahenten", etwa auf einem bestimmten Gebiet, wertvolle Leistungen vollbrachten, werden diese in Abrede gestellt, damit das „Bild eines Widersachers" bewahrt wird (dieses Verhalten kennen wir seit Schopenhauer). Russel meint hierzu:

> „Heute nehmen es Philosophen, Professoren und Intellektuelle im allge-
> meinen bereitwillig auf sich, ihren jeweiligen Regierungen jene ausge-
> klügelten Entstellungen und subtilen Unwahrheiten zu liefern, mit Hilfe
> derer der Anschein erweckt wird, alles Gute sei auf der einen Seite und
> alles Schlechte auf der anderen." (1972, S. 95)

Aufgrund ihres Mangels „objektiv", also unparteiisch philosophieren
zu wollen, zieht Russel über die Philosophen der Kriegszeit jenen bereits zitierten Schluss:

> „Die Hüter des Tempels der Wahrheit haben ihn an Götzendiener verra-
> ten und waren die ersten, den Götzendienst zu verkünden." (1972, S.97)

Die parteiische Voreingenommenheit der Philosophen führte für Russel somit nicht einfach „nur" zu unvernünftigem Denken, sondern
auch zu einem Verrat an der Wahrheit. Es mangelte den Denkern seiner Epoche also sowohl an der Erfüllung philosophisch-rationaler
Werte – *unbefangen* zu philosophieren –, als auch an der Erfüllung
epistemisch-rationaler Werte – *in Richtung der Wahrheit* zu philosophieren –.

Wie erwähnt, vertritt Russel nicht nur im politischen, sondern
ebenso im epistemischen Sinne eine liberale Einstellung. Der Grund
liegt darin, dass er Fanatismus und Dogmatismus auch in Erkenntnisfragen vermeiden möchte. Für ihn geht es hierbei nicht so sehr um
den Inhalt von Überzeugungen, sondern um die „Art und Weise, *wie*
sie vertreten werden; nicht dogmatisch, sondern mit dem Bewußt-
sein, daß neues Beweismaterial jederzeit zu ihrer Aufgabe führen
kann" (1973, S. 28).[43] Doch gerade weil die Denker und Philosophen
seiner Zeit keine skeptische oder eben „epistemisch-liberale" Haltung
gegenüber den Ansichten ihrer eigenen Regierungen, deren Lakaien
und der Presse inne hatten, diese demnach *ohne Zweifel* als „wahr"

---

[43] Für Russel sind *Ungewissheit* und *Zurückhaltung im Urteil* geistige Tugenden. Deshalb
liegt die Aufgabe eines Philosophen darin, die Gewissheit (sowohl des Wissens als
auch Nichtwissens) zu beseitigen.

akzeptierten, gerade deshalb wurden sie getäuscht. Es gab hierbei kein Regulativ in ihrem Denken. Ein Regulativ, dass von vornherein die Möglichkeit in Betracht zieht, dass die Auffassungen der Mächtigen und die eigenen, die sich darauf beziehen, falsch sein *könnten*. Russel äußert dies zwar nicht explizit, doch aufgrund seiner offenen und liberalen Haltung in fast allen Erkenntnisfragen – in der für ihn nur Ergebnisse der Mathematik und von unmittelbaren Sinneswahrnehmungen einen Zweifel nicht oder kaum rechtfertigen (vgl. Russel, 1973, S. 31) –, ist meine Behauptung, dass die Philosophen darin einen philosophischen Makel hatten, dass sie die einseitige und dogmatische Kriegspropaganda nicht in Zweifel zogen[44] sowie epistemisch nicht offen für *alternative* Positionen waren, durchaus plausibel.[45] Stattdessen hätten die Philosophen und Gelehrten folgende Aufgabe erfüllen sollen:

> „Die Gelehrten sollten die Hüter einer geheiligten Flamme sein, die die Finsternis erhellt, in die hinein der menschliche Geist geboren ist. Von ihnen hängt das Ideal gerechten Denkens und des unvoreingenommenen Strebens nach Wahrheit ab, das, wäre es weiter verbreitet gewesen, allein schon gereicht hätte, die gegenwärtigen Schrecken zu verhindern.

---

[44] Für Russel ist auch der *Zweifel* eine epistemische bzw. geistige Tugend, die einen bestimmten Umgang mit (auch konträren) Informationen nach sich zieht. So schreibt er in *Sceptical Essays*: „Ich möchte den ‚Willen zu zweifeln' verkünden. Keine unserer Überzeugungen ist ganz wahr; alle enthalten zumindest einen Schatten von Vagheit und Irrtum. Die Werkzeuge, den Wahrheitsgrad in unseren Überzeugungen zu erhöhen, sind ausreichend bekannt, und liegen darin, sich alle Seiten anzuhören, zu versuchen alle relevanten Fakten herauszufinden, unsere eigene Voreingenommenheit zu kontrollieren, indem wir mit der ebenso voreingenommenen Gegenseite diskutieren, sowie die Bereitschaft zu fördern, jede Behauptung, bei der bewiesen wurde, dass sie nicht stichhaltig ist, abzulegen." (2004, S. 129, e. Ü.)

[45] Jedoch ist es für Russel entscheidend, dass auch der Skeptiker hinsichtlich seines Skeptizismus nicht dogmatisch sein darf. So schreibt er in seinem Kapitel „Philosophie für Laien" aus seinem Buch *Unpopuläre Betrachtungen*: „Soll jedoch die Philosophie einem positiven Zweck dienen, so darf sie nicht bloßen Skeptizismus lehren, denn so schädlich der Dogmatiker ist, so unnütz ist der Skeptiker. Dogmatismus und Skeptizismus sind beide in gewissem Sinne absolute Philosophien: der eine ist überzeugt von seinem Wissen, der andere von seinem Nichtwissen. Was die Philosophie beseitigen muß, ist die Gewißheit, sei es nun die des Wissens oder des Nichtwissens." (1973, S. 44)

Diesem Ideal zu dienen, ein Ziel jenseits allen Streites lebendig zu erhalten, ist der geistigen Elite Europas würdiger, als die Regierungen darin zu unterstützen, Haß zu schüren oder weitere junge Männer abzu-
schlachten, an denen die Zukunft der Welt hängt." (1972, S. 114)

Doch haben sie dies, wie erwähnt, für Russel *de facto* nicht getan. Die
Philosophen hätten in eine Art von geistigem *Gegensatz* zu den
Machthabern treten sollen, gerade weil deren Behauptungen voller
philosophischer Fehler waren. Ich könnte deshalb das Resümee ziehen, dass Russel wollte, dass auch die anderen Philosophen, ebenso
wie er, die Haltung eines *Aufklärers* hätten einnehmen müssen. Er behauptet dies zwar nicht explizit, doch ist es meines Erachtens legitim
diese Beziehung über Russels *eigenen* aufklärerischen Ansporn herzustellen, um dadurch weitere aufklärerische Ziele, die Russel ver-
folgte, sichtbar zu machen.

Zu der bereits erwähnten Aufklärung über die wahrheitsabträg-
liche Propaganda, zeigt sich in seinen Texten zum Beispiel auch der
Umstand, dass es auf Seiten der propagandistischen Machthaber einen, wie Russel ihn bezeichnet, „Appell an atavistische Moralbegrif-
fe" gab und dass solche Begriffe in Friedenszeiten niemals verwendet
worden wären. Auf diesen moralischen „Rückschritt" hätten die Philosophen hinweisen können. Oder auf den Umstand, dass „moralische
Vorverurteilungen" gegenüber Widersachern, humane Empfindungen, wie etwa Mitleid, verhindern; oder auf die Tatsache „angebliche[r] Tatsachen." (vgl. Russel, 1972, S. 97-100). Überholte Moralbe-
griffe, Vorverurteilungen und scheinbare Fakten – all dies sind Beispiele für philosophische Makel, die eine distanzierte Haltung der
„Philosophen" gegenüber den eigenen und fremden philosophischen
Positionen unmittelbar zwar erschwerten. Doch gerade im Angesicht
von solchen (nicht nur) philosophischen Übeln wäre der Einsatz von
philosophischen Tugenden angebracht gewesen; zum Beispiel epistemisch offen oder bescheiden gegenüber dem *Grad* ihrer *Gewissheit* zu
sein. Denn für Russel entspringt Dogmatismus zwar nicht immer,
aber dennoch der „Selbstüberschätzung" (1972, S. 150). Ich könnte
auch sagen, dass gerade in der *Einseitigkeit* und *Hartnäckigkeit* – aus
denen Dogmatismus und Fanatismus entstehen können –, mit der die

Philosophen der Epoche Russels ihre philosophischen Positionen vertraten und rechtfertigten, ein Merkmal falscher Philosophen liegt.

Der Makel unkontrollierter Gefühlsurteile

Im 20. Jahrhundert traten auch für die Denker und Philosophen viele
politische und sehr gefährliche Konfliktsituationen auf. Das einzige
Interesse, das die Gedanken und Gefühle der Menschen in solchen Ge-
fahrensituationen lenkt, liegt für Russel in der „Selbsterhaltung"
(1972, S. 98). Das Interesse an „Selbsterhaltung" führt für ihn fast
zwangsläufig zu einem mentalen Zustand *unkontrollierter* Gefühle,
und diese führen zumeist zu einem falschen Überzeugungssystem:

> „Jedes unkontrollierte Gefühl löst meistens ein durch dieses Gefühl
> bedingtes System falscher Anschauungen aus." (1972, S. 99)

Im Allgemeinen ist Russels Auffassung über die Gefühlswelt der Philosophen nicht weniger negativ wie seine anderen Punkte. So meint
er etwa über das „Grundgefühl" der meisten Philosophen:

> „Sie [die Philosophen] sind zaghaft und aufgrund ihrer Veranlagung
> ängstlich; neun von zehn hassen mich persönlich (nicht ohne Grund)."
> [2009, S. 305, e. Ü.]

> „Die meisten Philosophen sind von Natur aus furchtsam und mißtrauen
> dem Unerwarteten." (1973, S. 76)

Furcht, Ängstlichkeit und Misstrauen, außerdem Zögerlichkeit und
Hassgefühle gegenüber Kollegen – Russels Meinung über die emotionalen Regungen der Philosophen reiht sich in die Meinungen der Philosophen über die „Philosophen" der letzten Kapitel nahtlos ein. Zwar
ist Furcht für ihn ein Gefühl, dass (verständlicherweise) bei fast allen
Menschen Auslöser irrationaler Überzeugungen sein kann:

> „Unter dem Einfluß intensiver Furcht wird nahezu jeder abergläubisch."
> (1973, S. 154)

> „In einem Angstzustand vermögen die meisten Menschen nicht mehr
> vernünftig zu denken, sondern reagieren auf eine instinktiv animalische
> Art." (1972, S. 379)

Doch ist leider auch bei den meisten Philosophen, auch jene der Historie, Furcht das entscheidende Gefühl, dass sie davon abhält bzw. abgehalten hat, sich gegen Autoritäten, Irrtümer und obskure Ansichten

zu stellen:

> „Eine – oft nur unbewußte – Furcht; daß klares Denken zu Anarchie
> führen könnte, hat oft die Philosophen bewogen, sich in die Nebelwol-
> ken trügerischer und dunkler Behauptungen zu hüllen." (1973, S. 13)

Denker und Philosophen, welche mit der Fähigkeit zu denken für Russel jedoch ganz besonders ausgestattet sind, haben die Aufgabe, wenn
nicht sogar die Pflicht, der Welt *denkend* zu begegnen, und sollten
deshalb mit ihrer Furcht umzugehen lernen. Die Philosophen sollten
demnach ihre emotionalen Defizite und Gefahren (er)kennen und zumindest soweit im Griff haben, dass sie keine philosophisch schlechten und falschen Überzeugungen ausbilden und auf eine unphilosophische Art und Weise vertreten. Was Russel den Gelehrten, Philosophen aber auch allen nach Wahrheit strebenden Menschen seiner Zeit
hier vorwirft, ist, dass sie ihr *Vermögen zu denken* nicht einsetzten,
sondern (scheinbar ohne es zu bemerken) ihre philosophischen Positionen nur aufgrund von einseitigen sowie intensiven Gefühlsregungen entwickelten bzw. entstehen ließen – und dieser Mangel am Gebrauch ihres Denkvermögens, aufgrund unkontrollierter Gefühle, eines echten Philosophen nicht würdig ist:

> „Es ist des Menschen, der die Freiheit des Denkens für sich bean-
> sprucht, einfach unwürdig, sich in dem Netz dieses rein animalischen
> Mechanismus gefangen halten zu lassen. Es gibt keinen Grund, von Pro-
> fessoren ein Übermaß an humanitären Regungen zu erwarten; doch
> einen gewissen Stolz auf die Vernunft, eine gewisse Unbereitschaft, das
> Urteilsvermögen brutalen Emotionen unterzuordnen, hätten wir wohl
> erwarten können: leider vergeblich." (1972, S. 106)

Furcht kann Denker demzufolge sowohl von *klarem* Denken abhalten,
das zu philosophisch schlechten Positionen führt, als auch zu gewissen Formen des Fanatismus führen. Dessen Ursachen hat ein echter
Philosoph, wie bereits geschildert, jedoch zu überwinden:

> „Auch Furcht macht fanatisch; sie ist sogar eine der Hauptursachen für
> alle Arten von Fanatismus [...] Furcht zeugt Aberglauben, und auch die
> meisten Grausamkeiten sind Produkte der Furcht. In der Überwindung
> der eigenen Furcht besteht mithin der erste Schritt zur Weisheit. Das
> gilt sowohl für den Wahrheitssucher wie für den um eine möglichst an-
> ständige Lebensführung bemühten Idealisten." (1973, S. 150)

Doch nicht nur die Ausbildung von fanatischen Überzeugungen kann aus dem Mangel an „Impulskontrolle" resultieren. Auch das Potential von Emotionen (epistemische) *Täuschungen* zu fabrizieren, wird von Russel im Kontext unregulierter Emotionen erwähnt. Von den Philosophen und Gelehrten hätte Russel, in Situationen, in denen epistemisch verzerrende Zustände und Prozesse auftreten, jedoch folgendes erwartet:

> „Gelehrte, die genau wissen, welche Rolle kollektive Irrtümer in der Religionsgeschichte spielten, hätten sich vor Angriffen auf ihre Leichtgläubigkeit hüten müssen. Sie hätten an der offensichtlichen Unrichtigkeit der entsprechenden gegensätzlichen Anschauungen der gegnerischen Länder erkennen müssen, daß die mythenschaffenden Impulse ungewöhnlich aktiv waren. Aber ich finde nicht, daß sie merklich weniger leichtgläubig waren als die breite Masse." (1972, S. 100)

Leichtgläubigkeit, das Aufweisen von Irrtümern und der Mangel an historischen Bezügen sogar auf der Ebene von Kollektiven – drei Makel, die Russel hier anführt und die meines Erachtens Ausdruck und Folge dessen sind, dass sich die Philosophen zutiefst täuschen *ließen*. Implizit „versteckt" sich hier ein Merkmal, dass bislang noch bei keinem Autor (zumindest nicht explizit) zur Sprache kam: *Manipulation*. Eine Manipulation, die durch nicht-philosophische Instanzen demnach sogar bei den „Hütern der Wahrheit" funktionierte, und zwar so – wenn ich ihnen wohlwollend keine bösen Absichten unterstelle –, dass ihnen die Manipulation selbst nicht auffiel (geschweige denn, dass sie ihre Resultate argwöhnisch betrachteten). Und dies aus dem einfachen Grund, weil sich die „Philosophen" von ihren *eigenen* Emotionen, die durch die Berichte der Regierungen und der Presse erzeugt wurden, (ver)leiten und *beherrschen* ließen und sodann nicht mehr zu unbefangenem und „objektivem" Denken fähig waren. Russel wirft ihnen hierbei vor allem vor, die Manipulation der Mächtigen – durch deren Propaganda –, nicht erkannt, nicht durchschaut zu haben. Nicht durchschaut zu haben, dass sie gegenüber der Vorgehensweise der Machthaber, die ausschließlich auf die Manipulation von Gefühlsregungen abzielte, nicht nur leichtgläubig waren, sondern auch die Trübung ihrer Urteilsfähigkeit nicht erkannten. Unter anderem, weil sie diese Täuschung nicht erkannten, übten die Philosophen gegenüber den tatsächlichen Ereignissen und offiziellen Berichten für Russel keine Kritik an ihnen. Und bemerkt haben sie diese aus dem Grunde nicht, weil sie ihre eigenen Empfindungen nicht regulierten und in Bezug auf ihre Urteile nicht auf den Prüfstand stellten.

Eine weitere philosophische Konsequenz der emotionalen Befangenheit der Philosophen lag für Russel beispielsweise darin, dass ihre Rechtfertigungen etwa *für* den Krieg überhaupt nicht rational, sondern (höchstens) *rationalisiert* sein konnten. Sie hatten also zwar durchaus Argumente in der Hand. Da diese jedoch bloß auf Instinkten und unkontrollierten Gefühlen beruhten, *erschienen* sie vielmehr „gerechtfertigt" sowie „vernünftig", weil sie *nachträglich* mit „vernünftigen" Gründen geschmückt und formuliert wurden. Für Russel ist dies jedoch nichts weiter als „der Versuch, eine rationale Begründung für instinktives Handeln und unkontrollierte Gefühle zu geben" (1972, S. 119).

Folglich kritisiert Russel zum einen, dass sich die Philosophen seiner Zeit von den damals florierenden streitsüchtigen bzw. feindlichen Empfindungen genauso anstecken ließen wie die „normale" Bevölkerung – das sie, gerade weil sie Philosophen sind, jedoch nicht hätten zulassen dürfen –. Zum anderen, dass sie, trotz der Manipulationen (Propaganda), kein Interesse an der Anwendung geistiger Tugenden hatten, welche sie entweder davon abgehalten hätten, leichtfertig getäuscht zu werden oder zumindest ihre Überzeugungen nicht hätten dogmatisch und fanatisch vertreten lassen. Natürlich gibt Russel den Philosophen nicht die Schuld an der Absicht zu täuschen, diese liegt bei den Machthabern und der Presse, aber dennoch die Schuld, dass sie ihre eigene emotionale Befangenheit nicht erkannten und dadurch zahlreiche „irrige Anschauungen über politische Ansichten" (1972, S. 102) angenommen und verbreitet haben. Und dies darüber hinaus auch ohne überhaupt nur zu *versuchen*, zu widersprechen:

> „Aber auf keiner Seite haben die Intellektuellen auch nur einen nennenswerten Versuch gemacht, diesem Prozeß der Selbsttäuschung, zu dem sie von ihren Regierungen verleitet wurden, zu widerstehen."
> (1972, S. 104)

Russels Rekurs auf Emotionsregulation verweist aber nicht nur auf den Zweck, epistemisch irrationale bzw. moralisch falsche Überzeugungen zu vermeiden, sondern auch rationale und richtige Überzeugungen auszubilden. Wie bereits erwähnt, haben die Philosophen seiner Zeit positiven Empfindungen oder philosophischen Argumenten, die auf diesen gründen, keinen Wert beigemessen. Vernünftige bzw. gute Überzeugungen sollen für Russel allerdings nicht alleine auf der Vernunft basieren, sondern auch durch den Bezug auf *positive* Empfindungen konstituiert werden. Ein solch *kontrollierter* Einbezug von Emotionen ist ein Alleinstellungsmerkmal Russels, welches vielleicht noch bei Nietzsche implizit zu finden ist. Philosophen haben in der von Russel geforderten Gefühlskontrolle also nicht dafür zu sorgen, dass anschließend *nur* auf dem Intellekt ruhende philosophische Positionen Anspruch auf Plausibilität und Legitimität haben, wie dies z.B. bei Lukács der Fall ist. Für Russel darf eine kritische Auseinandersetzung mit Gefühlen somit nicht dazu führen, dass diese an sich unterdrückt oder negiert werden. Denn aus seiner Sicht ist der Einbezug von Empfindungen für die Entwicklung bestimmter philosophischer Positionen sogar *notwendig*, da die Vernunft alleine für ihn überhaupt nicht zu einer Verbesserung der Welt führen kann:

> „Die Vernunft [...] ist zu negativ und zu wenig lebendig, um aus sich heraus etwas wirklich Gutes zu schaffen. Nicht durch Vernunft allein können Kriege verhindert werden, sondern durch lebendige, positive Regungen und Gefühle, die denen, die Kriege herbeiführen, entgegenwirken. Die Impulse müssen geändert werden und nicht nur das bewußte Denken." (1972, S. 119)

Schlussbemerkung

Für Bertrand Russel förderten die philospohischen Denker seiner Zeit philosophische *Tugenden* nicht bzw. degradierten diese, weil sie bestimmte Sachverhalte auf solche Weise analysierten und interpretierten, dass sie mit machtbezogenen Interessen und Zwecken einhergingen. Sie haben, wie Russel dieses Vorgehen bereits vor Ausbruch des Ersten Weltkrieges ausdrückte, „die Welt dem Menschen" (1969, S. 140) angeglichen. Darin drückt sich wieder einmal der bereits angeführte Makel der Philosophen aus, pragmatische Werte philosophischen (epistemischen) vorzuziehen. Bei Russel ist dies auf einen Man-

gel an philosophischen (epistemischen) Tugenden zurückzuführen.
Für ihn basieren die Tugenden eines echten Philosophen darauf, dass
für diesen philosophische Werte praktisch- oder moralisch-relevante
Werte *sind*, die etwa zur Vermeidung von Dogmatismus und Fanatismus eingesetzt werden oder die sich in einem offenen und liberalen
Denken zeigen. Und diese sowie noch viele andere philosophische Tugenden haben die meisten Denker seiner Epoche in ihrer Art zu „philosophieren" nicht zum Ausdruck gebracht.

Wie steht es um die (Un)Tugenden der heutigen Philosophen?
Sind diese gegenwärtig weniger dogmatisch, parteiisch oder mit Vor-
eingenommenheiten behaftet als ihre früheren Berufskollegen? Haben sie das Narrativ, dass ihnen die Mächtigen etwa bei der Migra-
tionskrise, dem Klimawandel oder der Corona-Pandemie durch die
mediale Dauerbeschallung vorgeben haben, hinterfragt oder sind sie
auf diesen Zug *stante pede* aufgesprungen? Bereits im Schlusswort bei
Schopenhauer habe ich dies erwähnt, nur dass es in Russels Epoche
explizit Kriege und Konflikte und weniger den gesellschaftlichen Nor-
malzustand betraf. In Russels Fall waren die „Philosophen" deshalb
Erfüllungsgehilfen für *extreme* Zustände, deren Auswirkungen im Gegensatz zu Schopenhauers Zeit mehr als fatal waren. Einer der zentralen Unterschiede zu Schopenhauer liegt darin, dass sich die Philosophen bei Russel *selbst* nicht kritisch prüften und deshalb den Ansichten der Mächtigen leichtfertig zustimmten (oder zumindest in deren Richtung philosophierten). Waren die gegenwärtigen Philosophen also *skeptisch* gegenüber ihren eigenen Gefühlen, (unbewuss-
ten) psychologischen Prozessen oder der medialen Berichterstattung,
welche sie in die Richtung „drängten" zum Beispiel dem offiziellen Co-
rona-Narrativ so schnell und so vehement zuzustimmen? Falls sie
nicht *hinter* die „Ursachen" ihrer eigenen philosophischen Urteile blicken konnten, waren sie vielleicht Erfüllungsgehilfen wider Wissen.
Dies lässt gewiss an ihren philosophischen Fähigkeiten zweifeln (das
von mir jedoch nur aus Gründen der Höflichkeit so formuliert wird,
denn einem Philosophen sollte zumindest stets die *Haltung*, falsch zu
liegen, und damit ein kritischer Geist, auch gegenüber sich selbst, zu
Eigen sein). Das bestimmende *Gefühl* der Philosophen zu Beginn und

während der Corona-Krise, war gewiss Furcht. Doch ob ihnen bewusst war, dass dieses sie in eine bestimmte Richtung denken ließ, bezweifle ich stark, wenn ich mir ihre verlautbarten Positionen ansehe. Falls ihnen allerdings *klar* war, dass sie Überzeugungen vertreten, die philosophisch in keinster Weise *Anspruch* auf Gewissheit und Gültigkeit haben, weil sie ihnen bloß aus emotionaler oder pragmatischer Sicht zustimmten, dann kann man diese Denker nur als philosophisch korrupt bezeichnen.

Der Falsche Philosoph und seine Eigenschaften

Aus der Charakterisierung von Bertrand Russel über tugendlose Philosophen lassen sich folgende Merkmale eines falschen Philosophen anführen:

1. Agiert (besonders in Krisensituationen) nicht als Bewahrer philosophischer *Tugenden* – Kennzeichen:
   a) Philosophiert nicht wahrhaftig und redlich.
   b) Philosophiert nicht mutig, kritisch und skeptisch.
   c) Philosophiert nicht epistemisch aufgeschlossen.
   d) Philosophiert nicht epistemisch bescheiden und (in seinen *Urteilen*) zurückhaltend.
   → Folgen:
   a) Agiert nicht als Aufklärer.
   b) Ist leichtgläubig und autoritätshörig.
   c) Ist „Opfer" von Manipulationen.
   d) Ist Träger von Täuschungen.
   e) Gebraucht sein Denkvermögen nicht zur Vermeidung oder Aufdeckung von Täuschungen.
   f) Philosophiert voreingenommen und parteiisch.
   g) Vertritt philosophische Positionen fanatisch und dogmatisch.
   h) Weist unregulierte Gefühlsurteile auf, d.h. übt keine Gefühlskontrolle aus.
   i) Philosophiert unsachlich und irrational.
   j) Praktiziert Schweigen, weil er sich zu Themen nicht äußert.
2. Vertritt ein partikulares (z.B. nationales) Wahrheitsverständnis.
3. Weist keine rationalen, sondern höchstens *rationalisierte* Argumente auf.
4. Ist philosophisch unflexibel (widmet sich in der Welt *notwendig gewordenen* Themen philosophisch nicht).
5. Hat ein pragmatisches Verhältnis zur Philosophie und Wahrheit.

Der Philosoph als Experte
Robert Frodemans und Adam Briggles Kritik
an den Universitätsphilosophen des 21. Jahrhunderts

> „Philosophen mögen ihren Mitbürgern viel zu sagen haben,
> im Gegensatz zu Sokrates verweilen sie jedoch
> nicht mehr auf der *Agora*, um es zu sagen."
> Frodeman & Briggle

Ich komme nun zu zwei Autoren, deren Kritik an den Philosophen ein
wenig erstaunt, wenn man bedenkt, dass sie sich auf die akademisch-
en Philosophen der Gegenwart, also des 21. Jahrhunderts bezieht, und
besonders der Kritik von Schopenhauer und Nietzsche sehr *ähnlich*
ist, also von Philosophen, die vor mehr als 150 Jahren ihrerseits die
Universitätsphilosophen kritisierten. Dass in solch einem durchaus
langen Zeitraum scheinbar kaum eine nennenswerte Weiterentwick-
lung der akademischen Philosophen in eine bestimmte Richtung
stattgefunden hat – zumindest in Bezug auf gewisse Merkmale, die
besonders Nietzsches Kritik ausmachte – ist deshalb eine Erwähnung
wert. Die beiden US-amerikanischen Philosophen Robert Frodeman
und Adam Briggle weisen in ihrem 2016 veröffentlichten Buch *Socrates Tenured* jedoch nicht nur auf die Makel der zeitgenössischen akademischen Philosophen hin, sondern zeigen auch ihre historischen
sowie gegenwärtigen Ursachen auf, und stellen ihre eigene, alternative Konzeption vor, welche die von ihnen vorgebrachten Defizite beseitigen soll.[46]

Die Ausgangslage der beiden Autoren liegt in ihrer Feststellung,
dass der Fortbestand der modernen Universitätsphilosophie in Gefahr ist, weil ihr angeblich nicht existenter *Nutzen* (bzw. generell jener der Humanwissenschaften) zunehmend der öffentlichen und poli-

---

[46] Wenn nicht anders angegeben, beziehen sich alle im Folgenden angeführten Zitate
und Seitenangaben auf Frodemans und Briggles Buch: *Socrates Tenured. The Institutions of Twenty-First-Century Philosophy* (2016).

tischen Kritik ausgesetzt ist und gleichzeitig neue „philosophische"
Akteure auf der gesellschaftlichen Landkarte auftauchen, welche die
modernen Universitätsphilosophen scheinbar obsolet machen. Die
Autoren möchten die Philosophie deshalb vor allem als Beruf retten,
aber auch ihren Einfluss in der Welt erhöhen. Denn für sie erhob sich
in den letzten Jahren ein neuer Typus von „Philosophen", welche sich
nicht auf den Universitäten wiederfinden, sich vielleicht sogar selbst
nicht als Philosophen bezeichnen, jedoch eine Rolle erfüllen, die akademische Philosophen für Frodeman und Briggle bereits lange verlas-
sen haben – nämlich einen *Einfluss* auf die Gestaltung ihrer Umwelt
bzw. der Gesellschaft auszuüben; beispielsweise durch Blogs, *You-Tu-*
be-Kanäle, Magazine oder durch ihre Arbeit in Denkfabriken und außerakademischen Instituten. Denker, die am ehesten Nietzsche im
Auge hatte, welche nicht oder nicht ausschließlich vermittels der Ver-
öffentlichung von Texten philosophieren, sondern den Anspruch erheben, „die Welt" zu gestalten. Die Gruppe dieser außerakademischen
„Philosophen" nennen Frodeman und Briggle „Gelehrtenrepublik" (*re-*
public of letters). Deren Vertreter, welche selten einen Doktor in *Philo-*
sophie haben, beschäftigen sich mit modernen gesellschaftlich relevanten Themen, wie zum Beispiel mit der Globalisierung, Klimaver-
änderung, Künstlichen Intelligenz oder der Genforschung; primär jedoch nicht oder nicht ausschließlich dadurch, dass sie sich darüber
mittels *Texten* zu Wort melden.

Es gibt meines Erachtens drei Ebenen in Frodemans und Briggles
Buch, auf denen die Analyse der Philosophen von den beiden Autoren
vollzogen wird: Auf jener der *historischen* Bedingungen und Veränderungen, die zu den Merkmalen der gegenwärtigen Universitätsphilosophen geführt haben. Auf jener ihrer negativen Eigenschaften selbst.
Und auf jener, welche den Lösungsvorschlag aus diesen Defiziten beschreibt. Der Lösungsvorschlag stellt ein alternatives Modell dessen
dar, wie sich ein echter Philosoph zeigt bzw. *auch* zeigen kann.[47] Mit

---

[47] Frodeman und Briggle verwenden kaum Begriffe wie falsch, richtig, echt oder wahr,
wenn sie die akademischen Philosophen beurteilen. Da dies dennoch vereinzelt vor-
kommt, sehe ich es nicht als ungerechtfertigt an, ihre Kritik im Zusammenhang mit
Kennzeichnungen wie falscher oder echter Philosoph zu verwenden, welche ich in
diesem Buch bislang gebrauchte. Ich möchte aber fair bleiben – die beiden Autoren

diesem, der, wie erwähnt, Nietzsches Position durchaus nahe kommt, sich jedoch mehr auf den „Alltag" und weniger auf die Kultur im Ganzen konzentriert, werde ich beginnen, bevor ich auf die Makel der modernen Universitätsphilosophen in Frodemans und Briggles Schrift eingehe.

Echte Philosophen als „Feldarbeiter"

Es liegt keine Willkür darin, dass der Titel ihres Buches Sokrates enthält, denn genau seine Art und Weise philosophisch tätig zu sein, soll für die Lösung der Probleme der modernen Philosophen einerseits Pate stehen, als auch andererseits Ausdruck eines echten Philosophen sein; einer Auffassung, der für Frodeman und Briggle die modernen Philosophen jedoch ablehnend gegenüberstehen. Denn Sokrates steht für eine Art zu philosophieren, die, wie sie es bezeichnen, *im Feld*, also direkt *in* der unmittelbaren Umgebung des Philosophen und der direkten Interaktion mit den Menschen in dieser stattfindet. „Feldphilosophie" oder „Philosophie im Feld" sowie „Feldphilosophen" sind jene Begriffe, die Frodeman und Briggle für diese Art zu philosophieren und solche Denker in die Philosophie einbringen wollen. In der „Feldphilosophie" sehen sie nicht nur ein zukunftsträchtiges Modell für die akademischen Philosophen,[48] sondern auch einen Ausdruck echter Philosophen. Ihr Verständnis eines solchen beruht jedoch nicht da-

---

behaupten nicht, dass jene Philosophen, die sie kritisieren, bereits aus den von ihnen genannten Gründen *falsche* Philosophen sind, sondern, dass ihrer Meinung nach die akademische Philosophie bzw. die meisten Universitätsphilosophen, jene Denker, die *außerhalb* der Fachkollegenschaft philosophieren, nicht als richtige Philosophen ansehen. Frodeman und Briggle treten deshalb für eine *pluralistische* Auffassung dessen ein, wer als echter Philosoph zu gelten hat. Falsche Philosophen wären demzufolge solche, welche nur *eine* Methode des Philosophierens und der Rahmenbedingungen hierfür als philosophisch legitim, als genuin philosophisch betrachten. Wenn ich demnach die Zuschreibung „falsche Philosophen" verwende und deren Merkmale beschreibe, so muss dieser Umstand berücksichtigt werden.

[48] Die beiden Autoren erwähnen drei, wie sie es nennen, „Philosophen-Modelle": Den (klassischen) *Akademischen Philosophen*, den *Philosophischen Bürokraten* (der, wie die akademischen Philosophen, zwar eine philosophische Ausbildung hat, jedoch vollständig in außerakademischen Berufsfeldern tätig ist. Auf diesen gehen die Autoren jedoch nicht näher ein), und den *Philosophen im Feld*. Diese drei sollen, wie die Autoren meinen, das „Ökosystem" der Philosophen im 21. Jahrhundert bilden. (vgl. S. 3)

rauf, dass genuine Feldphilosophen über *Feldphilosophie* nachdenken und anschließend ihre Einsichten darüber niederschreiben, ihren Fachkollegen präsentieren und mit ihnen darüber diskutieren. Feldphilosophen betreiben direkt *in der Praxis* Philosophie. Sie sind keine Denker, welche sich nur in Texten und auf Tagungen *über* die Praxis äußern, ansonsten aber nichts mit der Praxis zu tun haben. Feldphilosophen sind Philosophen, welche *als* Philosophen *in* der Praxis tätig sind. Für die beiden Autoren soll die normative Ausrichtung der Philosophen demzufolge (auch) durch die Praxis bestimmt werden:

> „[P]hilosophie muss als eine *Praxis* aufgefasst werden, in der Forschung und Lehre darauf ausgerichtet sind, jene philosophischen Momente zu erkennen, die in den anderen akademischen Fächern, in gesellschaftlichen Problemen, in öffentlichen und privaten Institutionen sowie im Alltagsleben liegen." (S. 4, H.i.O, e. Ü.)

„Philosophie im Feld" hat für die Autoren zwei grundlegende Charakteristika: Zuerst fügt sie *unternehmerische* Merkmale in die Tätigkeit des Philosophierens ein, wodurch das Arbeitsfeld der akademischen Philosophie erweitert wird; zum Beispiel, indem „Feldphilosophen" mit den naturwissenschaftlichen Fächern, Akteuren in der Politik, mit Nichtregierungsorganisationen oder der allgemeinen Bevölkerung *zusammenarbeiten*. Die Autoren weisen hierbei darauf hin, dass „Feldphilosophie, die normale ‚akademische' Philosophie ergänzt, statt sie abzulehnen" (S. 2, e. Ü.). Deshalb möchten sie auch, dass die Philosophen bei ihrer Fakultät angestellt bleiben und nach ihrer Tätigkeit mit jenen Arbeitsbereichen wieder zurückkehren, um ihre Erfahrungen niederzuschreiben. Zweitens soll dadurch eine nähere Beziehung der Universitätsphilosophen zu (vorerst) nicht-philosophischen sowie öffentlichen Themengebieten hergestellt werden, die jene „Gelehrenrepublik" bereits besitzt. Das Konzept der Feldphilosophie soll die Kluft schließen, welche die akademischen Philosophen mit den anderen Wissenschaften, der Privatwirtschaft, aber auch mit der Öffentlichkeit haben.[49] Dabei stellen sich Feldphilosophen auf die aktuellen Bedürf-

---

[49] Die in der Einleitung erwähnte Philosophin Ayn Rand sieht hingegen den *Intellektuellen* und nicht den akademischen Philosophen in der Rolle diese Kluft zu schließen. So schreibt sie in ihrem Buch *For the New Intellectual* (1961): „Der Berufsintellektuelle ist der Feldsoldat jener Armee, deren Oberbefehlshaber der *Philosoph* ist. Der Intel-

nisse und den „Rhythmus" ihres gegenwärtigen Umfeldes und der Gesellschaft ein. Für die Autoren bedeutet dies, dass Philosophen sich mit Themen beschäftigen, die für die Arbeit von Interessensvertretern bzw. der Beteiligten (etwa für Politiker oder Umweltaktivisten) relevant sind, wodurch Philosophen direkt und auf deren Wirklichkeit bezogen philosophieren. Hierdurch philosophieren Feldphilosophen nicht nur zeitgemäß, sondern legen den Fokus auch auf die Anliegen ihrer außerphilosophischen Zielgruppe, da sie die Themen und Untersuchungsgegenstände ihrer philosophischen Analysen aus den sie umgebenden Menschen *nehmen*, zum Beispiel, indem bestimmte Fragen, Probleme sowie Anliegen *für diese* gerade eine Bedeutung und Signifikanz haben.

Für Frodeman und Briggle liegt das Ziel von Feldphilosophen im *Nutzen* für die Gesellschaft, folglich sollten die von ihnen entwickelten philosophischen Einsichten und Positionen *Einfluss* auf die gesellschaftliche Realität nehmen. Für die beiden Autoren ist die Trennung – die für sie ein charakteristisches Merkmal der klassischen Universitätsphilosophie ist – zwischen der Erzeugung von Erkenntnis und ihrer Anwendung bei Feldphilosophen aufgehoben. Echte Feldphilosophen agieren deshalb im Allgemeinen auf folgende Weise:

> „Sie bringen sich ein, passen sich an, reagieren, zwicken, hören zu – sie machen Philosophie in Echtzeit, *in medias res*, in den Zwischenräumen des Denkens und Handelns." (S. 73, H.i.O., e. Ü.)

Frodeman und Briggle betonen die Vielfältigkeit sowohl in den Arbeitsfeldern als auch den Praktiken, wo und wie sich Feldphilosophen ausdrücken können. Sie können in der philosophischen Interaktion mit Interessensgruppen oder der Bevölkerung zum Beispiel andere Orte als ihr Zuhause, ihr Büro oder die Örtlichkeiten ihrer Universität

---

lektuelle trägt die Anwendung der philosophischen Prinzipien zu jedem Bereich menschlicher Unternehmungen. Er legt die Richtung einer Gesellschaft fest, indem er die Gedanken vom ‚Elfenbeinturm' des Philosophen zu den Universitätsprofessoren, Schriftstellern, Künstlern, Zeitungsjournalisten, Politikern, Filmemachern, Nachtklubmusikern und zu dem Mann auf der Straße weitergibt. Die konkreten Berufe des Intellektuellen liegen in jenen Wissenschaftsfeldern, die den Menschen studieren, den so genannten ‚Geisteswissenschaften', aber gerade deshalb erstreckt sich sein Einfluss auf alle anderen Berufe." (S. 21, H.i.O., e. Ü.)

aufsuchen, denn auch Sokrates philosophierte im Getümmel der attischen Gemeinschaft und nicht in abgekapselten Studienräumen:

> „[E]röffne einen Standort im Einkaufszentrum, wo sich Philosophen der
> Öffentlichkeit zur Verfügung stellen." (S. 117, e. Ü.)

Ebenso können Feldphilosophen, ohne unphilosophisch zu werden,
die *Einstellung* von Sokrates zu epistemischen Aspekten („Ich weiß,
dass ich nichts weiß") an den Tag legen oder die sokratische *Methode*
des Philosophierens anwenden. Hierzu meinen Frodeman und Briggle
beispielsweise:

> „[D]ie Rolle des Philosophen besteht darin, Unwissenheit oder zumin-
> dest Skepsis bezüglich stichhaltiger Überzeugungen kund zu tun, und
> gleichzeitig die Wichtigkeit zu betonen, grundlegende Annahmen zu
> hinterfragen und zu überdenken." (S. 79, e. Ü.)

Damit möchte ich diese kurze Darstellung des von Frodeman und
Briggle vorgestellten Modells des *Feldphilosophen* als *eine* Variante
echter Philosophen abschließen. Da dieses Modell die direkte *Antwort*
der beiden Autoren auf die Defizite der modernen Universitätsphilosophen ist, wird die Darstellung ihrer Mängel indirekt auch weitere
Merkmale von Feldphilosophen als einer Variante echter Philosophen
aufzeigen.

Der falsche Philosoph des 21. Jahrhunderts

Frodeman und Briggle machen in ihrem Buch, wie erwähnt, auch eine
historische Analyse über die Entstehung jener Eigenschaften, welche
die gegenwärtigen Universitätsphilosophen kennzeichnen – auf diese
möchte ich kurz eingehen: Als die Natur- und Sozialwissenschaften
auf den Universitäten im 20. Jahrhundert die bestimmenden Wissenschaften in Bezug auf die Produktion von Wissen wurden, sah sich die
Philosophie mit der verzwickten Situation konfrontiert, zu bestimmen, welche Rolle ihr als eigenständige Disziplin noch zukommen
sollte. Sollte sie das erzeugte Wissen der anderen Wissenschaften
synthetisieren; ihre „Forschungslogik" entwickeln, indem sie sich ihren Formalisierungen zuwendet; die anderen Disziplinen integrieren
und als „Ganzes" anschließend der Welt verkünden; zu einer Disziplin
von Spezialisten beispielsweise der Ethik, Ästhetik, Erkenntnis, des
Geistes werden; oder zu einer Mixtur aus all diesen? In diesem von

den Autoren bezeichneten „Reinigungsprozess" (hin zu einer wissenschaftlichen Philosophie) ergab sich schlussendlich der Zustand, dass ein Philosoph auf den Universitäten zu einem *Spezialisten* ausgebildet wurde, welcher auf mindestens einem philosophischen Fachgebiet Expertise besitzt und sich von nun an und *durch* die Ausübung seiner Expertise als (echter) Philosoph qualifiziert. Durch diesen Prozess, der innerhalb der Philosophie eine *Standardisierung* mit sich brachte, wurde ein Denker von allem „gereinigt", das nicht wissenschaftlich war. Kriterien der akademischen Disziplin *Philosophie* legten von nun an den Standard dafür fest, welche Eigenschaften ein echter Philosoph hat und haben sollte. Für die Autoren hat mit diesen historischen Veränderungen der sokratische Typus des Philosophen (der „Nicht-Experte", Infragesteller und Quälgeist, vgl. S. 7) als Typus eines echten Philosophen aufgehört zu existieren und einem neuen Typus, dem Typus des Philosophen als *Experte* Platz gemacht.

Neben der Spezialisierung und Standardisierung führte der „Reinigungsprozess" weiters dazu, dass innerhalb der Philosophie Wissen und Tugend getrennt wurden. Tugenden wie Integrität und Selbstlosigkeit, die „Liebe zur Weisheit" als Form einer Tätigkeit (und nicht nur eines Lippenbekenntnisses) sowie das Ideal, dass die Anstellung als Philosoph gleichzeitig eine Berufung war, verloren für Frodeman und Briggle ihre Bedeutung als Identifizierungsmerkmale eines echten Philosophen. Charakterzüge und Überzeugungen, welche die Philosophen *vor* jenem Prozess von den Merkmalen anderer Wissenschaftler, aber auch von jenen der „normalen Bürger" abgrenzten, büßten diesen Status ein. *Vor* jenem Reinigungsprozess lag der Sinn der Philosophie für Frodemann und Briggle mehr darin, *gut* zu werden, statt „bloß Wissen zu sammeln oder zu produzieren" (S. 10, e.Ü.). *Nach* dem Reinigungsprozess konnten sowohl Wissenschaftler als auch Philosophen als Experten über ein bestimmtes Thema klassifiziert werden. Aus den Philosophen konnte jedoch keine höherwertige, auf Ethik beruhende Lebensweise mehr abgeleitet werden. Schlussendlich entstand folgender, heute anzutreffender Tatbestand, der die gegenwärtigen akademischen Philosophen charakterisiert:

„Philosophische Tätigkeit ist zu einem Wettbewerb geworden, um zu zeigen, wie geschickt ein Denker im Kreieren oder Zerstören von Argumenten sein kann. Wie die Naturwissenschaften wurde auch die Philosophie zu einem technischen Unterfangen – der Unterschied liegt nur darin, dass wir mit Worten statt Genen hantieren. Verloren war die einst auf dem gesunden Menschenverstand beruhende Auffassung, dass Philosophen nach dem guten Leben streben – dass wir (trotz unseres Versagens) danach streben sollten, vorbildliche Bürger und Menschen zu sein. Indem wir Spezialisten wurden, haben wir das Ganze aus dem Blickfeld verloren. Heute geht es in der Philosophie darum, klug statt gut zu sein." (S. 10, e. Ü.)

Die Autoren führen zwar besonders die institutionellen Veränderungen als Ursachen der Defizite der aktuellen Universitätsphilosophen an, weisen aber darauf hin, dass diese jene Umstellungen geduldet bzw. sich dafür entschieden haben, sich selbst in Bezug auf die neuen Strukturen zu *disziplinieren* (und dies auch noch immer tun). Diese Disziplinierung zur „Reinheit" hätte für die beiden Autoren in der Philosophie jedoch überhaupt nicht stattfinden dürfen, denn echte Philosophen können niemals „rein" sein, weil echte Philosophie stets *mangelbehaftet* ist:

„Unsere Forderung kann ganz einfach ausgedrückt werden: Die Philosophie hätte niemals gereinigt werden dürfen. Anstatt als Problem hätte ‚Dreck am Stecken haben' [*dirty hands*] als die ursprüngliche Bedingung des philosophischen Denkens aufgefasst werden müssen – eine Sache, die überall präsent, oft dazwischen und im Wesentlichen inter- und transdisziplinärer Natur ist. Die Philosophie ist ein Mangel. Die Hände des Philosophen waren niemals rein und sollten es auch niemals sein." (S. 9, e. Ü.)

Für die Autoren sollten die Resultate jenes historischen „Reinigungsprozesses", die heute in der Philosophie beispielsweise durch ihre Spezialisierung, Akkreditierung oder Professionalisierung deutlich sichtbar sind, deshalb als *Problem* für die philosophische Forschung angesehen werden (vgl. S. 59). Doch schauen wir uns an, welche konkreten philosophischen Makel sich in den modernen akademischen Philosophen wiederfinden. Die nun folgende Darstellung der Merkmale, die Frodeman und Briggle vorbringen, werde ich in zwei Gruppen einteilen. Die erste Gruppe bezieht sich auf den *Arbeitsbereich* und den *Bezugsrahmen* der philosophischen Tätigkeit, die zweite auf die *Qualität* und das *Ziel* dieser Tätigkeit.

Der Makel, *sozial isoliert* zu philosophieren

Die modernen Universitätsphilosophen kennzeichnen sich für Frodeman und Briggle dadurch, dass sie Spezialisten bzw. Experten einer bestimmten philosophischen Disziplin sind; zum Beispiel der Ethik, Erkenntnistheorie oder Philosophie des Geistes. Philosophen, die sich als Spezialisten und Experten begreifen, setzen damit jedoch stets disziplinäre Grenzen voraus, weil sie nur dann Experten sein oder als solche gelten können, wenn sie andere, mit ihrer Expertise vielleicht sogar zusammenhängende Forschungsfragen philosophisch ausklammern und *ignorieren*; zum Beispiel die Probleme anderer Wissenschaftsdisziplinen oder der Gesellschaft. Die Spezialisierung innerhalb der Philosophie weist für die beiden Autoren also unvermeidlich den „Grundgedanken" auf, dass philosophisches Denken innerhalb klarer Grenzen zu halten ist, weil nur auf diese Weise Expertise zu erwerben, zu festigen und auszubauen ist. Denn auch die Philosophen, wie alle anderen Wissenschaftler ebenso, können nicht in allen Wissensgebieten Experten sein, weshalb es notwendig der Fall ist, dass sich Expertise nur auf bestimmte Themen, Schwerpunkte, Fragestellungen, Problemlagen und Forschungsbereiche konzentriert und begrenzt. Dieser Umstand führte und führt zu einer Situation der akademischen Philosophen, welche die Autoren als *soziale Isolation* bezeichnen – die sich auf unterschiedlichen Ebenen bemerkbar macht.

Bereits auf der Ebene der *Inhalte* spiegelt sich die durch die Spezialisierung hervorgerufene soziale Isolation der Philosophen wider:

> „Die soziale Isolation der Fachdisziplin formt den Inhalt des philosophischen Denkens." (S. 133, e. Ü.)

Inhaltliche Einschränkungen ergeben sich für die beiden Autoren primär aufgrund einer nach „innen gerichteten" Bindung der akademischen Philosophen an die Themen und thematischen Schwerpunkte ihrer Forschungsdisziplin. Die philosophische Bearbeitung von Forschungsfragen bezieht sich zumeist auf die Schwerpunkte ihrer *disziplinär ausgerichten* Fakultät, und wird ebenso zumeist innerhalb dieser durchgeführt. Der philosophische „Überbau", der die Philosophen aufgrund der Ausübung ihrer Tätigkeit auf spezialisierten Fakultäten bzw. innerhalb einer Disziplin umgibt, wird von den Autoren „Regionalontologie" oder „regionale Ontologie" (*regional ontology*) genannt. Allerdings fragen sie sich, ob die Natur der Philosophie, wie bereits erwähnt, nicht vielmehr darin liegt „dazwischen zu sein, und überall auftauchen zu können?" (S. 79, e. Ü.).[50] Ein Verständnis von philosophischer Berufsausübung als „lokal begrenzte Wirklichkeitslehre" ist aus meiner Sicht die primäre Ursache für die gegenwärtige soziale Isolation der akademischen Philosophen, denn sie betrifft die kaum vorhandene Beziehung zu außerdisziplinären Themengebieten, zu den anderen Philosophen der eigenen Fakultät, zu Wissenschaftlern anderer Fachrichtungen sowie zu Menschen außerhalb des akademischen Betriebes (zum Beispiel zu Akteuren der Privatwirtschaft, der Politik oder der Bevölkerung). Merkmale dieser berufsmäßigen Isolation der Philosophen von fachfremden Akteuren und der Gesellschaft beschreiben Frodeman und Briggle folgendermaßen:

> „Monografien und Artikel agieren im selben institutionellen Raum, dem auf die Fachdisziplin bezogenen Raum der Professoren, die Erkenntnis [*knowledge*] als akademische Aufgabe betrachten. Ihre Arbeit liegt hinter einer Mauer, die ein internes Publikum von Gleichgesinnten von anderen Fachdisziplinen und der Gesellschaft außerhalb trennt. Und so wie Autos dazu neigen, Fußgänger auszugrenzen, so neigt dieser Fokus auf die Fachdisziplin dazu, alternative Arten des Forschens auszugrenzen. Außerhalb der eigenen Fachkollegenschaft tätig zu sein, wird als unseriös angesehen – als wissenschaftlich unzureichend, als bloße Popularisierung, oder als Ausdruck des gefürchteten Dienstleistungssektors. Oder noch schlimmer, als Verrat an ‚echter' Gelehrsamkeit [*scholarship*]." (S. 142, e. Ü.)

---

[50] Für die beiden Autoren können sich regionale Ontologien innerhalb des Wissenschaftsbetriebes auf unterschiedlichen Ebenen zeigen: Zum Beispiel als Naturwissenschaft auf der einen und Sozialwissenschaft auf der anderen Seite, die beide strikt getrennte „Seinsbereiche" deklarieren (vgl. S. 34); aber auch innerhalb *einer* Wissenschaft, zum Beispiel als Wissenschaftsphilosophie oder Ethik. Als Gegenstück der „Regionalontologie" innerhalb der Philosophie meinen die Autoren an einer Stelle: „Statt einer Regional- ist die Philosophie eher eine Fundamentalontologie [...]" (S. 48, e. Ü.).

Die Tatsache der modernen Universitätsphilosophen an ihren Fakultäten nur disziplinär-festgelegte Themen oder diese nur innerhalb einer bestimmten „Denkschablone" zu behandeln, betrachten die Autoren jedoch als unphilosophisch. Sie sehen die Philosophie als etwas, dass *inhaltlich* keine Grenzen des Denkens kennt. Für die Autoren war es folglich ein Fehler, dass sich die Philosophie zu einer akademischen *Disziplin*, wie jede andere Wissenschaft, herausgebildet hat, weil nun auch die Philosophen, neben ihrer Standardisierung und Spezialisierung, bloß Angehörige einer mehr oder weniger „lokalen" Forschungsstätte sind, die in ihrem Büro, den Büchereien und Seminarräumen „ihre Heimat" haben, aber nicht mehr in der Welt „da draußen" (und dies auch als richtig ansehen). Denn trotz ihrer Spezialisierung und Expertise, d.h. ihres durchaus vorhandenen Wissens über ein Fachgebiet, gibt es keine direkte Interaktion der Universitätsphilosophen mit den Menschen außerhalb ihrer Fachdisziplin, um ihnen ihr „Wissen" mitzuteilen – oder wie die beiden Autoren diesen Umstand bezeichnen:

> „Philosophen mögen ihren Mitbürgern viel zu sagen haben, im Gegensatz zu Sokrates verweilen sie jedoch nicht mehr auf der *Agora*, um es zu sagen." (S. 16, H.i.O., e. Ü.)

Die „asoziale" Bindung an die Fachdisziplin geht für Frodeman und Briggle sogar soweit, dass die Universitätsphilosophen mehr Kontakt zu *Fach*kollegen als zu den „Kollegen" ihrer eigenen, lokalen Arbeitsstätte haben:

> „Heute haben Philosophen engeren Kontakt und stärkere Verpflichtungen gegenüber Fachkollegen auf der ganzen Welt als gegenüber ihren außerdisziplinären Mitarbeiten auf ihrem Campus." (S. 117, e. Ü.)

Philosophie sozial isoliert zu betreiben, bedeutet für Frodeman und Briggle demnach, dass die akademischen Philosophen abgeschieden von *allen* Menschen außerhalb ihrer disziplinären Kollegenschaft (*Fach*kollegen) philosophisch tätig sind.

Um der „Asozialität" noch die Krone aufzusetzen, zeigt sich diese sogar (auf eine bestimmte Weise) gegenüber jenen Philosophen *desselben* Fachgebietes. Und dies für Frodeman und Briggle durch das Format der Einzelpublikation, in dem philosophische Schriften heutzuzutage veröffentlicht werden:

> „Einzel-Publikationen sind der Goldstandard der Philosophie, während
> Teamarbeit [*coauthoring*] verpönt ist – um es mit den Worten eines
> unserer Fakultätsgutachten auszudrücken, Teamarbeit [*co-authoring*]
> ‚deutet auf einen Mangel an Forschungskreativität hin.' Dieser Befund
> zeigt sich besonders dann auffallend, wenn Philosophen kommunitäre
> Schriften innerhalb solcher Organisationsstrukturen, Praktiken und
> Einstellungen produzieren, die durch und durch libertärer Natur sind.
> Die Haltung ist tief verwurzelt; wie einer unserer Kollegen anführt: ‚Wir
> sind nicht wirklich eine Abteilung; wir sind eine Gruppe von Individuen,
> die für Aufgaben, welche die Abteilung betreffen, gelegentlich zusam-
> menkommen.'" (S. 117, e. Ü.)

Dieser Zustand ist für Frodeman und Briggle durch eine bestimmte
Auffassung der akademischen Philosophie von philosophischer *Quali-*
tät scheinbar auch „gewünscht" oder sogar geboten (darauf komme
ich im nächsten Abschnitt zurück). Der Standpunkt oder Slogan: „Philosophie ist Einzelarbeit, nicht Teamarbeit"[51] ist für Frodeman und
Briggle somit ein weiterer Missstand, der die soziale Isolation der
akademischen Philosophen reproduziert und verstärkt, insbesondere
wenn diese Art des „Einzelgängertums" als Kriterium für richtiges
Philosophieren gilt – das gegenwärtig auch der Fall ist.

Neben den institutionellen Strukturen gibt es für die beiden Autoren aber auch einige *Vorurteile*, denen die gegenwärtigen Philosophen selbst unterliegen und die ihre soziale Isolation ebenso am Leben erhalten. Letztere scheinen nämlich zu denken, dass sie ihre *Au-*
tonomie verlieren, wenn sie sich den anderen Fakultäten, aber besonders der Bevölkerung öffnen. So glauben für Frodeman und Briggle die Universitätsphilosophen, in Anlehnung an Kant, dass die Philosophie fremdbestimmt werden würde, wenn sie sich Themen und
Problemen philosophisch widmet, welche nicht intern, von der Fachkollegenschaft festgelegt werden, sondern extern, zum Beispiel von
der Gesellschaft. Denn sie sehen echte Philosophen nicht darin, „an
ihre Zeit gebunden" zu philosophieren, sondern darin, *zeitloses* Wis-

---

[51] Zu Ohren gekommen ist mir diese Aussage in der Vorlesung *Antiakademisches Philoso-*
phieren, welche der österreichische Philosoph Konrad Paul Liessmann im Jahre 2012
an der Universität Wien hielt.

sen zu produzieren. Doch einerseits stellt die Gesellschaft den Philosophen indirekt Ressourcen (Geld, Zeit, Anstellung) für ihre Forschung zur Verfügung, weshalb es für Frodeman und Briggle gerechtfertigt ist, von den Philosophen zu fordern, einen Beitrag für gesellschaftliche Probleme zu leisten. Und andererseits meinen sie, dass nur die Themen, Fragen oder Problemstellungen, denen sie sich widmen „sollen", extern „vorgegeben" werden. Die *Art und Weise* auf diese zu reagieren, diese zu analysieren und zu beurteilen, könne die Autonomie der akademischen Philosophen jedoch ebenso begründen und legitimieren. Das bedeutet, um es mit meinen eigenen Worten zusammenfassen: Der Wahrheit, welche die Zeit „verlangt", mittels einer *philosophischen* Perspektive und Methode nachzugehen, bestimme die Autonomie der Philosophen. Genau darin könnten sie sich weiterhin von den anderen Wissenschaftsdisziplinen und der Bevölkerung unterscheiden und abgrenzen. Allerdings fassen die modernen akademischen Philosophen Autonomie nicht auf eine solche Art und Weise auf, weil sie für Frodeman und Briggle *autonom* (selbstbestimmt) mit *autotelisch* (selbstgerechtfertigt) verwechseln:

> „Akademische Philosophen haben diese Begriffe allzu oft verwechselt, in der Annahme, dass die einzige ihnen zur Verfügung stehende Auffassung von Autonomie, eine autotelische sei: die einzige Möglichkeit, selbstbestimmt zu sein, darin besteht, sich selbst in einer Welt jenseits des Nutzens zu positionieren." (S. 63, c. Ü.)

Autonomie, verstanden als Selbstrechtfertigung, ist jedoch auf eine bestimmte Weise selbstvalidierend, da sich die Philosophen hierbei untereinander über die zu *behandelnden* Themen und Fragestellungen selbst beurteilen und legitimieren, ohne, dass eine externe Instanz oder externe Kriterien, wie gesellschaftlicher Einfluss und Nutzen *hinzukommen*. Autonomie, verstanden als Selbstbestimmung, lässt den Adressat der zu behandelnden Themen und die Beurteilung philosophischer Positionen und Argumente hingegen offen bzw. wird dies nicht zwangsläufig und ausschließlich von Fachkollegen vorgenommen. Eine falsche Auffassung der akademischen Philosophen von Autonomie kann sich für Frodeman und Briggle sogar als „Blindheit" oder Narzissmus zeigen, besonders dann, wenn jene, wie die Autoren behaupten, die großen Veränderungen, welche das akademische Fach

Philosophie betreffen, einfach ignorieren und den Status quo nicht ändern wollen, obwohl dieser in der Kritik steht (vgl. S. 119).

Die soziale Isolation der Philosophen findet sich primär auf vielen strukturellen Ebenen der Universitätsphilosophie: Auf jener der philosophischen Themen, die nicht extern, durch Bezug auf „fachfremde" Angelegenheiten festgelegt werden, sondern durch die Schwerpunkte jener Fachdisziplin, zu der die Universitätsphilosophen gehören. Weiters auf den Ebenen einer nicht oder kaum vorhandenen philosophischen Interaktion der Philosophen mit Kollegen ihrer eigenen Abteilung, mit Universitätskollegen anderer Wissenschaftsdisziplinen sowie mit der „Außenwelt." – ein Umstand, der bereits von Lukács Erwähnung fand –. Und um diese Isolation auf die Spitze zu treiben, geht sie sogar soweit, dass Einzelpublikationen als Standard in der Philosophie gelten und Teamarbeit als Mangel an „Forschergeist" angesehen wird. Jedoch empfinden, so Frodeman und Briggle, die meisten Philosophen die Idee, zum Beispiel mit der biologischen oder chemischen Fakultät philosophische Forschung zu betreiben, als unpassend oder sogar verrückt (vgl. S. 27). Es liegt also nicht *alleine* an den universitären Strukturen des modernen akademischen Betriebes. Auch die Philosophen selbst haben aufgrund ihrer eigenen Vorbehalte und Unzulänglichkeiten wenig Interesse daran, mit Akteuren außerhalb ihrer Fachdisziplin philosophisch groß in Kontakt zu treten.

Die beiden Autoren gehen im Verlauf ihres Buches auch der Frage nach, ob innerhalb der Philosophie bereits Forschungsrichtungen oder „Unterdisziplinen" existieren, welche das Bestreben haben, eine Art Feldphilosophie zu betreiben, weil sie sich allem Anschein nach auf eine praktische Art und Weise mit gesellschaftlichen Problemen befassen und vielleicht sogar mit den Beteiligten auf eine philosophische Art und Weise direkt interagieren; also um akademische Philosophen, welche die soziale Isolation der Universitätsphilosophie scheinbar durchbrechen. Frodeman und Briggle erwähnen als Möglichkeit hierfür die *Angewandte Philosophie*, die *Umweltphilosophie* bzw. *-ethik* und die *Bioethik*. Die ersten beiden bleiben, um es vorweg zu nehmen, trotz ihres praktischen Impetus, für die beiden Autoren innerhalb ihrer disziplinären Grenzen – nur bei der Umsetzung der

Bioethik sehen sie ihre Forderung nach einer „Philosophie im Felde"
am ehesten erfüllt, weshalb ich auf diese hier nicht weiter eingehen
werde –. Zum Beispiel philosophieren Vertreter der Angewandten
Philosophie auch nur auf solche Weise, indem sie Texte für andere
Philosophen desselben Fachgebietes schreiben; indem sie sich also
über ihre veröffentlichten *Texte*, zum Beispiel über praktische Hand-
lungsprinzipien, mit Fachkollegen der Angewandten Philosophie aus-
tauschen. Die *Anwendung* dieser Prinzipien gehört für diese Denker
jedoch scheinbar nicht in ihren Tätigkeitsbereich, da sie außerhalb
ihrer Textveröffentlichungen für Frodeman und Briggle keine weiteren philosophischen Bestrebungen hegen. Vertreter der Angewandten Philosophie können zwar, wie Frodeman und Briggle anführen,
durchaus philosophische „Einsichten" über ein Thema, welches *für die
Öffentlichkeit* relevant ist, haben, streben jedoch selbst nicht danach,
diese Einsichten der Öffentlichkeit direkt zu vermitteln, sondern nur
danach sie anderen Kollegen ihres Faches in Fachzeitschriften zu präsentieren und *diese* über ihre Einsichten ein Urteil fällen zu lassen.
Deshalb unterscheiden sich Denker der Angewandten Philosophie
nicht von den anderen akademischen Philosophen:

> „Anstatt eine philosophische Praxis innerhalb der Gesellschaft und über
> sie zu werden, konzentriert sich die Angewandte Philosophie darauf,
> philosophische Artikel für andere Philosophen zu verfassen." (S. 4, e. Ü.)
> „Gewiss, Angewandte und ‚traditionelle' Philosophen schreiben über
> verschiedene Angelegenheiten; aber sie schreiben es auf die gleiche
> Weise, an denselben Adressat." (S. 78, e. Ü.)

Wie erwähnt, ist eine bestimmte Unterscheidung wichtig, um Feldphilosophen von bloß „auf das Feld bezogenen" Denkern zu unterscheiden:

> „Unsere Untersuchung stützt sich auf eine in der Literatur kaum zu fin-
> dende Unterscheidung – zwischen dem Anbieten von Einsichten über
> ein Thema, das für Nicht-Philosophen von Interesse ist, und dem prak-
> tischen Bemühen, diese Einsichten in die laufende Arbeit nichtphiloso-
> phischer Zielgruppen tatsächlich zu integrieren." (S. 68, e. Ü.)
> „Es fehlt jede Reflexion darüber, wie man in bestimmte Entscheidungs-
> prozesse der Beteiligten [*stakeholders*] tatsächlich miteinbezogen wer-
> den kann, wie man Erkenntnisse effektiv in Gespräche einbringt oder

wie man die Auswirkungen der eigenen Bemühungen nachverfolgen
kann." (S. 74, e. Ü.)

Auch den Vertretern der Umweltphilosophie bzw. -ethik fehlen bestimmte Komponenten, weshalb sie für Frodeman und Briggle keine
„Feldphilosophie" betreiben. Umweltphilosophen bzw. -ethiker stellen fachfremden Akteuren im Gegensatz zu Vertretern der Angewandten Philosophie zwar durchaus philosophische Einsichten über ein
Thema, das für jene relevant ist, direkt bereit, weisen aber keine
praktischen Bemühungen auf, diese Einsichten in einer direkten Interaktion mit ihnen zu *integrieren*.

Die Autoren finden dementsprechend, dass Philosophen, welche
bloß interdisziplinär, transdisziplinär oder „angewandte" Philosophie
betreiben, ebenso nicht oder nicht notwendigerweise Feldphilosoph-
en sind, wenn sich ihre philosophische Arbeit nur auf Fachkollegen
und deren philosophische Arbeit bezieht oder sich weiterhin nur in
Texten, aber nicht in „Feldarbeit", also nicht in einer in Echtzeit aus-
geführten Interaktion mit den Beteiligten ausdrückt. Diese mögen der
sozialen Isolation nicht so heftig anheimfallen wie die klassischen
Universitätsphilosophen. Doch für die beiden Autoren würdigen auch
diese Sokrates und seine Methode des Philosophierens mehr in Worten als in Taten, da sie seine Methode entweder überhaupt nicht oder
nur unzulänglich praktizieren.

Der Makel, *sozial irrelevant* zu philosophieren

Ich komme zu dem zweiten großen Bereich, der einige Makel der modernen akademischen Philosophen innerhalb der Analyse von Frodeman und Briggle offenbart und der, wie erwähnt, meiner Ansicht nach
ein falsches Verständnis aufzeigt, wodurch jene die *Qualität* und das
Ziel der Philosophie bzw. ihrer philosophischen Arbeiten festlegen.
Denn für Frodeman und Briggle ist auch die Definition philosophischer Qualität in der Philosophie heutzutage einseitig und einzig und
allein nach den Prinzipien und Kriterien der *akademischen* Philosophie hin orientiert. Zum Beispiel entscheidet der Doktortitel, also ein
auf den Universitäten erworbenes Zertifikat, darüber, ob ein Denker

ein echter oder falscher Philosoph ist:
> „Der Doktorgrad erlaubt, zwischen echten Philosophen und Amateuren
> zu unterscheiden." (S. 50, e. Ü.)

Dieser ist quasi das Gütesiegel in Bezug auf die Glaubwürdigkeit, ein
echter Philosoph zu sein, und bietet Denkern dadurch die Legitimität
und den Zugang zu einer „Forschungsplattform", um unter Fachkollegen, und damit abseits der „unphilosophischen" Masse, Gehör und Anerkennung zu finden. Doch warum denken moderne akademischen
Philosophen, unabhängig von ihrem akademischen Titel, dass die „berufliche Abkehr" von der Gesellschaft ein philosophisches Qualitätskriterium bzw. nur dadurch philosophische Qualität zu erreichen ist?
Dahinter verbirgt sich für Frodeman und Briggle eine falsche Auffassung der Philosophen über den Begriff der Nützlichkeit, denn sie verwechseln *nützlich* mit *produktiv* (bzw. setzen diese gleich). Für die
beiden Autoren betrachtet der Hauptteil der Universitätsphilosophen
die Philosophie aus dem Grunde als gesellschaftlich nutzlos, weil sie
diese als ein Vorhaben betrachten, welches *rein* auf die Produktion
von Wissen fußt. Der Nutzen der Philosophen kann allerdings auch in
der *Wirkung* liegen, die philosophisches Sprechen auf den Verstand,
den Charakter und das Verhalten der Menschen ausübt, wie Sokrates
darin Wirkungen auf die Menschen seiner Zeit hatte; und nicht allein
in der Schaffung von (textualen) Wissensprodukten. Falls akademische Philosophen die Wirkung und den Einfluss ihrer Schriften überhaupt in Betracht ziehen, dann nur im Sinne eines von den Autoren
bezeichneten „passiven Diffusions-" bzw. „*trickle-down*"-Modells (vgl.
S. 110): Eine Ansicht, dass die Wirkungen von philosophischen Texten nur indirekt und hauptsächlich langfristig möglich sind, indem
sich die darin enthaltenen Gedanken und Positionen irgendwann in
der Welt ausbreiten und niederschlagen. Wenn es den Philosophen
also überhaupt um einen gesellschaftlichen Einfluss ihrer Philosophie
geht, dann soll dieser scheinbar bloß passiv und indirekt durch ihre
Schriften (irgendwie) geschehen, anstatt aktiv und explizit zu versuchen, einen solchen Einfluss herzustellen. Aufgrund dessen stellen die
beiden Autoren einen Vergleich mit jener erwähnten „Gelehrenrepub-

lik" auf und resümieren:

> „Die Dynamik der modernen Gelehrtenrepublik steht in starkem Kontrast zu dem nach innen gerichteten Konservatismus der gegenwärtigen Akademiker [...] Die akademische Philosophie dürfte gesellschaftlich eingeschlafen sein." (S. 2, e. Ü.)

Dieses Zitat spiegelt die Rückkoppelung wider, welche die „akademische Sozialisierung" auf die Universitätsphilosophen ausübt. Da ihr kognitiver Rahmen heutzutage nur nach „innen" gerichtet ist – auf Themen und Fragen, welche für die Fakultät bzw. die Fachdisziplin relevant sind –, beschäftigen sie sich nicht oder höchstens zufällig mit Themen und Fragen, welche (auch) für die Welt außerhalb der Fakultät eine Bedeutung haben. Die *Relevanz* eines philosophischen Themas, und damit ein *Ziel* der philosophischen Auseinandersetzung, wird nicht „aus der Welt" genommen. Die modernen Philosophen passen sich nicht der Welt an, wenn es um die Beschäftigung mit Themen, die Lösung von Problemen oder die Änderung von philosophischen Positionen und Argumenten geht, sondern positionieren sich durch die Wahl von intern festgelegten Parametern und Zielen als thematisch außerhalb der Welt stehend. Ihr nach „innen gerichteter Konservatismus" drückt für die Autoren deshalb, neben der sozialen Isolation, auch eine bestimmte Art von „epistemischer Geschlossenheit" (S. 133) aus.[52] Wenn eine thematische Korrespondenz zwischen „Philosophie und Welt" dennoch zustande kommt, dann basiert diese mehr auf dem Zufall als an bewussten Entscheidungen und Handlungen seitens der modernen Philosophen. Diese sehen für Frodeman und Briggle einfach keine Motivation darin, die Möglichkeit externen Einflusses und Erfolges als Kriterium dafür heranzuziehen, disziplinfremden Themen, Problemen und Fragen philosophisch nachzugehen.

Gesellschaftliche Relevanz ist aber auch kein Kriterium der Universitätsphilosophen für die Beurteilung der *Qualität* ihrer philosophischen Arbeiten. Eine Qualitätsbeurteilung findet zum Beispiel „anhand von standardisierten Bibliometrien wie der Anzahl von Zitierungen [statt]. Einfach in Peer-Review-Zeitschriften am laufenden Band

---

[52] Jedoch gehen Frodeman und Briggle nicht näher darauf ein, was sie unter „epistemischer Geschlossenheit" in diesem Kontext genau verstehen.

Veröffentlichungen produzieren und hoffen, dass eine davon Feuer fängt" (S. 110, e. Ü.). Mit der Phrase „Feuer fängt" wird auf die Resonanz durch Fachkollegen verwiesen, denn heutzutage ist für die Zunft der akademischen Philosophen ein Denker nur dann ein echter Philosoph, wenn er „den Anforderungen der Fachkollegen genügt" (S. 65, e. Ü.), und nicht, wenn er gesellschaftlichen Wert hat. Deshalb ist für die beiden Autoren auch nicht überraschend, dass Universitätsphilosophen davon überzeugt sind, dass sie „ihre intellektuellen Aufgaben und beruflichen Verpflichtungen erfüllt haben" (S. 74, e. Ü.), sobald sie in Fachzeitschriften publizierten, denn ein anderes Kriterium für philosophische Qualität gibt es für die zeitgenössischen, akademischen Philosophen nicht. Ob die darin enthaltenen Thesen, Konzepte und Argumente dagegen gesellschaftlich wertvoll und nützlich sind oder dahingehend überhaupt verwendet werden (können), darüber gibt es keine weiteren Bestrebungen seitens ihrer Verfasser. Die modernen Philosophen sind, wie bereits erwähnt, eben nur an der *Produktion von Wissen* interessiert, da sie ausschließlich danach streben, fertige Antworten auf (akademisch festgelegte) philosophische Fragen zu liefern, weil nur *dies* die Möglichkeit philosophischer Reputation mit sich bringt. Hierbei zeigt sich auch die bereits bei Schopenhauer und Nietzsche vorgebrachte Kritik, dass Universitätsphilosophen scheinbar nur die Wahrheit von Sätzen und Propositionen innerhalb von Texten untersuchen und als philosophisch legitim betrachten. Dieses historisch gewachsene Modell, die Qualität philosophischer Tätigkeit zu beurteilen, trug, so meinen Frodeman und Briggle, zwar zur Autonomie der Philosophie als eigenständige Wissenschaftsdisziplin bei, zieht man jedoch ihre öffentliche Bedeutung oder ihren gesellschaftlichen Einfluss als Maßstab für philosophische Güte heran, dann hat die Philosophie für sie versagt (vgl. S. 65). Sie war wissenschaftsintern also durchaus erfolgreich, da sie sich als autarke Disziplin etablieren konnte, extern hingegen nicht. Die sokratische Methode des Infragestellens, Rebellierens und eines Verstandes, welcher außerhalb konventioneller Strukturen denkt, bleibt der modernen Universitätsphilosophie großteils verschlossen. Eine Methode, die, wie erwähnt, durch die Disziplinierung der akademischen Philosophie (ihre Spezi-

alisierung, Professionalisierung etc.) im 20. Jahrhunderts entfernt
wurde und von den aktuellen Philosophen (auch) aus dem Grunde ig-
noriert wird, weil sie kein Qualitätskriterium, d.h. keine *legitime* Methode des *richtigen* Philosophierens mehr ist. Der Fehler der modern-
en Universitätsphilosophen liegt für Frodeman und Briggle einfach
darin, dass sie die institutionalisierte Form der Wissenschaft angenommen haben und anschließend durch dasselbe Verfahren wie alle
anderen Wissenschaften beurteilt wurden und werden – durch *Peer-*
Review-Gutachten; also der Beurteilung durch Fachkollegen.

Neben der Beurteilung der philosophischen Qualität liegt auch das
Ziel der meisten modernen Universitätsphilosophen für Frodeman
und Briggle nicht mehr darin, Einsichten und Erkenntnisse *direkt* zu
erhalten, sondern, durch die Übernahme der wissenschaftlichen Vorgehensweise, Fortschritte im „Bereich des Wissens" zu produzieren.[53]
Zum Beispiel haben die Universitätsphilosophen aufgehört, die Befun-
de der anderen Wissenschaften mittels philosophischer Argumente
zu untermauern bzw. zu widerlegen,[54] oder sie zu einem Ganzen ab-
zuschließen und zu synthetisieren, weil dies innerhalb der Philosophie etwa als *Weltanschauung* diskreditiert wurde und wird. Weiters,
dass die Probleme, welche die Gesellschaft betreffen, von den akademischen Philosophen überhaupt nicht als *philosophische* Probleme
aufgefasst werden und infolgedessen ihre Lösung für sie kein philosophisches Ziel ist; sie sind deren Meinung nach vielmehr sozialer oder
politischer Natur. Deswegen, so meinen zumindest Frodeman und
Briggle, sind die Philosophen bei bestimmten öffentlichen Debatten,
wie zum Beispiel über die *Fracking*-Methode oder die Klimaverände-
rung, nicht vertreten. Auch die Tatsache, dass sie kein Interesse mehr
daran haben, die Frage nach „dem Guten" oder dem guten Leben öf-

---

[53] Frodeman und Briggle kritisieren jedoch nur jenes Verständnis von „Wissen", welches
partikulare Fakten meint. Der Gegensatz zu diesem ist für sie die Zusammensetzung
einzelner Fakten zu einem „Ganzen" bzw. einer höheren Bedeutung (vgl. S. 34).

[54] Was den beiden Autoren meines Erachtens jedoch scheinbar entging, sind die Stellungnahmen, Entgegnungen und Kritiken mancher Philosophen gegenüber bestimmten Ergebnissen und Schlussfolgerungen der empirischen Wissenschaften; wie zum
Beispiel in der Debatte um den „Freien Willen" im Kontext neurobiologischer Ergebnisse, die sogar öffentliches Interesse weckte.

fentlich zu debattieren, weil sie diese als rein private, individuelle und relative Angelegenheit betrachten, kritisieren die beiden Autoren (vgl. S. 49). Weiters erwähnen sie den Makel, dass die Philosophen offenbar kein Interesse daran haben, zu bestimmen, ab wann philosophische Analysen bei einem bestimmten Thema kontraproduktiv werden (vgl. S. 29). Denn solange die Texte von niemanden außer den Fachkollegen gelesen werden, gibt es unter den akademischen Philosophen mehr eine Art „lemmingartige Wiederholung desselben, das gegenwärtig in Abteilung für Abteilung erreicht wird" (S. 4, e. Ü.), statt darüber nachzudenken, externe Kriterien als Marker genuiner Philosophie bzw. für das Ende der Auseinandersetzung mit einer Forschungsfrage einzuführen; besonders dann, wenn eine *endgültige* Antwort gegenwärtig nicht absehbar ist. Auch könnten die Philosophen das Ziel ihres Philosophierens darin sehen, das intellektuelle Gegenstück zur Gesellschaft oder ihr moralisches Gewissen zu sein (vgl. S. 49). Doch solche Ziele festzulegen, geschweige denn ihnen nachzugehen, entspricht nicht dem „Berufsbild" eines modernen „echten" Philosophen, weil die akademischen Philosophen für Frodeman und Briggle denken, dass moralische oder politische Werturteile nichts weiter als *relative* Überzeugungen sind und die Verlautbarung dieser somit nicht zu den Aufgaben eines echten Philosophen gehört.

Der Makel, der all die bislang angeführten Merkmale ausdrückt, liegt darin, dass die modernen Philosophen *sozial irrelevant* (geworden) sind. Darin liegt meines Erachtens auch das Kernstück der Kritik von Frodeman und Briggle an den akademischen Philosophen des 21. Jahrhunderts. Denn der Makel, sozial irrelevant zu philosophieren, spiegelt durchaus ihre soziale Isolation wider. Für die beiden Autoren ist dies allerdings nicht nachvollziehbar, da die Welt voller philosophischer Probleme ist. Für sie „verraten" die modernen Philosophen deshalb das Wesen der Philosophie:

> „[W]ir behaupten, dass die akademische Philosophie ihrer eigenen besten Natur untreu geworden ist, indem sie zu einer unnötig technischen Angelegenheit wurde, die hauptsächlich für andere Berufsphilosophen von Interesse ist – obwohl die Welt von Problemen, die philosophische Ausmaße haben, nur so wimmelt." (S. 30, e. Ü.)

Es liegt darüber hinaus nahe, dass die soziale Isolation und Irrelevanz
den philosophischen Bezug der akademischen Philosophen zur gesellschaftlichen oder politischen *Wirklichkeit* verzerrt oder zumindest
verzerren könnte. Dies führt dazu, dass die akademischen Philosophen einige weitere Vorurteile über echte Philosophie und die Gesellschaft haben. Zum Beispiel wird das *Fehlen* von sozialer und gesellschaftlicher Beteiligung von der Masse der Philosophen als „Zeichen
intellektueller Ernsthaftigkeit betrachtet" (S. 18, e. Ü.). Dies bedeutet,
dass echte intellektuelle Ernsthaftigkeit unter den modernen Philosophen scheinbar nicht durch soziales Engagement oder soziale Teilhabe, sondern nur durch die *Abkehr* von dieser zu erreichen ist. Will ein
Philosoph also innerhalb der philosophischen Gemeinschaft ernst genommen werden, dann darf er nicht auf eine philosophische Art und
Weise mit der „Welt" außerhalb der akademischen Philosophie interagieren (erinnern wir uns an Hannah Arendts Äußerung in der Einführung). Darin spiegelt sich auch jener im vorherigen Abschnitt bereits implizit erwähnte Makel wider, dass sich die Motivation der Philosophen, der Wahrheit nachzugehen, in einem, wie es die Autoren
bezeichnen, *solipsistischen* (nach innen-gerichteten) Modell der Professionalisierung wiederfindet. Die Autoren kritisieren diese Sichtweise im Vergleich zu einem Verständnis von Professionalität, das
zum Beispiel Ärzte oder Ingenieure haben:

> „[Die Wahrheit] wurde zu einer ‚Wahrheit-für-Fachkollegen' [*truth-for-
> fellow-adepts*] oder zu einem ‚Nachdenken mit Fachkollegen' [*contem-
> plation with-fellow-adepts*]. Doch Ärzte heilen nicht nur sich selbst und
> Ingenieure stellen nicht nur nützliche Geräte für andere Ingenieure her.
> Wir sehen keinen Grund, warum Philosophen in einem solipsistischen
> Modell der Professionalität gefangen sein müssen." (S. 63, e. Ü.)

Gesellschaftliche Relevanz und ihre Bedürfnisse sind aus den genannten Gründen keine Motivationsfaktoren moderner Universitätsphilosophen. Dabei müssen die klassischen Themen- und Fragestellungen
der Philosophie jedoch weder aufgegeben noch vernachlässigt werden, wenn Philosophen jene Relevanz und Bedürfnisse in ihr Denken
einbeziehen. Darin liegt ein weiteres Vorurteil, welches die akademischen Philosophen für Frodeman und Briggle haben. Die Motivation
der modernen Philosophen soll für die beiden Autoren jedoch genau

darin liegen, dass sie mit modernen Themen, die gebraucht werden, *gekoppelt* ist; und dies hätte weder die Aufgabe noch die Vernachlässigung ihrer akademischen Fragestellungen und Interessen zur Folge:

> „Was wäre, wenn wir die Lehrplan-Rubriken der Logik, Erkenntnistheorie, Metaphysik, Ethik und Ästhetik hinter uns ließen und stattdessen Kurse geben, deren Titel jedes Semester wechselt. Lehrveranstaltungen über Twitter, das Zika-Virus, El Niño und die nächste Wahl, in denen wir den Studenten zeigen, wie sie diese verschiedenen Sachverhalte mit einer philosophischen Perspektive angehen können? Dies bedeutet nicht, beispielsweise die Metaphysik *aufzugeben*; es bedeutet, *die Richtung zu ändern*, aus der wir den traditionellen Fragen begegnen." (S. 118, H.i.O., e. Ü.)

Die Autoren plädieren also nicht dafür, dass Eigeninteresse und persönliche Neugier an bestimmten Themengebieten und Fragestellungen für Philosophen motivational keine Bedeutung haben und nicht unterstützt werden sollten. Was sie kritisieren ist der Umstand, wenn diese Faktoren als Vorwand für philosophische „Luxusprobleme" und Schwelgereien verwendet werden oder der Fokus nur auf solchen Themen liegt, welche bloß für Denker vom Fach interessant sind. Eigeninteresse und individuelle Neugier können durchaus in Kombination zu Themen der Gesellschaft und Öffentlichkeit verfolgt werden. Frodeman und Briggle bezeichnen ihren Ansatz deshalb als „Neugier *plus Rücksicht*" (S. 137, H.i.O., e. Ü.). Denn sogar die „Metaphysik" ist für die breite, moderne Öffentlichkeit ein wichtiges Thema:

> „Die [philosophische] Debatte wird im Rahmen eines Aufrufs der Philosophen geführt. Man findet keinen Bezug zum tatsächlichen Leben der Menschen, zu den metaphysischen Fragen, die uns umgeben und mit Geburt und Sterben, Schöpfungen [*inventions*] und Transformationen verknüpft sind. Es gibt keine Anerkennung dafür, dass die Metaphysik aus einigen der intimsten und verhängnisvollsten Fragen unseres Lebens besteht." (S. 19, e. Ü.)

> „Philosophen beginnen mit Insider-Themen, aber metaphysische Sachverhalte sind jeden Tag in den Nachrichten." (S. 20, e. Ü.)

Das berufliche Desinteresse an gesellschaftlichen Problemen und Fragen könnte für Frodeman und Briggle im umgekehrten Falle aber auch daher rühren, dass die akademischen Philosophen denken, dass die Themen mit denen sie sich beschäftigen, für die Menschen außer-

halb ihrer Fachkreise nicht von Belang sind. Also nicht die Tatsache,
dass gesellschaftliche Themen für die akademischen Philosophen beruflich irrelevant sind, sondern auch deren Vorurteil, dass die Gesellschaft kein Interesse an ihren Themen, Problemen und Fragen hat,
drückt einen Makel der modernen Universitätsphilosophen aus, der
ihre soziale Irrelevanz am Leben erhält.

Schlussbemerkung

Die modernen Universitätsphilosophen müssen sich ändern. Sie müssen die Bedürfnisse und Probleme der sie umgebenden Welt in ihr
Denken einbauen, sich *in dieser* philosophisch äußern, darüber nachdenken, wie sie als Philosophen *Einfluss* auf ihre Umgebung nehmen
(können) und diese dann auch auf philosophische Art und Weise beeinflussen. Das ist die Quintessenz der Kritik und ihre Lösung von
Frodeman und Briggle. Ihre These, dass Feldphilosophen (ebenso)
wahre Philosophen sind, ist sozialphilosophischer Natur. Deshalb
liegt es ein wenig auf der Hand, dass jene Philosophen, die kein oder
kaum ein *philosophisches* Interesse an der Umgebung außerhalb ihrer
Fachdisziplin haben, von den beiden Autoren kritisiert werden. Die
beiden Autoren sind sich allerdings dessen bewusst, dass es auch Ge-
genwehr und kritische Stimmen gegenüber ihrer Feldphilosophie als
Ausdruck echter Philosophie gibt. Sie erwähnen zum Beispiel, dass
durch ihren Ansatz die Philosophie rein *nützlichkeitsbasiert* werden
und sich dem Neoliberalismus opfern würde, im Kern vulgär ist und
die Abwertung all dessen verkörpert, was an der Philosophie schön
ist. Frodeman und Briggle meinen hierzu jedoch, dass erstens ebenso
eine Schönheit darin liege, die Philosophie mit der Öffentlichkeit zu
verbinden, denn „die Philosophie ist keine so zarte Blume, dass sie
nicht ein klein wenig Prügel einstecken kann (S. 27, e. Ü.), wie dies für
die Autoren zum Beispiel Sokrates, Bertrand Russel oder John Dewey
taten, welche in und mit der Öffentlichkeit Philosophie betrieben.
Zweitens könnten gerade die akademischen Philosophen, wenn sie
sich in die Öffentlichkeit wagen, zum Beispiel den *Mangel* an Reflexion und Kontemplation in der Gesellschaft zum Thema machen und
dadurch andere als ökonomische oder ökonomisch-verwertbare As-

pekte in die öffentliche Sphäre bringen – und sodann ein anderes Verständnis von Nützlichkeit fördern.

Eine der wichtigen Fragen, denen sich die Autoren im letzten Kapitel widmen ist jene nach dem *Einfluss*, weshalb sie auch eine „Philosophie des Einflusses" (*philosophy of impact*) entwickeln möchten. Hierbei, wie sie selbst sagen, begeben sie sich auf nietzscheanisches Terrain, denn es geht vor allem um die Frage, welchen *Wert* Wissen hat. Die Philosophen müssen deshalb von der „Produktion von Wissen" Abstand nehmen und sich dem „Wert des Wissens", aber auch jenem der Philosophie widmen. Und letzteres hat mit der Rolle zu tun, die epistemische und philosophische Aspekte in der Welt einnehmen (sollen). Einen Einfluss auf ihr Umfeld und die Menschen können die Philosophen für Frodeman und Briggle auf verschiedene Weise ausüben: Zum Beispiel als Pädagoge, Provokateur, „guter Bürger", oder in einem aristotelischen (intrinsischen) Sinne, in dem Wahrheit, Schönheit und „das Gute" als Eigenwerte vertreten werden, aber auch in einem hegelschen Sinne, in dem vormals getrennte Sphären, zum Beispiel Wissenschaft und Technik, miteinander verbunden werden. (vgl. S. 142). Wichtig für Frodeman und Briggle ist, keine bloß verschriftlichte Philosophie über die Werte der Philosophie, sondern eine von den Philosophen initiierte *Realisierung* und *Implementierung* von philosophischen Werten in das wirkliche Leben der Menschen vorzunehmen.

Der Falsche Philosoph und seine Eigenschaften

Aus der Charakterisierung von Robert Frodeman und Adam Briggle über die Universitätsphilosophen des 21. Jahrhunderts lassen sich folgende Merkmale eines falschen Philosophen anführen:

1. Ist bloß Spezialist und Experte philosophischer Disziplinen.

2. Ist nur an der *Produktion* von Wissen interessiert – <u>Kennzeichen</u>:
   – Seine philosophische Tätigkeit erschöpft sich vollständig in der Produktion, Publikation und Beurteilung von *Texten*.
   → <u>Folgen:</u>
   a) Ist selbst nicht an der praktischen *Umsetzung* seiner philosophischen Positionen interessiert.
   b) Ist selbst nicht am *Einfluss* seiner philosophischen Positionen in der Gesellschaft interessiert.

3. Philosophiert sozial isoliert und irrelevant – <u>Kennzeichen</u>:
   a) Interagiert philosophisch nur mit *Fach*kollegen; nicht mit anderen Philosophen, Wissenschaftlern, lokalen Kollegen und der allgemeinen Bevölkerung.
   b) Lehnt Teamarbeit ab.
   c) Bezieht die *Inhalte* seiner Forschungsthemen, -fragen, -probleme aus der Fachgemeinschaft, nicht „aus der Welt."
   d) Ist überzeugt davon, dass die Qualität einer philosophischen Arbeit nur von *Fachkollegen* beurteilt werden soll.
   e) Ist überzeugt davon, dass die Qualität einer philosophischen Arbeit nur durch *agesellschaftliche Kriterien* vollzogen werden soll; gesellschaftlicher Nutzen ist hierfür bedeutungslos.
   f) Glaubt, dass er seine *Autonomie* verliert, wenn er sich fachfremden Akteuren „öffnet."
   g) Glaubt, dass die Welt sich nicht für Themen der (akademischen) Philosophie interessiert.

4. Ist überzeugt davon, dass nur *wissenschaftliche* (akademische) Philosophie echte Philosophie ist.

5. Ist überzeugt davon, dass der Doktortitel *notwendig* für einen echten Philosophen ist.

6. Trennt Wissen von Tugend – möchte ausschließlich klug, aber nicht (auch) gut sein.

Der Philosoph als Schatten seiner selbst
Rainer Hofbauers Kritik an schweigenden Philosophen

Bertrand Russel hat nach Einsetzen des Ersten Weltkrieges einen der drei von mir bezeichneten Typen falscher Philosophen als *schweigend* charakterisiert, weil dieser seiner Ansicht nach hätte sprechen sollen, es aber unterließ. Und dies für Russel aus dem Grunde, weil es die Aufgabe und die Pflicht eines echten Philosophen ist, zu bestimmten Sachverhalten, die zu bestimmten Zeiten wichtig werden, Stellung zu beziehen. Russel geht, wie erwähnt, nicht näher auf diesen Typus ein, weshalb ich nun in diesem letzten Kapitel dafür argumentieren werde, dass und weshalb schweigende Philosophen falsche Philosophen sind. Analog zu Russel betrachte ich meine Kritik an schweigenden Philosophen ebenfalls im Kontext von Krisensituationen, die ich als *saliente Ereignisse* bzw. *Zeiträume* bezeichnen werde. Dazu zähle ich beispielsweise eine große Gefahr, Katastrophe, Krise oder ein großer gesellschaftlicher Aufruhr bzw. Umbruch, wie zum Beispiel ein Krieg, Terroranschlag, eine Revolution oder Pandemie. Krisensituationen beinhalten stets ein spezifisches Thema, welches für einen bestimmten Zeitraum das Denken und die Debatten innerhalb der Politik, Wirtschaft, Medien, Kultur, aber auch im Leben der gesamten Bevölkerung *dominiert*. Im TV, in den Zeitungen, im Internet, auf der Arbeit, bei Freunden und Bekannten, allerorts hat das „Krisenthema" die Gedanken, Überlegungen, Gespräche und Entscheidungen der Menschen eingenommen. Beispielsweise waren in den 1930-40er Jahren in Deutschland der Nationalsozialismus und der Zweite Weltkrieg, 1990 der Zusammenbruch der DDR, 2015 die Flüchtlingskrise und ab 2020 die Corona-Pandemie saliente Ereignisse bzw. Zeiträume; um nur einige exemplarisch herauszugreifen. Aus meiner Sicht können solche Ereignisse und Perioden niemandem, auch einem Philosophen nicht

entgehen. Oder, wie es die US-amerikanische Philosophin Susan Neiman hinsichtlich der Beschäftigung mit dem Bösen des Nationalsozialismus ausdrückt:

> „Daß Philosophen ein Ereignis dieser Größenordnung nicht sollten
> wahrgenommen haben, ist wohl ausgeschlossen." (2006, S. 24)

Wie Russel bin ich darüber hinaus ebenfalls davon überzeugt, dass es
gesellschaftliche oder politische Kontexte, also saliente Ereignisse
und Zeiträume wie Krisen, Katastrophen und Kriege gibt, durch die
ein Philosoph die *Pflicht* hat, sich zu äußern, weil er ansonsten philosophische (dazu gehören meines Erachtens auch moralische) Werte
(Normen) verletzt. Diese Pflicht der Philosophen möchte ich als eine
pro tanto Pflicht bezeichnen. Eine Pflicht, die Philosophen also (zumindest) innerhalb eines bestimmten Zeitraumes haben.[55]

Saliente Ereignisse bzw. Zeiträume machen ein Thema (zumindest
innerhalb einer bestimmten Periode) für jeden Menschen, der von
den Zuständen in diesen nicht komplett abgeschottet ist, *bedeutsam*,
und führen dadurch zu einer Verschiebung der Thematiken und thematischen Schwerpunkte, die in der persönlichen und öffentlichen
Sphäre, im Alltag und den Berufssparten eine zentrale Bedeutung erhalten. Denker, Intellektuelle und Philosophen können darauf unterschiedlich reagieren. Russel hat zum Beispiel die Entscheidung getroffen, auf diese Verschiebung mittels philosophischen Texten, Vorträgen, Interviews, Briefen und Protestmärschen öffentlich zu *antworten*. Andere Denker seiner Epoche – jene, die er besonders kriti-
sierte, weil sie den Machthabern mit ihren mehr oder weniger philosophischen Äußerungen in die Hände spielten – haben ebenfalls die
Entscheidung getroffen, sich öffentlich zu äußern. Auf jene Verschiebung kann philosophisch jedoch auch gar nicht reagiert werden. Und
eine solche Reaktion kennzeichnet *schweigende* Philosophen. Bevor
ich jedoch explizit zu diesen komme, noch einen (sehr) kurzen Abriss
über *Schweigen* als Thema der Philosophie.

---

[55] Hierbei gehe ich ebenfalls mit Russel konform und behaupte, dass Philosophen aufgrund ihrer Ausbildung, ihren Fähigkeiten, Werten, Zielen und Prinzipien besonders
dafür *geeignet* sind, eine solche Pflicht zu erfüllen; und dies *prima facie* unabhängig
davon, ob ihre mitgeteilten philosophischen Positionen anschließend stichhaltig sind.

Schweigen in der Philosophie und schweigende Philosophen

Einzelne Aussagen zu *Schweigen* als philosophischen Gegenstand lassen sich bereits bei Kierkegaard, als Teil der Religiosität, oder in manchen Aphorismen bei Nietzsche[56] finden. Innerhalb der Philosophie ist Schweigen jedoch ein Thema, welches erst im 20. Jahrhundert ausführlich analysiert und diskutiert wurde. Aus meiner Sicht beschäftigten sich die meisten Denker mit den ontologischen, phänomenologischen und linguistischen (diskursiven) Merkmalen des Schweigens. Dabei geht es den Autoren primär um den Stellenwert und Gültigkeitsbereich der Sprache und sprachlicher Aussagen. Beispielsweise meint Martin Heidegger, dass das *Wesen* des Seins nicht unmittelbar ausgesprochen werden kann, weshalb sprachliche Aussagen ihren Ursprung im Schweigen haben. Für den frühen Ludwig Wittgenstein und seiner erkenntnistheoretischen Perspektive gibt es Sachverhalte über die man schweigen muss, weil man ihnen keinen *eindeutigen* Wahrheitswert zuordnen kann, wie er in der bekannten Passage am Ende seines *Tractatus logico-philosophicus* zum Ausdruck bringt: „Wovon man nicht sprechen kann, darüber muss man schweigen" (1969, S. 115). Sprachphilosophen wie beispielsweise Jacques Derrida (1930-2004), Emmanuel Lévinas (1906-1995) oder Giorgio Agamben beschäftigten sich unter anderem mit den Grenzen der Sprache und des Diskurses, mit „Nichtsprechen", Auslassungen, Zögern und Unvermögen im Sprechen, mit seinen „Momente[n] des Innehaltens oder der Unterbrechung" (Delholm, 2008, S. 118), sowie mit den dazugehörigen Erlebniszuständen, etwa der „Erfahrung der Passivität" oder der Sprachlosigkeit aufgrund von Erfahrungen, die „sprachlich nicht mehr einzuholen sind" (Markewitz, 2013, S. 9). Für die einen ist Schweigen ein Zustand, der als „Handlungsaspekt der Stille" (Markewitz, 2013, S. 12) auch ohne etwas zu sagen einen eigenständen Wert besitzt, für andere, wie Theodor W. Adorno (1903-1969), eine Grenze, die gerade ein Philosoph zu überschreiten hat. Hans Blumenberg sah zum Beispiel in der *Metapher* und der erwähn-

---

[56] Beachte hierfür zum Beispiel den 26. Aphorismus im Abschnitt „Streifzüge eines Unzeitgemäßen" in Nietzsches *Götzen-Dämmerung* oder den 423. Aphorismus mit dem Titel „Im großen Schweigen" in seiner *Morgenröte*.

te Lévinas in der *Frage*, die Möglichkeit, sprachliche bzw. erkenntnistheoretische Grenzen zu überschreiten.[57]

All diese Denker haben jedoch nicht wirklich geschwiegen, sondern *Schweigen* zum Thema ihrer philosophischen Analyse gemacht. Über diesen Typus von Denkern und ihre Positionen werde ich nicht weiter sprechen, weil diese kein Ausdruck genuin schweigender Philosophen sind, sondern von Philosophen, welche *über* Schweigen philosophierten, d.h. sich dazu geäußert haben.

Über schweigende Philosophen

Trotz der Tatsache, dass es zahlreiche Analysen und Diskurse über *Schweigen* als Gegenstand der Philosophie (sowie zahlreicher anderer Disziplinen wie der Soziologie oder Linguistik) gibt, existieren kaum Aussagen und Positionen von philosophischen Denkern darüber, ob genuines Schweigen Ausdruck echter Philosophie bzw. eines wahren oder falschen Philosophen ist. Eine der wenigen verfasste zum Beispiel der römische Gelehrte Boethius (~480-~524). So lässt er in seiner Schrift *Consolatio Philosophiae* („Trost der Philosophie") aus dem Jahre 523 einen *selbsternannten*, für Boethius allerdings nur nach Ruhm haschenden „Philosophen", in einem fiktiven Gespräch auf die Probe stellen, die dieser indes nicht besteht:

> „‚Begreifst du nun, daß ich ein Philosoph bin?' Darauf sagte der andre bissig: ‚Ich hätte es begriffen, wenn du geschwiegen hättest.'" (2002, S. 83f.)[58]

In direktem Gegensatz hierzu steht Blumenbergs Urteil über Wittgensteins *Verhalten* nach der erwähnten Forderung in dessen Tractatus. Denn diese ist von Wittgenstein selbst nicht eingehalten worden, weil er über bestimmte Themen, welche er aus philosophischen Gründen

---

[57] Einen Überblick über die angeführten Denker und ihre Positionen zum Thema des Schweigens geben zum Beispiel die Sammelbände: *Nicht(s) sagen. Strategien der Sprachabwendung im 20. Jahrhundert* (2008) sowie: *Jenseits des beredten Schweigens. Neue Perspektiven auf den sprachlosen Augenblick* (2013).

[58] Boethius lässt dieses Urteil jemanden verkünden, der den „Hochstapler" zuvor beleidigte und als *Testkriterium*, ob dieser ein wahrer Philosoph sei, auf das stille Ertragen der Beleidigungen verweist. Da der „Hochstapler" jedoch nicht schwieg, sondern jene Frage stellte, urteilte jener, dass dieser kein echter Philosoph sei.

zunächst „ausschloss", nämlich jene der Alltagssprache, später zu philosophieren begann und dadurch seine Forderung des Schweigens
brach.[59] So meint Blumenberg mit Verweis auf die Stelle bei Boethius:

> „Für Wittgenstein gilt eher das Umgekehrte: Er musste genötigt wer-
> den, ein Philosoph zu *bleiben*." (2005, S. 198, H.i.O)

Bei Boethius scheint Schweigen (zumindest in bestimmten Situationen) Ausdruck eines (echten) Philosophen zu sein, bei Blumenberg
gerade die „Verweigerung" zu schweigen, die Wittgenstein nach seinem Tractatus faktisch auch praktizierte, weil er *weiter* philosophierte und damit für Blumenberg das Terrain der Philosophie nicht (für
immer) verließ. Deshalb ist für Blumenberg Wittgensteins Forderung
auch ein solcher von Philosophen verlautbarter Appell, der kaum befolgt wurde. Adorno hat Wittgensteins Aufforderung sogar als anti-
philosophisch bezeichnet:

> „Der Spruch Wittgensteins: ,Wovon man nicht sprechen kann, darüber
> muß man schweigen' [...] ist antiphilosophisch schlechthin. Philosophie
> ließe, wenn irgend, sich definieren als Anstrengung, zu sagen, wovon
> man nicht sprechen kann." (1970, S. 336)

Adorno sieht *Philosophie* folglich ebenso nicht darin, philosophisch
stumm zu bleiben (falls sich ein Akt des Schweigens auftut), sondern
im Bemühen, das Schweigen zu durchbrechen. Für Blumenberg, Adorno, aber auch für den späteren Wittgenstein (zumindest performativ)
scheint die Grundbedingung eines (echten) Philosophen somit in der
Mitteilung und nicht in ihrer „Verweigerung" zu liegen.

Wie erwähnt, sind Aussagen anderer Philosophen über das Verhältnis von Schweigen und echten Philosophierens rar gesät; auch
verweisen diese nicht auf *konkrete* Merkmale, welche zum Beispiel
die *Makel* schweigender Philosophen ausdrücken. Nähern wir uns
diesem „Missstand" deshalb an.

---

[59] Wittgensteins Forderung lässt sich jedoch auf vielfache Weise verstehen, wodurch
Schweigen nicht nur ein einfaches *Ende*, sondern auch das *Ziel* oder das *Scheitern* der
Philosophie bedeuten kann. (vgl. z.B. Goppelsröder, 2008, S. 67, 74)

Schweigen als Ausdruck falscher Philosophen[60]

Denker, die sich mit *Schweigen* als philosophischem Thema beschäftigten, kennzeichnen, wie erwähnt, genuin keine schweigenden Philosophen. Denn letztere weisen eine Eigenschaft auf, die ersteren aufgrund ihrer veröffentlichen Texte zum Thema des Schweigens *de facto* fehlt – die Passivität. Dies unterscheidet die Ausgangslage meiner Analyse, denn bislang kritisierten alle Autoren in diesem Buch die „Philosophen" dahingehend, weil sie philosophische Werte (Normen) durch ihre Art und Weise philosophisch tätig zu sein bzw. durch ihre innerhalb ihrer Schriften mitgeteilten philosophischen Positionen verletzten. Sie haben die „Philosophen" demnach aufgrund ihrer (un)-philosophischen *Aktivität* analysiert, beurteilt und kritisiert. Genuin schweigende Denker zeichnen sich jedoch gerade dadurch aus, dass sie philosophisch passiv sind, d.h. es unterlassen, sich zu einem Thema zu äußern.[61] Doch welche Gründe oder „Arten des Schweigens" könnte es überhaupt geben, welche die Passivität, das Schweigen eines Philosophen philosophisch rechtfertigen?

Im Alltag gibt es bisweilen Situationen, in denen es besser ist, nichts zu sagen als etwas zu sagen. Zum Beispiel könnten wir uns selbst oder andere mit einer Äußerung kränken, bloßstellen, verraten oder verletzen, weswegen es von Vorteil wäre, etwas *nicht* auszusprechen. Schweigen kann in Kommunikationskontexten deshalb einen beispielsweise sozialen oder beruflichen Nutzen haben und vielleicht sogar ein Akt der Weisheit sein. Eine konsequentialistische Lesart des Schweigens setzt voraus, dass Schweigen dem Sprechen vorzuziehen ist, *wenn* es *gegenüber* einer (möglichen) Äußerung einen

---

[60] In meiner Beurteilung von schweigenden „Philosophen" als falsche Philosophen verwende ich eine *Definition* von Schweigen als Form eines kommunikativen Aktes, der eine „Unterlassungs-handlung" (Heinemann, 1999, S. 306) ausdrückt.

[61] Die *Überprüfung*, ob philosophische Werte umgesetzt werden bzw. wurden, muss sich jedoch nicht zwangsläufig auf die *Aktivität* der Philosophen beziehen – wie dies die anderen Autoren dieses Buches taten –, denn auch die *Abwesenheit* dieser kann hierfür herangezogen werden, zum Beispiel, wenn ein Denker schweigt. Falsche Philosophen werden bei schweigenden Philosophen demnach nicht durch Merkmale beschrieben und beurteilt, die sie durch ihre philosophische Tätigkeit explizit mitteilen, denn dies gibt es nicht, sondern durch Merkmale, die sie *nicht* mitteilen.

(höheren) Nutzen aufweist, wodurch zum Beispiel „Schweigen als Schutzmaßnahme" gerechtfertigt wäre. Auch „Schweigen als Protest", welches etwa unter Folter oder Verhören auftreten kann (vgl. Dhouib, 2018), scheint nicht unphilosophisch zu sein, zum Beispiel, wenn eine mehr oder weniger dezidierte Aufforderung zu einer Aussage gegeben bzw. eine sprach artikulierte Zustimmung zu leisten ist, die aus moralischen Gründen jedoch abzulehnen ist.[62] Auch wenn es durchaus spezifische Kontexte gibt, wie die Rettung eines Lebens oder die Verweigerung einer unmoralischen „Aussagepflicht", so verfolgen schweigende Denker in den *meisten* Fällen nicht die Umsetzung philosophischer Werte (Normen), wenn sie schweigen. Meistens sind solche Umstände nicht gegeben, und auch wenn sie es sind, müssen noch immer *philosophische* Gründe für das Schweigen ausschlaggebend sein, damit Schweigen philosophisch legitim ist. In den meisten Fällen, auch in salienten Zeiträumen, halte ich es jedoch für unplausibel, zu meinen, dass Philosophen schweigen *sollten*, weil *dies* philosophische Werte realisiert. Könnte ein „Philosoph" philosophische Werte durch sein bloßes Schweigen bereits umsetzen, dann wäre dieses als „Normatives Schweigen" gerechtfertigt, welches sich beispielsweise in Gebetshäusern, der sogenannten Schweigeminute oder in der „Ärztlichen Schweigepflicht" wiederfindet. Doch die Möglichkeit, philosophische Werte zu *realisieren*, inkludiert, außerhalb spezifischer, extremer Kontexte, als notwendige Bedingung, dass Denker jene beiden Merkmale, die einer *philosophischen* Position und ihre Rechtfertigung aufweisen. Dies schließt genuines Schweigen in den meisten Fällen jedoch aus, weil es keine Äußerungen schweigender Denker zu jenem Sachverhalt, zu dem sie sich nicht äußern, gibt. Auch „Schweigen als Protest" erfüllt deren Umsetzung nur in ganz spezifischen Kontexten und nicht generell. Denn in den meisten Fällen wären jene Werte hierbei nicht durch genuines Schweigen erfüllt, sondern durch eine

---

[62] Eine solche Situation trat zum Beispiel 1933 für die deutschen Universitätsgelehrten ein, als die Nationalsozialisten von ihnen ein schriftliches Bekenntnis zu Adolf Hitler verlangten. Im Allgemeinen kann ein z.B. auf eine Anweisung folgendes Schweigen, ohne zusätzliche Informationen, aber auch als Zustimmung, Duldung oder Gleichgültigkeit interpretiert werden.

philosophische Position, in der ein Philosoph begründet, also mitteilt, wofür und weshalb er protestiert. Russels Art in Krisensituationen philosophisch tätig zu sein, nämlich durch eine Form des *philoso-phisch ausgedrückten* Protestes, entspricht deshalb schon eher der Forderung, philosophischen Werten in Krisen nachzugehen, als „Schweigen als Protest" dies bewirkt, weil die (mögliche) Erfüllung dieser *zumeist* eine philosophische Position und ihre Rechtfertigung voraussetzt – und nicht ihre Abwesenheit. Anders gesagt, für einen Philosophen kann gerade darin ein Akt der Weisheit liegen, erst gar nicht zu schweigen, oder sein Schweigen zu brechen, sofern dies notwendig wird. Eine solche Weisheit zeigt sich dadurch, dass ein Standpunkt etwa aus moralischen Gründen geäußert werden soll bzw. muss, und dies selbst dann, wenn die Aussage pragmatische Konsequenzen zum Beispiel beruflicher Art für einen Philosophen nach sich zieht. Aus pragmatischer Sicht wäre ein Schweigeakt zwar gerechtfertigt, wenn ein Denker damit zum Beispiel seine berufliche Position behält – zu einem echten Philosophen macht ihn dies und besonders in salienten Zeiträumen *per se* jedoch nicht.

In meiner nun folgenden Kritik an schweigenden Philosophen wird es primär darum gehen, dass ein philosophischer Denker zu jenem zentralen Thema des salienten Zeitraumes schweigen *möchte*. Sein Schweigen ist *freiwillig*.[63] Darin liegt meines Erachtens auch bereits der erste Makel, der schweigende „Philosophen" als falsche Philosophen kennzeichnet – die Intention bzw. bewusste Entscheidung, philosophisch nicht Stellung beziehen und damit eine *pro tanto* Pflicht nicht erfüllen zu wollen. Aufgrund dessen können wir auf das Schweigen eines schweigenden Denkers gleichermaßen reagieren wie wir dies bei schlechten philosophischen Äußerungen ebenso tun können – zum Beispiel mit Kritik, Unverständnis, Wut, Empörung, Ent-

---

[63] Ich setze hier voraus, dass es keine Umstände gibt, die einen Denker daran hindern, sich äußern zu *können*. Solange ein Denker sich äußern *kann* und aus philosophisch-normativen Gründen auch sollte, dies jedoch mit Absicht unterlässt, solange schweigt er, weil er sich philosophisch nicht äußern *möchte*. Dadurch wird einerseits dem Merkmal der *Intention* sowie andererseits der ethischen Forderung, dass „Sollen Können implizieren muss" Rechnung getragen.

täuschung, Verachtung, Missbilligung oder mit „Fremdscham." Das Schweigen der „Philosophen" könnte uns aufregen sowie „Kopfschütteln" auslösen, weil wir denken, dass *gerade* diese sich äußern *sollten*, d.h. weil gerade Schweigen eines Philosophen nicht würdig ist. Neben dem Makel, freiwillig zu schweigen, gibt es meiner Ansicht nach aber noch weitere Merkmale, welche die Verletzung philosophischer Werte (Normen) bei schweigenden Philosophen innerhalb salienter Zeiträume kennzeichnen.

Der Makel philosophischer *Unterlassungssünden*

Schweigende Philosophen möchten sich zu einem *pro tanto* salienten Sachverhalt philosophisch nicht äußern. Solche Denker verweigern in salienten Zeiträumen folglich die aktive Teilnahme an einer philosophischen Auseinandersetzung über ein Thema, welches in der Welt gerade eine große Relevanz aufweist. Dies ist eine Tatsache, da sie sich entschieden haben, zu jenem philosophisch nicht Stellung zu beziehen. Sie könnten zwar innerhalb des salienten Zeitraums durchaus Texte publizieren, Vorträge halten oder im Fernsehen auftreten, widmen sich dabei aber *jenem* Sachverhalt nicht. Während die Krise in der Welt tobt, veröffentlichen solche Denker entweder überhaupt nichts philosophisches (mehr) oder sie beschäftigen sich in ihren Veröffentlichungen nur mit philosophischen Themen, Problemen und Fragestellungen, mit denen sie sich bereits vor Einsetzen der Krise auseinandergesetzt und die mit dem Thema der Krise wenig bis gar nichts zu tun haben. Sie weichen von ihren bisherigen Forschungsschwerpunkten somit nicht ab und sind deshalb philosophisch unflexibel – ein Makel, den ich bereits bei Russel erwähnte. Solche Denker verhalten sich während der Krise so, als hätte sie das Auftreten der Krise selbst entweder philosophisch mundtot gemacht oder als wären sie zum Schweigen über das Thema der Krise verdonnert worden (und sie dies mit sich machen ließen) – letzteres zum Beispiel, weil sie dazu bereits in der Vergangenheit Position bezogen haben und deshalb bei ihnen die Gefahr bestand, unangemessene Standpunkte zu verbreiten –. Bei diesen Denkern hat möglicherweise eine auf starken Emotionen basierende „funktionale Ausschaltung des Sagens"

(Clam, 2008, S. 29) stattgefunden. Wenn solche Denker weiterhin philosophische Texte veröffentlichen oder Vorträge halten, dann sieht dies so aus, als hätte sich für sie thematisch nichts geändert, als wäre die Krise überhaupt nicht eingetreten, als hätten sie Scheuklappen aufgesetzt und eine Maulsperre eingerichtet.

Wir haben hier eine Gattung von „Philosophen" vor uns, die aus meiner Sicht überhaupt nicht (mehr) als Philosophen bezeichnet werden sollten, weil sie kein *philosophisches* Interesse an einem Thema haben, das innerhalb einer bestimmten Zeitperiode das öffentliche, akademische, aber auch das persönliche Leben eines jeden Menschen dominiert und für alle einschneidend ist. Vielleicht waren sie Philosophen, bevor sie geschwiegen haben, vielleicht werden sie es (wieder), wenn sie aufhören zu schweigen. Solange sich philosophische Denker jedoch überhaupt nicht äußern, obwohl sie es tun sollten und können, befinden sie sich nicht (mehr) auf dem Terrain genuiner Philosophie. Denn unabhängig davon, welches Medium Philosophen zur Vermittlung ihrer philosophischen Positionen verwenden (z.B. Schriften, Vorträge, Videos), ihr gemeinsames Merkmal liegt im „sich-äußern" (auf philosophische Art und Weise). Doch dies verweigert ein schweigender Denker. Solche „Philosophen" kann man während salienter Zeiträume getrost als Exilanten[64], Schatten ihrer selbst, „Geister der Philosophie", „Philosophen *in memoriam*" oder einfach unverschämt als Drückeberger bezeichnen. Auch der deutsch-amerikanische Philosoph Albert Borgmann sieht die große Misere der Philosophen nicht in dem, was sie tun, sondern in dem was sie (in Bezug auf die Öffentlichkeit) *nicht* tun:

> „Es ist das, was sie nicht tun, was so beunruhigend ist, Ihr Versagen, Ihre Abgeschiedenheit oder ihren Ausschluss aus der öffentlichen Debatte zu erkennen und zu überwinden." (1995, S. 304, e. Ü.)

---

[64] Im Unterschied zu den meisten Menschen, die sich in einem Exil befinden, haben solche Denker, wenn sie sich äußern können, ihr Exil jedoch freiwillig gewählt. Sie schweigen, wie erwähnt, weil sie sich dafür entschieden haben. In ein „Exil des Schweigens" zu gehen, bedeutet, sich (zu einem bestimmten Thema) voll und ganz der philosophischen Passivität hinzugeben, mit ihr quasi zu verschmelzen, und nicht mehr die Haltung eines Philosophen, welcher sich zu einem (wichtigen) Sachverhalt mitteilen *möchte*, aktiv einzunehmen.

Jetzt könnte ein solcher Denker einwenden, dass seine *Haltung* zu schweigen selbst Ausdruck einer philosophischen Position zu einem *pro tanto* salienten Sachverhalt ist. Doch ist dies, die u.a. der Äußerung bei Boethius nahe kommt, plausibel? Wie erwähnt, müssen dafür spezifische und extreme Umstände gegeben sein, und auch dann muss ein philosophischer Grund dahinter stecken. Ansonsten drückt sich darin implizit jener bereits oben angesprochene Makel aus, der die Haltung des bloßen Schweigens zu keiner philosophischen Position macht; auch wenn schweigende Denker dies vielleicht behaupten mögen. Es ist zwar eine Tatsache, dass ein schweigender Philosoph uns durch seinen „Akt des Schweigens" etwas mitteilt, nämlich: „Ich schweige hierzu." Diese Haltung können wir bei ihm somit erkennen und zuschreiben. Schweigen ist als Ausdruck des sogenannten „Beredten Schweigens" also durchaus ein *kommunikativer* Akt und weist einen Informationsgehalt auf. Es ist somit nicht der Fall, dass wir über Denker, die sich zu einem bestimmten Sachverhalt nicht äußern, diesbezüglich überhaupt nichts wissen (können), nur weil es ziemlich still um sie ist. Wir wissen, *dass* sie schweigen. Wahre Philosophen sind allerdings keine Mönche, die im Schoße ihrer abgeschiedenen Einsamkeit meditierend residieren, auch keine Poeten, welche das „Nichtsagende" und Unaussprechbare zur Wahrheit erheben, und ebenso keine Mystiker, die im „Nichtkommunizierbaren" die „wahre" Wirklichkeit sehen. All diese haben ihre Autonomie und darin durchaus ihren Wert, charakterisieren jedoch keine (echten) Philosophen. Denn sowohl Mönchen, Poeten, Mystikern als auch schweigenden Denkern fehlt eine philosophische Position und ihre Rechtfertigung. Die „Mitteilung" des bloßen Schweigens lässt jedoch weder die philosophische Position eines Denkers zu dem Sachverhalt, über den er schweigt, noch seine *Gründe zu schweigen*, erkennen. Wir tappen hierzu völlig im Dunkeln und können darüber höchstens spekulieren. Deshalb können wir, ohne zusätzliche Informationen, auch nicht mehr über solche Denker wissen als ihre (performative) Haltung zu schweigen. Wir weisen gegenüber schweigenden „Philosophen" somit nicht nur auf der Ebene ihrer nicht-vorhandenen Stellungnahme zum

Thema der Krise, sondern auch auf der Ebene ihrer nicht-vorhanden-
den Rechtfertigung über ihr Schweigen, eine epistemische Lücke auf.

Eine philosophische Position zu einem bestimmten Thema, welche sich in Schweigen ausdrückt, ist somit etwas anderes als bloß eine schweigende Haltung zu haben bzw. zu kommunizieren, denn letztere sagt uns nicht, ob Denker aus philosophischen Gründen schweigen oder überhaupt Gründe dafür haben. Der Akt des Schweigens
selbst kann somit nur dann eine *philosophische* Position ausdrücken,
wenn Denker ihr Schweigen (plausibel) begründen, indem sie uns ihre Motive zu schweigen mitteilen. Denker, die einfach nur schweigen,
weisen einen Makel an Rechtfertigung auf und drücken folglich keine
philosophische Position aus. Würden sie zu ihrem Schweigen Stellung
beziehen, hätten sie sich zum Thema der Krise zwar noch immer
nicht geäußert, aber zumindest wäre ein Diskurs über ihr Schweigen
und die Plausibilität ihrer Gründe hierzu während des salienten Zeitraumes möglich. Sie hätten damit zumindest über ihr Schweigen philosophisch Position bezogen, wodurch etwa „In Krisen schweigen" ein
Thema des philosophischen Diskurses werden könnte.

Drei Merkmale schweigender Philosophen habe ich bislang erwähnt, die sie meines Erachtens als falsche Philosophen auszeichnet.
Neben der Tatsache, *freiwillig* zu schweigen, spiegelt sich in ihnen
auch der Umstand wider, dass sie am philosophischen Diskurs sowohl
über das „Krisenthema" selbst nicht teilnehmen, als auch über ihre
Verweigerung an diesem teilzunehmen, keinen philosophischen Kom-
mentar abgeben, d.h. nicht einmal zu ihrem Schweigen zu jenem Stellung beziehen.

Eine erste *Konsequenz*, die sich aus dem Schweigen der „Philosophen" durch ihr selbstgewähltes Exil ergibt, liegt darin, dass sie den
Diskurs über das Krisenthema vollständig *anderen* überlassen – den
Politikern, politischen Demagogen und Aktivisten, den (zumeist) bloß
pragmatisch-ausgerichteten Experten, anderen nicht-schweigenden
Philosophen, den Wissenschaftlern aller nicht-philosophischen Fachrichtungen, den Journalisten, Reportern und Mediendarstellern sowie
überhaupt allen, die sich *äußern*. Das diskursive „Spiel" um die Deu-
tungshoheit von Ideen, Gedanken, Ansichten, Meinungen, über die

Richtung der Debatten und der Lösungen für die Zustände und Probleme der Krise wird dann ohne diese spezielle Klasse von „Philosophen", den schweigenden Philosophen, geführt und ausgefochten. Die Krise findet ohne sie statt. Wenn sich schweigende Philosophen aus dem Diskurs über das Krisenthema heraushalten, was sie tun, denn sie schweigen ja, dann liegt ihre Unterlassungssünde nicht nur darin, am Diskurs mit einer philosophischen Position selbst nicht teilzunehmen, sondern auch nichts dagegen zu tun, dass andere die Inhalte der Debatte mit ihren Meinungen, Positionen und ihrer Art und Weise der Debattenführung (z.B. unsachlich, voreingenommen, vorverurteilend, einseitig usw.) lenken und eventuell sogar dominieren. Womöglich etwas übertrieben, aber dennoch nicht ganz falsch, könnte ich deshalb den Schluss ziehen, dass schweigende Philosophen ihren „Gegnern" voll und ganz das intellektuelle Terrain überlassen. Was auch immer die psychologischen Gründe hierfür sind, vielleicht ein bei Philosophen nicht selten anzutreffender und bereits von Nietzsche erwähnter niedriger Selbstwert, die Angst vor außerakademischen, also *echten* Konflikten oder der psychologische Effekt der sogenannten *Verantwortungsdiffusion*[65] – Fakt ist: Sie nehmen am Diskurs nicht teil und überlassen diesen folglich allen, die daran teilnehmen.

Schweigende Denker könnten auf die vorhergehende Kritik erwidern: „Besser ich schweige und bin *darin* unphilosophisch, bevor meine philosophische Position zu noch mehr Unheil, als ohnehin schon vorhanden ist, führt." Jene *rechtfertigen* ihr Schweigen also mit der Begründung, dass ihre Philosophie zu Schäden führen *könnte*, vielleicht sogar zu noch mehr als die Schäden, welche die Krise bislang ausmachte. Die vermeintlichen Folgen, die sich ihrer Meinung nach durch die Aufhebung ihres Schweigens ergeben *könnten*, stellen die Rechtfertigung ihrer philosophischen Passivität dar. Dies macht sie zwar „besser" als die Schweiger, von denen man gar nichts hört. Ich

---

[65] Diese meint vereinfacht, dass Menschen eine Aufgabe nicht erledigen oder in Notsituationen nicht einschreiten, wenn und weil sie (zumeist unbewusst) davon ausgehen, dass jemand anderer die Aufgabe schon erledigen bzw. einschreiten wird. Dieser Effekt tritt besonders dann stark auf, wenn Menschen *nicht* alleine für eine Aufgabe verantwortlich oder viele weitere in einer Notsituation zugegen sind.

habe jedoch oben bereits gezeigt, dass Denker, die ihr Schweigen auf diese Weise rechtfertigen, sich dennoch über das Thema der Krise nicht äußern, sondern nur ihr Schweigen begründen. Und dies ziemlich fadenscheinig, da sie glauben, dass ihr Unterlassen einerseits zumindest den Status Quo der Krise aufrechterhält (ihn also nicht noch verschlimmert) und andererseits, dass dies deshalb ihr Schweigen philosophisch legitimiert. Scheinbar denken sie, dass die philosophische Passivität, die ihr Schweigen kennzeichnet, zu keinen oder keinen zusätzlich noch verschlimmernden Auswirkungen innerhalb der Krise führen kann oder wird. Da sie sich jedoch nur auf eine *Möglichkeit* berufen, sind viele andere Möglichkeiten ebenso denkbar. Denn wie im Falle *Negativer Kausalität*[66] kann auch die Abwesenheit von Handlungen und (in diesem Fall) philosophischen Gedankenguts, erhebliche Missstände mit sich bringen oder (zumindest) keinen Beitrag dazu leisten, diese zu reduzieren oder zu beseitigen. Ganz allgemein könnte das Schweigen eines Denkers negative Konsequenzen für ihn selbst, für die Philosophie als akademisches Fach, aber auch für die Bevölkerung zur Folge haben (erinnern wir uns an Lukács' Äußerung, dass die Philosophen durch ihre Philosophie an der Schaffung einer „geistigen Atmosphäre" in der Welt beteiligt sind). Das Schweigen der Philosophen könnte ihre eigene Reputation oder die ihrer Fakultät beschädigen, oder sie in der Öffentlichkeit in Verruf bringen – zum Beispiel, wenn ihr Schweigen als Zustimmung, Duldung, Unterwerfung, als Ohnmacht oder Desinteresse gegenüber den gegenwärtigen Missständen gedeutet wird –. Denn vielleicht ist gerade das, was schweigende Denker zu sagen hätten, von Gehalt und Tiefsinn, vielleicht brächten sie die Politik oder die Menschen zum Nachdenken, vielleicht sogar zur Umkehr ihrer Entscheidungen und Handlungen,

---

[66] Im Handlungstheoretischen und moralisch-relevanten Sinne bezieht sich die Konzeption der „Negativen Kausalität" (Verursachung durch *Nichtstun*) auf sogenannte „Unterlassungsdelikte" und die Frage der Verantwortlichkeit für diese (vgl. Birnbacher, 2012). Ein klassisches Beispiel hierfür ist „Unterlassende Hilfeleistung", aber auch die „Nichtanzeige geplanter Straftaten" gehört hierzu – beide in einigen Ländern Teil des Strafrechts –. Ich werde hier nicht von einer strafrechtlich-relevanten Unterlassung von schweigenden „Philosophen" sprechen, sondern „nur" von ihrer Verletzung philosophischer Werte (Normen), Aufgaben und Pflichten.

vielleicht wären ihre Texte oder Vorträge für die *Philosophie* relevant oder schlechte Meinungen und Gedanken würden sich weniger stark und schnell verbreiten, weil die Aussagen schweigender Denker eine Art Schutzschild gegen ihre Verbreitung wären. Doch all die Wirkungen, die philosophische Äußerungen als sogenannte „latente Handlungsmöglichkeiten" bzw. „Potentialitäten" vielleicht auslösen *könnten* (vgl. Bernstein, 2013; Hommen, 2016), können wir und schweigende Denker nicht ausmachen, weil die „Wirkung des Schweigens […] die Bindungen auf[hebt]" (Markewitz, 2013, S. 12), die eine solche Exploration ermöglicht. Hierbei geht es mir nicht darum, zu behaupten, dass schweigende Philosophen die Missstände produzieren, sondern, dass sich diese auf eine bestimmte Weise oder in einer bestimmten Stärke ereignen (könnten), wenn und weil jene dies durch philosophische Interventionen nicht verhindern (möchten) (vgl. Birnbacher, 2012, S. 489). Schweigende Philosophen haben also kein Bestreben durch ihre Handlungen dasjenige, das aus philosophischer Sicht nicht sein soll, durch dasjenige zu ersetzen, das aus philosophischer Sicht sein soll.

In der Geschichte der Philosophie gab es besonders in Krisenzeiten viele und nicht nur genuin philosophische Werte, die durch politische und gesellschaftliche Veränderungen in Gefahr waren – wie zum Beispiel Freiheit, Wahrheit, Mitgefühl, Menschlichkeit, Würde oder Besonnenheit. So erwähnt zum Beispiel der in der Einleitung angeführte deutsche Philosoph Arthur Liebert die Würdelosigkeit, Geistlosigkeit und Unfreiheit der Philosophen während des Nationalsozialismus, weil sie den äußeren Umständen die Hoheitsgewalt über sich und ihre philosophische Tätigkeit gaben:

> „Entspricht es der Würde des Geistes und der Würde der Philosophie, sich von dem Geist einer Zeit Gesetze vorschreiben und Befehle geben zu lassen? Beugt sich die Philosophie derartigen Einflüssen, dann hört sie einfach auf und verzichtet darauf, sich auf ihre eigene Idee zu begründen, das heißt, den Geist der Freiheit und die Freiheit des Geistes anzuerkennen und in ihrer Arbeit zur Wirksamkeit zu bringen. Ihre Selbsterniedrigung verursacht aber nicht bloß die Preisgabe der Pflicht gegen sich selbst, die darin besteht, sich doch zuerst an sich selber zu orientieren und sich durch die eigenen Kräfte, durch die eigenen Ge-

sichtspunkte, durch die eigenen Formen aufzubauen. Ferner gibt die
Philosophie durch ihre Selbstentfremdung auch das Zepter aus der
Hand. Und sie entsagt dann auch der Aufgabe und verliert die Kraft, um
der Zeit und den Zeiten als Richtmaß und als Führerin zu dienen. Sie
läßt die Zeit und die Zeiten als Opfer der Triebe und der Leidenschaften,
der Willkür, der Machtgier, der Ungerechtigkeit, der Tyrannei werden."
(1938, S. 83)

Für Liebert liegt gerade in den *Ideen*, also in geistigen und für ihn
auch moralischen Prinzipien, das charakteristische Merkmal eines
Philosophen, die besonders in Krisenzeiten von ihm in die Welt verbreitet und in dieser vertreten werden müssen. Es ist deshalb ein Ar-
mutszeugnis *par excellence*, dass schweigende Philosophen sich freiwillig dafür entschieden haben, den Raum des Diskures speziell in salienten Zeiträumen anderen zu überlassen und nicht dazu beitragen,
geistigen und moralischen Prinzipien Gehör zu verschaffen.

Der Makel, sich nachträglich positionieren zu *können*

Heinemann (1999) konstatiert über das Schweigen:

> „Wer schweigt, legt sich nicht fest; und solchem Schweigen kann man
> nur schwer widersprechen." (S. 314)

Das Vorgehen schweigender Philosophen führt zu einem Umstand
der Unklarheit oder Ungewissheit über ihre philosophische Position
zu dem Thema der Krise. Wenn wir nicht wissen, worin die Position
schweigender Denker hierzu liegt, außer eben, dass sie dazu schweigen, dann haben wir gegenüber solchen Denkern, wie erwähnt, eine
epistemische Lücke. Halten sie den im Raum stehenden Sachverhalt
für wahr oder falsch, für gut oder schlecht, für vage oder eindeutig be-
antwortbar? Präferieren sie eine absolute oder moderate Position?
Sind sie mit ihrer Position beispielsweise auf Seiten der Machthaber,
Medien, der „Öffentlichen Meinung" oder stehen sie diesen konträr
gegenüber? Möchten sie auf mehr Informationen oder bessere Gedanken warten, bevor sie ihre Position kundtun? Halten sie sich nicht für
kompetent genug eine gute Position zu entwickeln? Fürchten sie sich
vor den Reaktionen ihrer Kollegen? Oder ist ihnen das Thema der Krise, so seltsam dies scheint, einfach egal? All dies wissen wir durch ihr
Schweigen nicht. Deshalb „zwingen" oder „nötigen" uns schweigende

Philosophen dazu, über ihre wahre Position oder Haltung Mutmaßungen anzustellen. Diese können, zum Beispiel aufgrund ihrer früheren Positionen, durchaus der Wahrheit entsprechen, aber auch komplett an ihr vorbeigehen. Das epistemische, aber auch moralische Problem, welches hierbei auftritt, liegt in der Möglichkeit schweigender Philosophen, sich *nachträglich*, zum Beispiel nachdem eine Pandemie oder ein Krieg endete, positionieren zu können, weil sie sich durch den „Gang ins Exil", durch ihr Schweigen, Positionierungsmöglichkeiten offen gehalten haben bzw. diese *de facto* einfach offen blieben, da sie sich nicht geäußert haben.

Philosophen, die in einem salienten Zeitraum zu einem zentralen Thema Stellung bezogen, *können* sich, wenn sich ihre Position beispielsweise als falsch herausstellt, im Nachhinein eingestehen, sich mit ihrer Position, ihren Annahmen oder mit ihrem Argumentationsstrang geirrt zu haben. Im Gegenzug können sie als Ausdruck des „philosophischen Sieges" aber auch verkünden: „Seht, ich hatte von Anfang recht", wenn sich ihre Position als richtig herausstellt. Sie können auch aufgrund ihrer moralischen Haltung zu jenem Sachverhalt Reue zeigen, ihren Beruf an den Nagel hängen oder für ihre Haltung moralisch verurteilt werden, falls sie falsch war; oder dafür gelobt werden, falls sie richtig war. Die *Bereitschaft*, sich aufgrund einer geäußerten philosophischen Position irren zu können, sowie die philosophische Aufrichtigkeit und Größe zu haben, sich dies nachträglich einzugestehen und die Verantwortung dafür zu übernehmen, kennzeichnet wahre Philosophen. *Nachträgliche* „Lobeshymnen" oder Schuldbekenntnisse gegenüber der eigenen philosophischen Position sind aber nur dann rational nachvollziehbar, wenn Denker zum fraglichen Zeitpunkt nicht geschwiegen, sondern eine philosophische Position eingenommen haben. Denker, welche geschwiegen haben, können im Nachhinein zwar deklarieren, dass ihr Schweigen *per se* aus diesen und jenen Gründen falsch oder richtig war, vielleicht auch, dass sie nicht wissen, warum sie geschwiegen haben, und dies können wir honorieren oder tadeln – wie ihre philosophische Position zu einem *pro tanto* salienten Sachverhalt *damals* (während des salienten Zeitraums) ausgesehen hat, wissen wir jedoch nicht. Meines Erachtens ist es deshalb auch philosophisch *integer*, wenn schweigende Philosophen nachträglich lediglich zum Akt ihres Schweigens selbst Stellung beziehen und über ihre wahre Position zu jenem Sachverhalt auch weiterhin schweigen. Denn die epistemische Lücke führt zu dem moralisch nicht gerade erfreulichen Makel, dass schweigende Philosophen im Nachhinein diejenige Position einnehmen und vertreten *können*, welche „schon immer" richtig war oder sich als richtig herausgestellt hat. Pragmatismus und Opportunismus wird dadurch allerdings Tür und Tor geöffnet.

Doch angenommen, Denker positionieren sich *im Nachhinein* – wie sollten *wir* uns gegenüber ihnen verhalten bzw. über sie urteilen? Warum sollten wir ihnen bei ihrer nachträglichen Positionierung vertrauen, d.h. Glauben schenken, dass sie uns *aktual* die Wahrheit mitteilen, wenn sie doch damals geschwiegen haben? Warum sollten wir ihnen Achtung entgegenbringen, wenn ihr Schweigen damals bereits makelbehaftet und tadelnswert war? Falls sie sich mit ihrer nachträglichen Positionierung selbst an den Pranger stellen, könnten wir ihnen, weil dies irrational wäre, eher Glauben schenken als umgekehrt.[67] Da Schweigen in salienten Zeiträumen bereits Ausdruck falscher Philosophen war, sich jene also schon damals nicht als echte Philosophen kenntlich machten, haben sie bereits an Achtung verloren. Dieser Vertrauensverlust lässt sie deshalb auch dahingehend nicht mehr vertrauens*würdig* „erscheinen", dass wir ihnen bei ihrer nachträglichen Positionierung einerseits epistemisch vertrauen, d.h. darauf, dass ihre aktual geäußerte Position ihrer damaligen auch tat-

---

[67] Selbstverständlich könnten sich schweigende Denker im Nachhinein selbst „belasten", wenn sie über ihre damalige Position auf eine solche Art Stellung beziehen, dass diese philosophisch zwar keine Makel hat, sie aber sozial oder beruflich „ans Messer liefert." Dies wäre aus sozial-pragmatischer Sicht – die bereits während des salienten Zeitraumes die Motivlage ihres Schweigens ausmachte – jedoch eher unwahrscheinlich, schließlich wissen sie, dass wir *nicht* wissen, wie ihre wahre Position damals aussah und ob diese mit ihrer aktualen Position übereinstimmt. Es mag eventuell Fälle geben, in denen ein Denker moralisch bekehrt wurde, aber da schweigende Denker bereits während des salienten Zeitraumes philosophische Werte nicht erfüllen wollten, wird es in der Regel nur hypothetisch der Fall sein, dass sie nach seinem Ende, also im Nachhinein, das Interesse haben, eine Art „philosophische Buße" abzulegen, wenn dies pragmatische Nachteile mit sich bringt.

sächlich entspricht, und andererseits moralisch vertrauen, d.h. darauf, dass sie jetzt wahrhaftig sprechen und nicht wieder irgendwelche pragmatischen Beweggründe im Auge haben. Aus diesem Grund sind wir aus philosophischer Sicht nicht darin gerechtfertigt, ihrer nachträglichen Positionierung Glauben zu schenken, *nur* weil sie uns dies gegenwärtig versichern. Wir sollten deshalb (fast) jeder philosophischen Position oder Haltung, die schweigende Philosophen nachträglich zur Thematik der Krise einnehmen, *prima facie* nicht neutral, sondern misstrauisch, wenn nicht sogar ablehnend gegenüberstehen. Denn nachdem eine Pandemie, ein Krieg oder ein Konflikt endete, also nachdem sich ein *pro tanto* salienter Sachverhalt mehr oder weniger aufklärte, ist es ja so leicht, einfach die *richtige* Position einzunehmen und so zu tun als hätte man diese „schon immer" vertreten; zum Beispiel für oder gegen die Corona-Maßnahmen der Regierung gewesen zu sein, den Aussagen der Experten geglaubt oder nicht geglaubt zu haben oder der medialen Berichterstattung vertrauend oder misstrauend gegenüber gestanden zu sein.

Stellung zu beziehen, wenn einiges auf dem Spiel steht, wie dies zum Beispiel Russel und Lukács getan haben, verlangt Mut, Wahrhaftigkeit und Risikobereitschaft; und zwar dann, *wenn* es darauf ankommt und wenn die unvermeidbare Möglichkeit besteht, dass sich die eigene Position in der Zukunft als falsch herausstellt. Jenes durch Schweigen nicht erfüllen zu wollen, ist der eine, aber im Nachhinein die *richtige* Position oder Haltung einzunehmen, ist nochmal ein ganz anderer Makel. Nicht nur, dass im Nachhinein kognitive Verzerrungen wie der sogenannte „Rückschaufehler"[68] auftreten können, so werden schweigende Philosophen darüber hinaus auch gegenüber ihrer damaligen Haltung des Schweigens *unredlich*, wenn sie sich nachträglich positionieren. Zum Zeitpunkt der Krise sind solche Denker nicht das *Risiko* eingegangen, eine philosophische Position zu vertreten, jetzt

---

[68] Der „Rückschaufehler" (im englischen *Hindsight Bias*) besagt, dass Menschen im Allgemeinen dazu neigen, die Wahrscheinlichkeit, dass ein Ereignis stattfindet oder ein bestimmtes Ergebnis (z.B. der Ausgang eines Fußballspiels) eintritt, im Nachhinein (*ex post*) als viel hoher einzuschätzen und zu beurteilen, als wenn dasselbe Ereignis *vor* dem Eintreten (*ex ante*) beurteilt worden wäre.

vertreten sie mehr oder weniger risikofrei einfach jene, die sich als richtig herausgestellt hat. In der Krise handelten sie pragmatisch und opportunistisch, indem sie den sicheren Weg oder jenen des geringsten Widerstandes gingen, und nun wollen sie dasselbe wieder tun, nur mit dem Unterschied, dass sie sich jetzt philosophisch positionieren. Der entscheidende Makel hierbei ist nicht so sehr, dass sie sich im Nachhinein *de facto* auf die richtige Position stellen (das jedoch, wie erwähnt, auch bereits den Makel der Unredlichkeit inkludiert), sondern, dass sie dies tun *können*, weil wir nicht *wissen*, welche Position sie damals vertreten haben. Sie könnten sich nachträglich jedoch überhaupt nicht *zum ersten Mal* positionieren, wenn sie damals Stellung bezogen hätten, weil anschließend *keine* Positionierungsmöglichkeiten für sie offen gewesen wären. Der Mangel an einer geäußerten philosophischen Position in der Gegenwart, führt also zu der Möglichkeit unphilosophischen Vorgehens in der Zukunft.

Selbstverständlich können philosophische Denker ihre Positionen nachträglich „stets" bekräftigen, bestätigen, erweitern, in Frage stellen, kritisieren, revidieren oder ablehnen. Sich nachträglich zu einer *bereits* existierenden philosophischen Position (auf welche Weise auch immer) zu positionieren, ist jedoch etwas ganz anderes, als sich nachträglich *das erste Mal* philosophisch zu positionieren. Doch weil schweigende Denker während der Krise geschwiegen haben, können wir das Gegenteil dessen, was sie nach der Krise (zum Thema der Krise) äußern, (vielleicht) nicht eindeutig belegen. Wir können sie deshalb auch nicht so einfach oder handfest der Lüge, Heuchelei oder Täuschung überführen. Die *schweigenden* Philosophen während des Nationalsozialismus hätten nach 1945 allesamt behaupten können, dass sie diesen philosophisch niemals vertreten haben.[69] Ebenso braucht ein schweigender Philosoph im Nachhinein nur für sein

---

[69] Ich behaupte, dass sich viele Philosophen des Nationalsozialismus deshalb nachträglich auch nicht explizit von diesem zu distanzieren *brauchten*, geschweige denn mussten, weil sie explizit nie eindeutig zu diesem Thema Stellung bezogen haben. Manche von ihnen wurden nach 1945 auch nicht aus dem Grund zur Rechenschaft gezogen, weil sie geschwiegen haben, sondern weil sie sich zur nationalsozialistischen Ideologie eindeutig bekannt haben (wie z.B. Alfred Bäumler oder Alfred Krieck, vgl. *Deutsche Philosophen 1933*, 1989).

Schweigen die Verantwortung übernehmen, nicht aber dafür eine philosophische Position vertreten zu haben, welche aus philosophischen Gründen möglicherweise bereits während des salienten Zeitraumes falsch gewesen war.[70] Dabei geht es, wie erwähnt, nicht so sehr darum, dass sie eine spätere Positionierung tatsächlich durchführen, sondern, dass sie diese Option selbst herstellen, weil dieser Makel dem Schweigen inhärent ist. Solchen Denkern ist, um es nochmal hervorzuheben, deshalb anzuraten, auch nach dem Ende einer Krise über ihre philosophische Position zu dem Krisenthema zu schweigen und zumindest *hierbei* redlich sowie integer zu sein, um nicht noch mehr Tadel auf sich zu ziehen. Einem schweigenden Philosophen kann man während eines salienten Zeitraumes deshalb nur jene Stelle des Ehegelöbnisses ans Herz legen: „Möge er nun sprechen oder für immer schweigen."

Schlussbemerkung

Aufgrund all jener von mir aufgezählten Eigenschaften kennzeichnet freiwilliges Schweigen die Bankrotterklärung eines Philosophen. Warum sollten wir ihnen folglich das normative Recht verleihen, schweigen zu *dürfen* und dieses damit philosophisch legitim machen? Hierfür lassen sich zwar zahlreiche sozial-pragmatischen Gründe anführen, aber bezüglich der Erfüllung philosophischer Werte (Kritik üben, Aufklärung betreiben, epistemische und moralische Tugenden verkörpern etc.) ist es meines Erachtens nicht einsichtig, dass ein Denker, der sich nicht äußern *will*, obwohl er es kann und in Krisenzeiten aus philosophisch-normativer Sicht auch sollte, darin gerechtfertigt ist. Im Rechtswesen hat ein Angeklagter zwar das Recht zu schweigen, falls er sich durch seine Aussage selbst belastet. Wenn ein schweigender Denker jedoch auf den Umstand referiert, dass seine

---

[70] Deshalb konnte sich Martin Heidegger nach 1945 auch nicht vollständig aus der Verantwortung ziehen, da er sich beispielsweise 1933 in seinem bekannten Aufruf „Deutsche Studenten!" in der *Freiburger Studentenzeitung* klar gegen die Ausrichtung des Lebens auf philosophisch entwickelte Prinzipien und für die „Lehre" Adolf Hitlers positionierte: „Nicht Lehrsätze und 'Ideen' seien die Regeln Eures Seins. Der Führer selbst und allein *ist* die heutige und künftige Wirklichkeit Deutschlands und ihr Gesetz." (zitiert nach Mensching, 2016, S. 77, H.i.O.)

philosophische Position für ihn belastend wäre, falls er sie äußert, dann kann dies nur aus sozial-pragmatischen, aber nicht aus philosophischen Gründen gerechtfertigt sein. Denn wenn seine Position oder Haltung zu einem Sachverhalt keine philosophischen Werte (Normen) verletzt, dann kann er sich philosophisch in keinster Weise belasten, falls er sie äußert. Der Grund zu schweigen, wäre nur dann ein *philosophisch*er, wenn die eigene Position oder Haltung philosophischen Werten zuwiderläuft. Falls Denker aber selbst philosophische Positionen aufweisen, welche philosophisch makelbehaftet sind, dann treffen gewiss viele oder manche der Makel auf sie zu, die bislang von den anderen Autoren in diesem Buch erwähnt wurden und sie zu falschen Philosophen machen. Schweigen sie also deshalb, weil sie eine Position haben, die philosophischen Gütekriterien nicht genügen, dann macht sie dies genauso zu falschen Philosophen, wie wenn sie schweigen, weil sie eine philosophisch richtige Position zum Beispiel aus Furcht vor den sozialen oder beruflichen Konsequenzen nicht mitteilen. Aus normativer Sicht wäre Schweigen nur dann gerechtfertigt, wenn dadurch *philosophische* Werte erfüllt werden. Doch Schweigen kennzeichnet (in den meisten Fällen) die Abwesenheit der Möglichkeit, diese zu erfüllen.

Abschließend möchte ich noch etwas zu den Philosophen während der Corona-Pandemie sagen. Die Corona-Krise hat – nicht das erste Mal in der Geschichte von Katastrophen und Tragödien – bislang ein Bild der Philosophen gezeigt, dass *auch* davon gekennzeichnet ist, dass man von den Meisten in Bezug zu Corona nichts zu lesen oder zu hören bekommt. Sie äußern sich dazu nicht. Die Gründe sind, wie stets in der Geschichte, zahlreich, aber trotzdem nicht außergewöhnlich. Von der Angst bei ihrem Arbeitgeber, dem Staat, in Ungnade zu fallen und dadurch ihren Job zu riskieren, keine Fördergelder mehr zu bekommen, ihr Image bei Fachkollegen einzubüßen oder in der Öffentlichkeit in ein schlechtes Licht gerückt zu werden – ihre Motive zu schweigen sind stets dieselben und (zumeist) pragmatischer Natur. Ich möchte deshalb zum Abschluss noch einmal kurz auf das oben erwähnte Motiv zurückkommen, dass manche Denker schweigen, weil sie *mehr* Zeit brauchen, um eine „gute" philosophische Position zu entwickeln. Scheinbar denken sie, dass ihre gegenwärtige Position (noch) nicht alle Aspekte, die es zu beachten gilt, *adäquat* berücksichtigt.

Der deutsche Philosoph Thomas Schramme geht in seinem kurzen Text „Wenn Philosophen aus der Hüfte schießen" (2015) unter anderem auf den Umstand ein, dass Philosophen besser keine übereilten Antworten zu gesellschaftlich relevant werdenden Themen – wie der Flüchtlingskrise 2015, auf die er sich bezieht – geben sollten, weil diese Antworten für ihn entweder trivial oder unterkomplex sind. Beim Merkmal der *Trivialität* stimme ich ihm zu, dazu sollte sich kein echter Philosoph hinreißen lassen. Aber philosophische Denker sollten sich nicht deshalb mehr Zeit lassen, nur weil der eigene Standpunkt einen Mangel an Komplexität aufweist, da Komplexität aus meiner Sicht nicht der primäre Faktor ist, weshalb sich ein Philosoph (besonders in salienten Zeiträumen) äußern bzw. positionieren sollte – sondern *Relevanz*. Philosophen, die sich in ihrer Arbeit mit dem Thema *Freiheit* beschäftigen, hätten in der Corona-Krise beispielsweise ihr Verhältnis zu *Sicherheit* oder staatlich verordneter *Pflicht* analysieren und hierbei eine Position einnehmen können, auch wenn sie (noch) nicht alle relevanten Aspekte (der Wirtschaft, Politik, Medizin, Wissenschaft, Gesellschaft, Moral oder des Rechts) erschöpfend berücksichtigt haben – etwas, das ohnehin nur als Ideal möglich ist. Ein Logiker hätte sich um Aufklärung bemühen und beispielsweise über die logischen Inkohärenzen in der medialen Berichterstattung oder in den Aussagen von Politikern aufmerksam machen können. Dass relevante Themen selbstverständlich mit philosophischer *Qualität* gefüttert und untermauert sein sollten, versteht sich von selbst. Auch müssen die Philosophen ihre Positionen nicht bereits als *Gewissheiten* vertreten. Es reicht, wenn sie darauf verweisen, dass es noch Vermutungen oder Behauptungen sind, die sie selbst nur mit einer bestimmten Wahrscheinlichkeit für wahr oder gerechtfertigt halten. Und eben *genau auf diese Weise*, also mit diesem epistemischen Status, können sie einerseits ein *Commitment* für ihre Positionen abgeben, und damit ein schweigende Haltung vermeiden, sowie andererseits philosophi-

sche Werte, wie zum Beispiel epistemische Bescheidenheit oder Verantwortung, erfüllen.

Schramme fordert Zurückhaltung, sich philosophisch zu äußern.
Doch wann soll diese beendet und in eine veröffentlichte Äußerung
umgewandelt werden? Wann hat ein Denker sein Thema komplex
genug analysiert? Wann hat er sich also lange genug zurückgehalten?
Kant brauchte für seine *Kritik der reinen Vernunft* knapp 10 Jahre –
soll ein Denker etwa so lange warten, um sich zu äußern, obwohl „Not
am Mann" ist? In salienten Zeiträumen steht auch für die Philosophie,
wie besonders der Faschismus gezeigt hat, einiges auf dem Spiel, als
dass Warten – ein passiver Zustand, der deshalb auch dem Schweigen
verwandt ist –, die richtige Haltung und Vorgehensweise eines wahren Philosophen wäre. Denn es geht bei philosophischen Aussagen
nicht (immer) darum, durch die eigene Position eine (vielleicht) endgültige oder erschöpfende Antwort auf eine Problemstellung zu präsentieren, sondern Überzeugungen und Haltungen zum Ausdruck zu
bringen, die den Werten und Prinzipien der Philosophie entsprechen;
zum Beispiel in Form von Aufklärung oder indem geistige Tugenden
(Kritik, Skepsis, Nachdenken usw.) eingebracht werden, wie beides
Russel getan hat. Wenn eine vorschnelle philosophische Positionierung schlecht oder oberflächlich ist, dann hat Schramme recht, dass
Philosophen nicht „aus der Hüfte schießen" sollten. Aber das Gegenteil einer solchen liegt nicht darin, sich aus einer Debatte für einen
nach oben hin offenen Zeitraum herauszuhalten, sondern darin, Positionen auf philosophischem *Niveau* vorzubringen. Und dies setzt nicht
notwendigerweise voraus, dass sie komplex sein müssen.

Sich in Krisenzeiten zu äußern, birgt gewiss ein größeres philosophisches Risiko als in „normalen" Zeiten. Doch wahre Philosophen leben gerade in jenen die *Parrhesia*, wie der US-amerikanische Philosoph Peter Boghossian in Rückgriff auf die griechische Antike den
Umstand bezeichnet, sich (auch) unter Gefahren *wahrheitsgemäß* zu
Wort zu melden. So möchte ich mit seinen eigenen Worten aus seinem Vortrag *How Social Justice Silences*, den er im Oktober 2019 in
London hielt, zum Abschluss kommen:

„Parrhesia bedeutet Aufrichtigkeit, das Aussprechen der Wahrheit. Sie meint, unter Risiko zu sprechen, wenn man von Anfeindungen umgeben ist. Sie meint, sich unverhohlen zu äußern, ohne Mehrdeutigkeiten oder Verschwiegenheit. Parrhesia bedeutet Mut, aus Liebe zur Wahrheit zu sprechen und nicht, weil man jemanden gefallen oder einen persönlichen Vorteil einheimsen möchte. [...] Die Wahrheit im Angesicht der Gefahr zu äußern, ist auch ein moralischer Akt. Die Wahrheit im Angesicht der Gefahr zu äußern, ist eine Pflicht."[71]

---

[71] Boghossians Vortrag findet sich unter: https://newdiscourses.com/2020/09/peter-boghossian-how-social-justice-silences/ [letzter Zugriff: 17.07. 22]. Die von mir übersetzten Passagen sind zwischen Minute 6:07 und 6:47 im Original zu vernehmen. Über Parrhesia äußert sich auch Michel Foucault (2010): „Die parrhesia bedeutet [...] ,alles sagen', aber ausgerichtet an der Wahrheit: alles von der Wahrheit sagen, nichts von der Wahrheit verheimlichen, die Wahrheit sagen, ohne sie durch irgend etwas zu maskieren" (S. 26) sowie: „Damit es sich um parrhesia handelt, muß man, indem man die Wahrheit sagt, das Risiko eingehen, begründen und ihm die Stirn bieten, das Risiko nämlich, einen anderen zu verletzen, ihn zu reizen, ihn zu erzürnen und eine Reihe von Verhaltensweisen bei ihm hervorzurufen, die bis zur äußersten Gewalttätigkeit reichen können. Es handelt sich also um die Wahrheit mit dem Risiko der Gewalterfahrung." (S. 27)

Der Falsche Philosoph und seine Eigenschaften

Aus der Charakterisierung von Rainer Hofbauer über schweigende Philosophen lassen sich folgende Merkmale eines falschen Philosophen anführen:

1. Entscheidet sich *freiwillig* dafür zu schweigen.
2. Liefert keine Begründung über sein Schweigen.
3. Bezieht zu *aktual wichtigen* Themen philosophisch nicht Stellung
   → <u>Folgen</u>:
   a) Nimmt am philosophischen Diskurs über wichtige Themen nicht teil.
   b) Überlässt den Diskurs über wichtige Themen zur Gänze anderen.
   c) Leistet philosophisch keinen Beitrag und übernimmt keine Verantwortung dafür, aktuelle Missstände und Probleme zu reduzieren oder zu beseitigen.
   d) Unternimmt keinen Versuch, philosophische Werte, Prinzipien, Normen, Tugenden etc. zu verbreiten, aufrechtzuerhalten oder zu fördern.
   e) Ist philosophisch *unflexibel* (philosophiert höchstens über Themen, welche aktuel nicht relevant für die Welt sind).
4. Schafft durch sein Schweigen explizit die Möglichkeit, sich *nachträglich* philosophisch positionieren zu können → <u>Folgen</u>:
   a) Ermöglicht ihm opportunistisch, pragmatisch sowie unredlich vorzugehen.
   b) Ermöglicht ihm epistemische Schwachstellen quasi rational auszunutzen.

Anhang

Abkürzungen

<u>Schriften Platons:</u>
Euth. = Euthydemos/Gorg. = Gorgias/Pha. = Phaidros/Pol. = Der Staat/Soph. = Der Sophist

<u>Schriften Aristoteles:</u>
PSE = Über die Sophistischen Widerlegungen/EN = Nikomachische Ethik

<u>Schriften Nietzsches:</u>
KSA = Kritische Studienausgabe

Literaturverzeichnis

Adorno, Theodor W.: *Gesammelte Schriften. Band 5. Zur Metakritik der Erkenntnistheorie. Drei Studien zu Hegel.* Hg. von R. Tiedemann. Frankfurt a. M. 1970

Alloa, Emmanuel & Lagaay, Alice (Hg.). *Nicht(s) sagen. Strategien der Sprachabwendung im 20. Jahrhundert.* Bielefeld 2008

Arendt, Hannah. „Wahrheit und Politik." In: *Wahrheit und Lüge in der Politik. Zwei Essays* (ebook). München/Berlin 2017

Aristoteles: *Ueber die Sophistischen Widerlegungen.* Übers. von J. v. Kirchmann. Leipzig 1883

—: *Nikomachische Ethik.* Übers. von D. Frede. Berlin/Boston 2020

Bernstein, Sarah. „Omissions as possibilities." In: *Philosophical Studies 167* (1), 2014, S. 1-23

Birnbacher, Dieter. „Negative Kausalität – das Dilemma und ein Vorschlag zur Auflösung." In: *Zeitschrift für philosophische Forschung 66* (4), 2012, S. 487-512

Blumenberg, Hans: *Die Verführbarkeit des Philosophen.* Hg. von Hans Blumenberg-Archiv. Frankfurt a. M. 2005

Boethius: *Trost der Philosophie. Consolatio Philosophiae.* Hg. von E. Gegenschatz & O. Gigon, 6. Auflage. Düsseldorf/Zürich 2002

Bogner, Alexander: *Die Epistemisierung des Politischen. Wie die Macht des Wissens die Demokratie gefährdet.* Stuttgart 2021

Borgmann, Albert. „Does Philosophy Matter?" In: *Technology in Society 17* (3), 1995, S. 295-309

Clam, Jean. „Schwierigkeiten des Sagens, Gründe des Verstummens." In E. Alloa & A. Lagaay (Hg.): *Nicht(s) sagen. Strategien der Sprachabwendung im 20. Jahrhundert.* Bielefeld 2008

Clark, Ronald W.: *Bertrand Russel. Philosoph-Pazifist-Politiker.* Übers. v. H. Fliessbach & H.-H. Werner. München 1984

Cornelius, Hans: *Einleitung in die Philosophie.* 2. Auflage. Leipzig/Berlin 1911

Deleuze, Gilles & Guattari, Félix: *Was ist Philosophie?* Übers. von B. Schwips & J. Vogl. Frankfurt a. M. 2000

Delholm, Pascal. „Emmanuel Lévinas: Das skeptische Sprechen." In E. Alloa & A. Lagaay (Hg.): *Nicht(s) sagen. Strategien der Sprachabwendung im 20. Jahrhundert.* Bielefeld 2008

Dhouib, Sarhan. „Die widerständige Stimme und das Schweigen als Protest." In S. Dhouib (Hg.): *Formen des Sprechens. Modi des Schweigens: Sprache und Diktatur.* Weilerswist 2018

Foucault, Michel: *Ästhetik der Existenz.* Hg. von D. Defert & F. Ewald. Frankfurt a. M. 2007

—: *Der Mut zur Wahrheit. Die Regierung des Selbst und der anderen. II. Vorlesung am College de France 1983/84.* Übers. von J. Schröder. Frankfurt a. M. 2010

Frodeman, Robert & Briggle, Adam: *Socrates Tenured. The Institutions of Twenty-First-Century Philosophy.* London/New York 2016

Gide, André: *Marshlands.* Übers. von D. Searls. New York 2021

Goppelsröder, Fabian. „Der Rest ist Schweigen – Wittgensteins Philosophie als Sprechverweigerung." In E. Alloa & A. Lagaay (Hg.): *Nicht(s) sagen. Strategien der Sprachabwendung im 20. Jahrhundert.* Bielefeld 2008

Haug, Wolfgang F. (Hg.): *Deutsche Philosophen 1933.* Hamburg 1989

Heinemann, Wolfgang. „Das Schweigen als linguistisches Phänomen." In H. Eggert & J. Golec (Hg.): *„wortlos der Sprache mächtig." Schweigen und Sprechen in der Literatur und sprachlicher Kommunikation.* Stuttgart 1999

Holm, Tetens: *Philosophisches Argumentieren. Eine Einführung.* 4. Auflage. München 2014

Hommen, David. „Absences as Latent Potentialities." In: *Philosophical Papers 45* (3), 2016, S. 401-435

Jaspers, Karl: *Kleine Schule des philosohischen Denkens.* 13. Auflage. München 2004

Klein, Georg M.: *Beyträge zum Studium der Philosophie als Wissenschaft des All: nebst einer vollständigen und fasslichen Darstellung ihrer Hauptmomente.* Würzburg 1805

Liebert, Arthur: *Von der Pflicht der Philosophie in unserer Zeit. Ein Aufruf und Mahnruf an die Philosophie und an die Philosophen der Gegenwart.* Zürich/Leipzig 1938

Lukács, Georg. „Die Zerstörung der Vernunft." In: *Georg Lukács Werke. Band 9.* Darmstadt 1962

Markewitz, Sandra (Hg.): *Jenseits des beredten Schweigens. Neue Perspektiven auf den sprachlosen Augenblick.* Bielefeld 2013

Masek, Michaela: *Geschichte der antiken Philosophie.* Wien 2011

Mensching, Günther. „Seinsfrage, Seinsgeschichte und die Vernichtung der Metaphysik." In M. Heinz und S. Kellerer (Hg.): *Martin Heideggers „Schwarze Hefte." Eine philosophisch-politische Debatte.* Berlin 2016

Neiman, Susan: *Das Böse denken. Eine andere Geschichte der Philosophie.* Übers. von C. Goldmann. Frankfurt a. M. 2006

Nietzsche, Friedrich: *Sämtliche Werke. Kritische Studienausgabe in 15 Bänden.* Hg. von G. Colli & M. Montinari. Berlin/New York 1967ff.

Platon. „Der Sophist." In O. Gigon (Hg.): *Spätdialoge: Band 1.* Zürich 1965

—: *Der Staat.* Übers. von R. Rufener. 4. Auflage. München 2004

—: „Euthydemos." In: *Platon. Sämtliche Werke 2.* Hamburg 1957

—: „Gorgias." In J. Dalfen (Hg.): *Platon Werke. Band VI/3.* Göttingen 2004

—: *Phaidros:* Hg. von K.-M. Guth. Berlin 2017

Priestley, Joseph: *The History and Present State of Electricity: With original Experiments. Band 1.* 3. Auflage. London. 1775

Prinz, Wolfgang. „Philosophie nervt." In P. Spät (Hg.): *Zur Zukunft der Philosophie des Geistes.* Paderborn 2008

Quine, Wilhelm v. O.: *Theories and Things.* 2. Auflage. Cambridge/London 1982

Rand, Ayn: *For the New Intellectual. The Philosophy of Ayn Rand.* New York 1961

Ritzel, Wolfgang. „Die Verpflichtung des Philosophen gegenüber dem Gemeinwesen. Zu Paul Natorps Werk und Wirksamkeit." In: *Kant-Studien 56* (3-4), 1965, S. 302-314

Rosenberg, Jay F.: *Philosophieren. Eine Einführung für Anfänger.* 6. Auflage. Frankfurt a. M. 2009

Russel, Bertrand: *Autobiography*. London/New York 2009

—: „Interview." In: *Compass & Fleet 10* (student paper), 1964, S. 11-15

—: *My Philosophical Development*. London 1975

—: *Philosophie des Abendlandes*. Übers. von E. Fischer-Wernecke & R. Gillischewski. Köln 2012

—: *Politische Schriften 1. Was wir tun können*. München 1972

—: *Principles of Social Reconstruction*. London 1916

—: *Probleme der Philosophie*. Übers. von E. Bubser. 3. Auflage. Frankfurt a. M. 1969

—: *Sceptical Essays*. London/New York 2004

—: „The Revolt against Reason." In: *The Political Quarterly*, 1935, S. 1-19

—: *Unpopuläre Betrachtungen*. Übers. v. E. Doblhofer. 3. Auflage. Zürich 1973

Schopenhauer, Arthur. „Ueber die Universitäts-Philosophie." In: *Zürcher Ausgabe. Werke in zehn Bänden. Band VII*. Zürich 1977

Schramme, Thomas. „Wenn Philosophen aus der Hüfte schießen." In: *Zeitschrift für Praktische Philosophie 2* (2), 2015, S. 377–384

Taureck, Bernhard, H. F.: *Die Sophisten. Eine Einführung*. Wiesbaden 2005

Tucholsky, Kurt: *Gesammelte Werke in zehn Bänden. Band 3*. Hamburg 1975

Wittgenstein, Ludwig: *Tractatus logico-philosophicus. Logisch-philosophische Abhandlung*. 7. Auflage. Frankfurt a. M. 1969

Weitere Literatur des Autors

Klassiker der Doxastischen Ethik (Hg.)
Taschenbuch (12x19)
292 Seiten
2020
Books on Demand (BOD)
ISBN 9783752620276
e-ISBN 9783753483566

Klassiker der Doxastischen Ethik II (Hg.)
Taschenbuch (12x19)
356 Seiten
2021
Books on Demand (BOD)
ISBN 9783753481678
e-ISBN 9783753415581